Piemont

Barolo und Barbaresco

Slow Food®
Unterwegs zu Wein und Kultur

Piemont

Barolo und Barbaresco

 Hallwag

Die italienische Originalausgabe ist unter
dem Titel
BAROLO E BARBARESCO –
LE LANGHE DEI GRANDI VINI
bei Slow Food Editore, Bra (Italien)
erschienen.

Copyright © 1998 Slow Food Editore

Texte
Armando Gambera, Serena Milano

Weitere Beiträge
Arturo Buccolo, Irene Ciravegna,
Piero Sardo, Bruno Viberti

Verantwortliche Herausgeberin
Maria Vittoria Negro

Gestaltung
Maurizio Burdese, Stefano Pallaro

Fotos
Aldo Agnelli, Antonio Buccolo,
Gian Paolo Cavallero, Bruno Costamagna,
Beppe Malò, Marcello Marengo,
Renato Massolino, Bruno Murialdo,
Enrico Necade

Deutsche Übersetzung
Britta Nord

Redaktion: Martin Waller
DTP und Satz: Anja Dengler
Gesamtproduktion der deutschen Ausgabe:
Werkstatt München · Martin Waller

Umschlaggestaltung: KMS Team GmbH,
München
Umschlagfoto: Michele D'Ottavio
Herstellung: Maike Harmeier
Fotolithos: Ponti, Boves (Italien)
Druck: Appl, Wemding
Bindung: Auer, Donauwörth

Auflage	4.	3.	2.	1.
Jahr	2005	04	03	02

Hallwag ist ein Unternehmen des
Gräfe und Unzer Verlags, München,
Ganske Verlagsgruppe
hallwag-leserservice@graefe-und-unzer.de

ISBN 3-7742-0762-3

Inhalt

Unterwegs zu Wein und Kultur

Kunst, Wein, Natur und gutes Essen genießen:
Entdeckungsreisen im Auto, mit dem Fahrrad, zu Fuß

Die Slow-Food-Bewegung wurde 1986 in den piemontesischen Langhe begründet, um dem unverfälschten Genuss und der puren Lebensfreude wieder zu ihrem Recht zu verhelfen, und ist mittlerweile in allen Regionen Italiens und vielen anderen Ländern bekannt. Das Slow-Food-Symbol ist die Schnecke, ein Tier, das sich vorsichtig und geduldig durch die Welt bewegt. Slow Food hat es sich zum Ziel gesetzt, das Essen als Kulturgut zu bewahren und der Bedrohung durch die überall um sich greifende Standardisierung entgegenzuwirken, kulinarische Traditionen wieder zu beleben und mit Gleichgesinnten zu pflegen, Feinschmecker über das Marktangebot zu informieren und ihnen Kriterien zu liefern, mit denen sie gute Ware zu angemessenen Preisen erwerben können, und nicht zuletzt die Umwelt gegen die Auswirkungen der chemischen Landwirtschaft zu schützen.

Der Slow-Food-Verlag ist auf das Thema Wein und Kulinaria spezialisiert und gibt Reiseführer, Handbücher, Atlanten und Kochbücher für einzelne Regionen heraus. Die Reihe «Slow Food – Unterwegs zu Wein und Kultur» wendet sich an Reisende ohne Eile. Denn nicht nur beim Essen und Trinken will gut Ding Weile haben. Die Entdeckung der Langsamkeit hat auch beim Reisen ihre Vorzüge: Man ist mit Muße unterwegs, abseits der üblichen Routen und der überfüllten Touristenorte, in Gegenden, die vielleicht nicht so berühmt sind, die aber womöglich einen noch größeren Reiz ausüben, weil man allemal «näher dran» ist.

Die durch die kleine Schnecke versinnbildlichten Slow-Touren führen durch Natur, Kunst, volkstümliche Traditionen und die Welt der typischen Weine und Spezialitäten von Gegenden, die alle durch ihre eigene, ganz spezifische Geschichte und Kultur geprägt sind. Ob nur für ein Wochenende oder für längere Zeit – Hauptsache ist, dass man sich Zeit nimmt, dass man die Stille, die Natur und die reine, frische Luft auf sich wirken lässt. Hinzu kommen zahlreiche Empfehlungen für Ausflüge ins unbekannte Hinterland – zu Fuß, mit dem Fahrrad, zu Pferd oder mit dem Boot.

Und da Reisen unserer Meinung nach auch etwas mit Kennenlernen und Verstehen zu tun hat, finden sich in jedem Buch Hintergrundtexte («Ein kleiner Leitfaden», «Sehen und verstehen»), die die Besonderheiten der regionalen Kultur von einem etwas anderen Blickwinkel aus darstellen und erläutern. Außerdem ist bei jeder Tour ein spezielles Augenmerk auf Wein und Spezialitäten gerichtet: Mit einem wachsamen Blick auf die Qualität der Produkte und die Professionalität des Service versorgt Slow Food Sie mit empfehlenswerten Adressen fürs Übernachten, Essen und Einkaufen.

Im Anhang werden unter dem Titel «Für Sie ausgewählt» die Highlights aufgelistet und beschrieben: Hotels, Restaurants, Gasthäuser, Kellereien, Läden mit Kunsthandwerk und Agriturismo-Betriebe – sämtlich von Slow Food ausgewählt, geprüft und für gut befunden – für die Freuden des Körpers und die des Geistes.

Jenseits des Mythos

Was Sie, liebe Leser, dazu bewogen hat, dieses Buch zu kaufen und eine Reise in die Langhe zu planen, wissen Sie wohl selbst am besten: der Barolo, die Trüffel, der Zauber der nebelverhangenen Weinberge im Herbst, die ländliche Kultur, die Restaurants, für Kenner der italienischen Literatur vielleicht die Romane von Cesare Pavese und Beppe Fenoglio … All das sind gute Gründe, diesen Landstrich in der italienischen Region Piemont zu besuchen, zu denen wir Ihnen einen weiteren, etwas außergewöhnlichen, aber durchaus lohnenden Grund liefern wollen: Reisen Sie in die Langhe, um mit Klischees aufzuräumen. Dieses Motto, das sich überhaupt für jede Art von Reise empfiehlt, bei der außer dem Auto und dem Geldbeutel auch der Geist beansprucht werden soll, ist für die Langhe in den heutigen Zeiten geradezu ein Muss.

So werden Sie sich von der Vorstellung verabschieden müssen, in dieser Gegend eine heile bäuerliche Welt vorzufinden. Die moderne Zivilisation ist mittlerweile auch in die entlegensten Winkel vorgedrungen und die Idylle überlebt bestenfalls in den Inszenierungen des Verkehrsvereins.

Auch das versteckt gelegene, ursprünglich gebliebene Land-

gasthaus, der Geheimtipp abseits der großen Touristenströme, ist eine Mär: In den Langhe ist jedes noch so unscheinbare Lokal begutachtet, aufgelistet und beschrieben worden; Sie können sich also bedenkenlos auf die einschlägigen Restaurantführer verlassen. Die Gastwirte alten Schlags sind – in vielen Fällen muss man sagen: zum Glück – jungen, dynamischen Profis gewichen, die durch ihre Kenntnisse verblüffen. Rauchige Kaschemmen und mit Spinnweben dekorierte Spelunken sucht man vergeblich. Als ebenso vergeblich erweist sich die Jagd auf den unverfälschten hausgekelterten Dolcetto irgendeines namenlosen Winzers. Die in vielerlei Hinsicht überraschende Entwicklung des Weinbaus in den Langhe hat mit derlei falscher Ursprünglichkeit ein für allemal aufgeräumt. Halten Sie sich lieber an bekannte Kellereien, anstatt bei einer Spazierfahrt irgendwo durch die Hügel auf Zufallstreffer zu hoffen.

Und erwarten Sie bloß nicht, die Langhe seien von Immobilienspekulation und Industrieansiedlungen verschont geblieben. Wie überall werden Sie die üblichen Fabrikhallen und Möbelhäuser sehen, Villen undefinierbaren Stils, mit unsinnigen Umbauten verschandel-

te Bauernhöfe, Dörfer, die durch die Last der über ihnen thronenden Hochhauskomplexe erdrückt werden.

Wenn Sie diese «Aufräumarbeiten» hinter sich gebracht haben, werden Sie die Langhe ohne den Ballast vorgefasster Meinungen, das heißt mit anderen Augen sehen, Sie werden vieles besser verstehen und manches vielleicht verzeihen können. Auch wir, die wir in den Langhe leben, wünschten bisweilen, dass die Zeit stehen und die Landschaft, Armut und Elend zum Trotz, intakt geblieben wäre, als ewige Zuflucht vor der übermächtigen Stadt. Doch so ist es nun einmal nicht. Wer sich von Klischees frei macht, wird wacher und empfänglicher, wird Überraschungen erleben oder schlicht überwältigt sein.

Eine Rebe, zwei Weine

Nebbiolo-Reben bedeckten einst die Hälfte des Piemont. Pier de' Crescenzi berichtete 1330 von einer «schwarzen Rebsorte namens Nubiola» in der Gegend um Asti. 1606 lobte Giovan Battista Croce, Goldschmied am Hof der Savoyer, die hervorragende Qualität der auf den Hügeln um Turin gezogenen Nebbiolo-Trauben. Zeugnisse aus dem Jahr 1659 belegen den Anbau von Nebbiolo zwischen Ovada und Novi Ligure. Noch 1820 wurde aus Weinbergen in Costigliole und San Marzano Oliveto stammender Nebbiolo-Wein nach Rio de Janeiro verschifft. Danach schwand die Anbaufläche rapide: Das Nebbiolo-Rebland wurde auf die höchsten Hügellagen der Langhe zurückgedrängt und blieb dort bis zum heutigen Tag. Der liebliche Wein, der bis ins 19. Jahrhundert hinein in Strömen aus den Weinbergen floss, verwandelte sich dank des Grafen Cavour, der die sanften Modernisierungsmaßnahmen des französischen Weinexperten Oudart unterstützte, in Barolo und Barbaresco, wie wir sie heute kennen: spröde, tanninhaltig, duftend. Aus einer Allerweltssorte, die «für alle Böden geeignet ist», wurde die Heikelste aller Reben, Symbol der Landschaft, die sie hervorbringt, und genauso schroff, widerspenstig und eigen wie diese.

Für die Herkunft der Bezeichnung *Langhe* gibt es viele Erklärungen. Doch vielleicht genügt es ja schon zu erwähnen, dass *andar per langa* im Dialekt so viel bedeutet wie «auf dem Kamm der Hügel entlang gehen», abgeleitet eventuell vom

deutschen *Länge* oder vom französischen *langues,* sich umeinander windende und im Umland ausbreitende «Landzungen». Auf dem Kamm der Hügel entlang, durch die Weinberge gehen oder, noch genauer, durch Nebbiolo-Weinberge gehen – das ist wohl der beste Weg, diese unzugängliche Welt kennen zu lernen. Was einem beim Gang durch die Weinberge allerdings verschlossen bleibt, ist der Unterschied zwischen Barolo und Barbaresco. Über die Unterschiede im Geruch, im Geschmack und in der Farbe sind Bände geschrieben und nicht selten gewagte Theorien verbreitet worden, aber die Böden (die in den besten Lagen nach ihrem Ursprung mit «Tortoniano» bzw. «Tortionano-Elveziano» bezeichnet werden), die Rebsortenvarianten (vor allem Michet und Lampia) sowie die Menschen sind gleich. Das Barbaresco-Gebiet ist kleiner und gleichförmiger, das Barolo-Gebiet weitläufiger und, auch landschaftlich, vielfältiger. Die Geschichte der Nebbiolo-Weine ist eigentlich die Geschichte des Barolo. Dieser hatte bereits vor über hundert Jahren eine unangefochtene Spitzenstellung unter den italienischen Weinen erreicht, wozu in nicht unerheblichem Maße das Sponsoring des savoyischen Königshauses sowie die in den Anbaugebieten durchgeführten Untersuchungen beigetragen hatten. Schon damals strebte man eine Klassifikation der besten Einzellagen nach französischem Vorbild an und eini-

ge Namen (Cannubi, Brunate) erlangten besondere Berühmtheit.

Der Barbaresco ist dagegen eine recht junge Erfindung. Seine Entstehung wird gemeinhin auf 1894 datiert, das Jahr, in dem Domizio Cavazza die Cantina Sociale di Barbaresco gründete, eine der ersten Genossenschaftskellereien in Italien. Außerdem wurden 1894 die ersten 9589 Kilogramm Nebbiolo-Trauben verkeltert, eine verschwindend geringe Menge, die jedoch ausreichte, um den Barbaresco hochoffiziell ins Leben zu rufen. Zwar existieren auf dem Weingut Drago drei Flaschen, auf deren Etikett handschriftlich «Barbaresco 1870» vermerkt ist; sie sind jedoch keine echten historischen Zeugnisse. Zu jener Zeit fragten die Winzer aus Barbaresco und Neive gerade leise an, ob ihr Nebbiolo-Wein nicht als Barolo anerkannt werden könnte und beschrifteten ihre Etiketten allerhöchstens mit «Nebbiolo di Barbaresco». Erst nachdem die Barolo-Winzer einen Zusammenschluss freundlich, aber bestimmt abgelehnt hatten, begann die Geschichte des Barbaresco, der ein sanfter Barolo sein sollte, eine Art «weibliche» Variante dieses Weins. Bis vor einigen Jahren war dieses «Sanftersein» des Barbaresco tatsächlich wahrnehmbar – trotz des gar nicht sanften We-

sens jener Völker des Waldgebiets *Barbarica Sylva,* wo einst die vor den römischen Legionen flüchtenden Ligurer Schutz gefunden hatten (auch die Weinkennern wohlbekannte Ortsbezeichnung «asili» zeugt von dieser Flucht). Der Barbaresco hatte weniger Farbe und Struktur als der große Bruder, dessen Anbau- und Keltermethoden immer ausgereifter und effizienter wurden. Dann kam Gaja und bewies, wie viel Gehalt, wie viel Kraft ein Barbaresco haben kann, der aus gut bereitetem Lesegut von gut erzogenen Reben stammt. Gajas Beispiel machte Schule.

Wer eindeutige Unterschiede nach klaren Kriterien erkennen will, wird indes unweigerlich scheitern. Denn die Crus sind heute der Schlüssel zur Vielfalt der Nebbiolo-Weine, jeder einzelne Hügel, jede einzelne Lage ist anders. Die Unterschiede sind bisweilen minimal und nur bei einer sehr sorgfältigen Verkostung wahrnehmbar, aber nichtsdestoweniger faszinierend. Die Besonderheit des Barbaresco zu entdecken ist somit kein Kinderspiel: Man muss sich auf eine langsame Annäherung einlassen, Schritt für Schritt mit Nuancen, Andeutungen und Assoziationen jonglieren. Gefragt sind einzig die Sinne. Aber war es nicht das, was Sie hierher in die Langhe geführt hat?

Erstklassige Weinberge

In diesem Fall ist sehen und verstehen nicht dasselbe. Durch die Weinberge des Barolo- und Barbaresco-Gebiets zu spazieren genügt nicht, um eine Ahnung von dem Wein zu erhalten, der aus diesen Reben gewonnen wird. Nur so im Vorbeigehen kann man weder die genaue Ausrichtung der Lage überblicken, noch erfährt man etwas über die Bodenbeschaffenheit, die Rebsortenvariante und das Mikroklima. Vor allem fehlen natürlich schriftliche Zeugnisse und Forschungsergebnisse.

Was der ganzen Region darüber hinaus fehlt, ist ein Klassifikationssystem, etwas wie die berühmte Klassifizierung der Bordeaux-Lagen von 1855, die entscheidend zum Erfolg der Weine von dort beitrug. Damals setzten sich die Mitglieder des «Syndicat des Courtiers de Commerce», gewappnet mit viel gesundem Menschenverstand, historischen Dokumenten und Informationen aus dem 1846 erschienenen Standardwerk *Bordeaux. Its wines and the claret country,* zusammen und beschlossen, welche Lagen *premiers crus* sein sollten, welche *deuxièmes crus* und so weiter. Diese Beschlüsse wurden danach nicht mehr angetastet; die Rangordnung war ein für allemal festgelegt. Neue Ländereien wurden in die bestehende Klassifikation aufgenommen, aber die Wertmaßstäbe blieben die gleichen. Die einzige Ausnahme war die Beförderung des Mouton-Rotschild vom *deuxième cru* zum *premier cru* im Jahr 1973 – im Übrigen eine äußerst umstrittene Entscheidung. In den Langhe werden erst jetzt, 150 Jahre nach der Bordeaux-Klassifikation, die Lagen genau voneinander unterschieden; die Grenzen sind allerdings eher verwaltungstechnischer als weinkundlicher Natur; und von einer qualitativen Einstufung ist man noch meilenweit entfernt.

Dennoch kursierten die Namen der so genannten *sorì,* der sonnigen Hanglagen im Barolo- und Barbaresco-Gebiet, unter Weinkennern aus aller Welt schon, bevor es die Crus überhaupt gab. Vor ungefähr zwanzig Jahren begannen einige Erzeuger, auf dem Etikett die Bezeichnungen der Spitzenlagen anzugeben, die heute als Zeichen für Qualität gelten: Montestefano, Vigna Rionda, San Lorenzo, Cannubi, Rabajà, Cerequio, Bussia sind inzwischen fast jedem ein Begriff. Ob die Trauben tatsächlich «nur aus diesem Weinberg stammen und reinsortig gekeltert» wurden, blieb gleichwohl dem Ermessen und der Verantwortung der Erzeuger anheim gestellt und die notwendige qualitative Staffelung der Namen erfolgte nach rein subjektiven Kriterien. Nun, da die Anbaugebiete in Unterbereiche eingeteilt werden, sind die Gemeinden immerhin bestrebt, den Konsumenten die Einhaltung der Qualitätsbedingungen zu garantieren.

Bereits 1879 bezeichnete Lorenzo Fantini in seiner Gesamtdarstellung des Weinbaus in der Provinz Cuneo einige Gebiete als «ausgewählte Lage». Danach vergingen fast hundert Jahre, bis das Problem der Abgrenzung der Crus und einer groben Klassifikation mit der Karte der Weinberge von Renato Ratti und schließlich mit dem 1990 von Slow Food veröffentlichten Atlas des Barolo-Gebiets (*Atlante delle grandi vigne di Langa. Zona del Barolo*) wieder aufgegriffen wurde. Beim Barbaresco dauerte es noch länger: 1994 kam die von Alessandro Masnaghetti erarbeitete Karte der Einzellagen *Carta dei cru di Barbaresco. Comune di Barbaresco* heraus. Der im Jahr 2000 veröffentlichte Atlas von Slow Food, deutsch unter dem Titel *Barolo · Barbaresco. Atlas der Lagen, Weine, Produzenten* bei Hallwag erschienen, komplettiert nun endlich die Kartographierung der großen Lagen der Langhe.

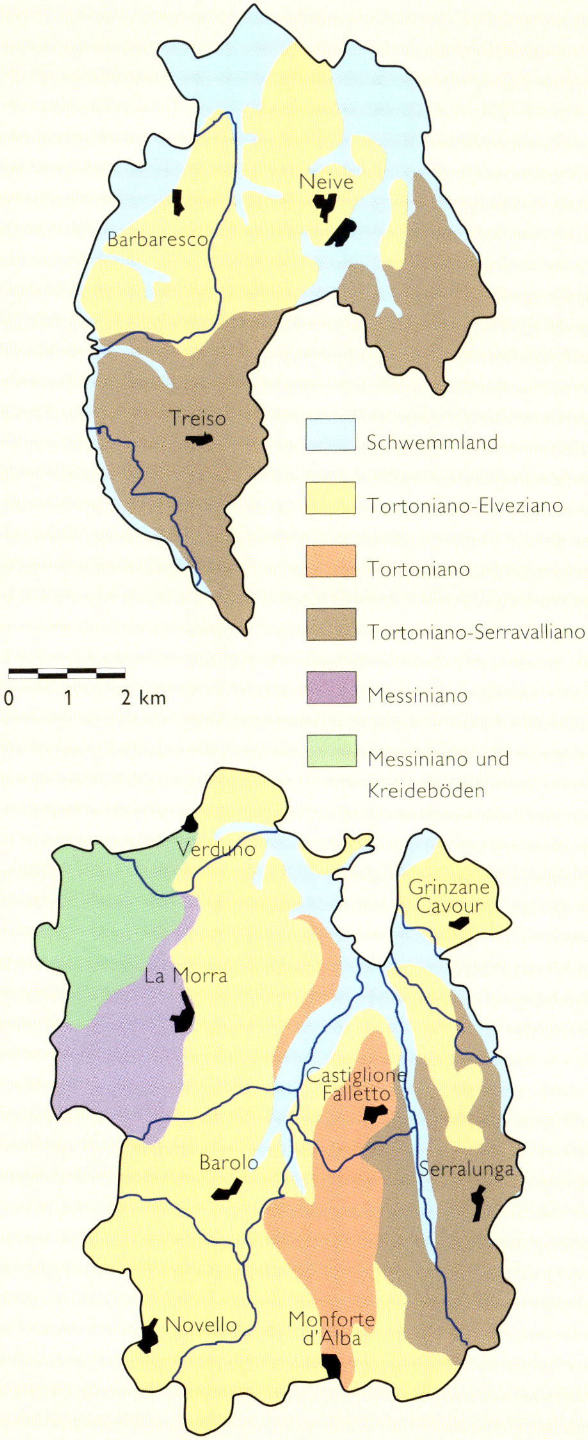

Legende

Schwemmland	
Tortoniano-Elveziano	
Tortoniano	
Tortoniano-Serravalliano	
Messiniano	
Messiniano und Kreideböden	

Karte 1 (Barbaresco): Neive, Barbaresco, Treiso

Maßstab: 0 1 2 km

Karte 2 (Barolo): Verduno, Grinzane Cavour, La Morra, Castiglione Falletto, Barolo, Serralunga, Novello, Monforte d'Alba

BARBARESCO-GEBIET

DOC-Gebiet
  seit 23. April 1980
DOCG-Gebiet
  seit 3. Oktober 1980
Rebfläche: 484 ha
Flaschen: 2.406.800
Produktionspotenzial:
  25.150 hl
Tatsächliche Produktion:
  18.051 hl
Erzeugerbetriebe: 424
Vorgeschriebene Mindest-
  alterung: 2 Jahre
  (1 Jahr im Holzfass)

BAROLO-GEBIET

DOC-Gebiet
  seit 23. April 1980
DOCG-Gebiet
  seit 1. Juli 1980
Rebfläche: 1239 ha
Flaschen: 6.192.267
Produktionspotenzial:
  64.169 hl
Tatsächliche Produktion:
  46.442 hl
Erzeugerbetriebe: 957
Vorgeschriebene Mindest-
  alterung: 3 Jahre
  (2 Jahre im Holzfass)

TOURENVORSCHLÄGE

TOUREN UND AUSFLÜGE

MIT DEM AUTO

MIT DEM FAHRRAD

ZU FUSS

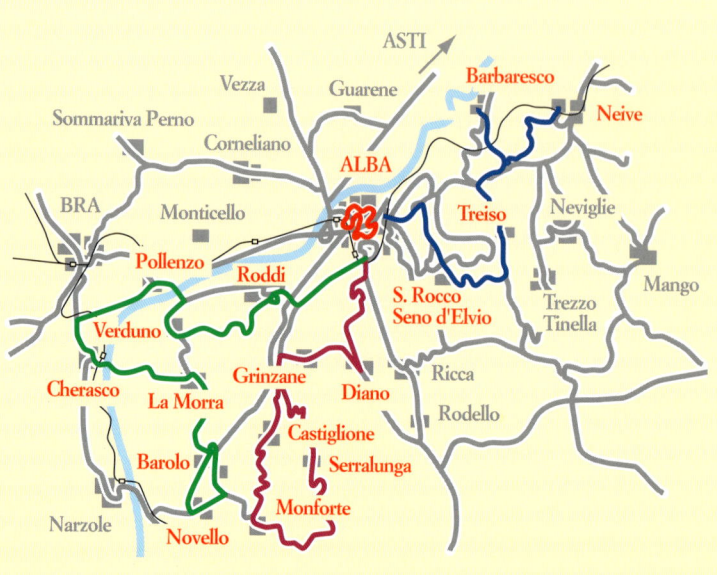

ERSTE TOUR
Alba

Alba ist seit der Römerzeit das Zentrum der Langhe. Seine Geschichte lässt sich an der Struktur der Stadt und ihren Bauwerken ablesen – vom ziegelroten mittelalterlichen Ortszentrum mit Gässchen und Türmen zu den klassizistischen Formen der Gebäude aus dem 19. Jahrhundert – oder man folgt den Spuren der Geschichten und Charaktere des Schriftstellers Beppe Fenoglio. Außerdem ist Alba mit seinen Osterie, Restaurants und Enoteche sowie dem farbenfrohen, quirligen Markt am Samstag ein Mekka für Feinschmecker.

ZWEITE TOUR
Von Alba nach Barolo

Die empfohlene Route führt über Verduno und La Morra nach Barolo quer durch eine mit Dörfern und Höfen gesprenkelte Landschaft aus endlosen, schnurgeraden Rebzeilen. Ziel eines Abstechers ist Pollenzo, eine ehemalige römische Stadt, in der die Savoyer im 19. Jahrhundert ein Modellweingut errichten ließen, das zu den interessantesten Beispielen des neogotischen Stils zählt. Cherasco ist eine lebhafte Stadt mit zahlreichen Kunstwerken, eine der Perlen des piemontesischen Barock.

DRITTE TOUR
Von Alba nach Castiglione Falletto

Auch diese Route schlängelt sich auf ihrem Weg über Diano, Grinzane Cavour, Serralunga und Monforte durch bedeutende Weinberge. Das herrliche Panorama reicht bis zum Alpenbogen. Sehenswert sind das Kastell von Grinzane, das an das politische und landwirtschaftliche Engagement des Grafen Cavour gemahnt, die Burg von Serralunga, die älteste und beeindruckendste Wehranlage der Langhe, und das Kastell von Castiglione, das sich bereits aus der Ferne durch seine runden Türme ankündigt.

VIERTE TOUR
Von Alba nach Neive

Nach der Heimat des Barolo kommt nun die des Barbaresco zu ihrem Recht. Von Alba aus erreicht man das abgelegene Tal des Seno d'Elvio. Durch streckenweise noch völlig unberührte Natur fährt man hinauf nach Treiso; ab dort beherrschen wieder die Weinberge das Bild, darunter die bedeutenden Einzellagen, die dem Barbaresco zu seinem Ruhm verhalfen. Die Tour endet in Neive, einem wunderschönen Ort hoch oben auf dem Hügel mit mittelalterlichem Gepräge und Adelshäusern aus dem 17. Jahrhundert.

Erste Tour

 **Alba**

 Voraussichtliche Dauer: Tagesausflug

Alba

 Um das wahre Gesicht der Stadt Alba kennen zu lernen, muss man außergewöhnliche Blickwinkel wählen, die unvermeidliche Via Maestra (wie die Via Vittorio Emanuele im Volksmund noch immer heißt) links liegen lassen, die Menschenmenge, deren geräuschvolle Betriebsamkeit die Straße gleichsam verschluckt, abschütteln, und aus den Gässchen heraus beobachten, wie sich das vielsprachige Getümmel der Passanten in lebendige Architektur verwandelt. Zum Beispiel auf dem Markt, der sich am Samstagmorgen nach Regeln, die im Mittelalter festgeschrieben wurden, der Stadt bemächtigt, sich auf den Plätzen breit macht, bis unter die Arkaden des Doms vordringt. Man muss sich die unsichtbare Stadt vorstellen, das reiche, prunkvolle *Alba Pompeia* der Cäsaren, sich klar machen, dass sich das Gewirr verschlungener Wege aus einem rechtwinkligen Straßennetz entwickelte und dass das ehemalige römische Forum durch die Jahrhunderte hindurch der Mittelpunkt der Stadt geblieben ist: die Piazza mit dem Dom und dem Palazzo Comunale, Zentrum der geistlichen und der weltlichen Macht.

Wer des Italienischen mächtig ist, sollte die Erzählungen Beppe Fenoglios lesen, nachfühlen, wie sein Held Agostino mit fiebriger Spannung auf dem Wagen seines Herrn nach Alba hinabfährt, sich ausmalen, wie ein

Der Glockenturm des Doms

Glaubst du also auch an den Mond? An den Mond, sagte Nuto, muss man einfach glauben. Wenn man bei Vollmond eine Pinie fällt, gehen die Würmer dran. Einen Gärbottich muss man ausspülen, wenn der Mond jung ist. Das gilt sogar fürs Pfropfen: Wenn man das nicht in den ersten Tagen des zunehmenden Mondes macht, wachsen die Pröpflinge nicht an.

Cesare Pavese
La luna e i falò

ALBA

Einwohner 29.865
Höhe 172 m ü. d. M.
PLZ 12051

INFORMATIONEN

Ente Turismo
Alba Bra Langhe e Roero
piazza Medford, 3
Tel. 0173 35833

Consorzio turistico Langhe
Monferrato Roero
piazza Medford, 3
Tel. 0173 361538

Ufficio turistico
via Vittorio Emanuele, 19
Tel. 0173 362562

Itinera
via Rio Misureto, 8
Tel. 0173 363480
Geführte Ausflüge in die
Langhe, allg. Informationen
und Übersetzungsdienst.

Turismo in Langa
Associazione Turistica
Arci Nova
via Cavour, 16
Tel. 0173 364030
Ausflüge in die Langhe.

Trekking in Langa
Ostello delle Langhe
San Rocco Seno d'Elvio
Tel. 336 610255
Zu Fuß, mit dem Mountainbike
und zu Pferd in die Langhe.

MUSEEN

Fondazione Ferrero
via Vivaro, 49
Tel. 0173 34394 – 363660
Ausstellungen auf hohem
Niveau.

Museo Federico Eusebio
via Vittorio Emanuele
(Hof der Kirche S. Maddalena)
Tel. 0173 290092
Öffnungszeiten: werktags im
Winter 15–18, im Sommer
16–19 Uhr; an Sonn- und
Feiertagen auch 9.30 bis
12.30 Uhr; montags geschlossen.
Große Sammlung von archäolo-
gischen, historisch-botanischen
und natürlichen Fundstücken.

wilder Partisanenhaufen durch
die Via Maestra marschiert und
mit «phantastischen Namen»
bestickte rote und blaue Tücher
schwenkt.

Wählen Sie Schleichwege, tasten Sie sich behutsam an den
Stadtkern heran, umzingeln Sie
ihn unauffällig wie ein scheu-
es Tier, das Sie lebend fangen
wollen.

Stellen Sie das Auto an der
Piazza Medford ab, dem Eingang zur Stadt. Folgen Sie der
Via Cavour. Sie führt direkt auf
die Piazza Risorgimento, doch
Sie biegen vorher nach links auf
die **Piazza San Francesco** ab.
San Francesco ist der Name
einer Kirche und eines Klosters,
die beide 1813 von den Franzo-
sen zerstört wurden. Von ihrer
Bedeutung zeugt die im 18. Jahrhundert erbaute glanzvolle Frei-
treppe des alten Gerichts (ehe-
mals Kloster San Francesco an

Der Dom

der linken Seite des Platzes). Gehen Sie weiter; die Straße mündet auf die weitläufige **Piazza del Mercato del Bestiame.** Das von Alimondi entworfene eiserne Dach des Viehmarkts entsprang der Begeisterung, die man Ende des 19. Jahrhunderts für neue Baumaterialien hegte. Weiter hinten fließt, dem Blick verborgen unter einem Vorhang aus spärlichem Laub, der Tanaro, bis vor wenigen Jahrzehnten der Badestrand der Albeser Bürger.

Rechts geleitet Sie die Via Bosio ins mittelalterliche Alba, in die Stadt der roten Ziegel, der verschlungenen Gässchen, der Spitzbogenfenster und der Biforien, die unter dicken Putzschichten entdeckt und durch eine sorgfältige Restaurierung wieder sichtbar gemacht wurden. Ein Stück weiter vorne stoßen Sie auf die Via Vernazza.

Beppe Fenoglio

«Was die Lebensdaten angeht – das ist schnell erzählt. Vor dreißig Jahren in Alba geboren (1. März 1922), Schüler (Mittelschule, Oberschule), Student (aber das Studium habe ich natürlich nicht abgeschlossen), Soldat des königlichen Heeres und dann Partisan; heute – leider – Prokurist einer bekannten Weinexportfirma. Ich glaube, das ist alles. Das reicht dir doch, oder? Du bittest um eine Fotografie. Nun habe ich mich aber seit sieben Jahren nicht mehr ablichten lassen …» Dieser knappe Lebenslauf – den Beppe Fenoglio 1952 an Italo Calvino schickte – spiegelt das nüchterne Wesen und den trockenen Humor des Schriftstellers aus Alba wider. Alba ist die Stadt seiner Familie, seiner Frau, seiner Tochter, des Gymnasiums, des Studiums, der Cafés, der Fuß- und Schlagballspiele, des Partisanenkriegs, seiner prosaischen Tätigkeit in der Weinexportfirma und schließlich auch seines zu frühen Todes. Fernab von intellektuellen Kreisen und literarischen Salons veröffentlichte der von Elio Vittorino als Neorealist etikettierte, in der Nachkriegszeit für seine unprätentiöse Widerstandsliteratur belächelte Fenoglio zeit seines Lebens nur eine Hand voll Werke (von denen nur zwei in deutscher Übersetzung erschienen: *Das Geschäft mit der Seele* und *Eine Privatsache*), und die Stadt Alba hat es dreißig Jahre nach seinem Tod nicht für nötig gehalten, sein Geburtshaus am Domplatz vor dem Abriss zu bewahren.

Erst jetzt ist ihm endlich ein gewisser Erfolg beschieden; nicht nur die Kritiker, sondern auch das Publikum entdeckt ihn wieder. Vor allem die ganz jungen Leser schätzen seine explizite, direkte Prosa, den forschen Rhythmus seines Stils, der wie eine Filmkamera jede Bewegung der Personen verfolgt. Ein konkreter, ungeschliffener und gleichzeitig schwieriger, anstrengender Stil, «geeignet, um von der Himmelskugel wie von einer Migräne zu sprechen». Eine Aktionssprache, die dem Volk abgelauschte Schimpfwörter neben latinisierende Konstruktionen stellt, dazu Entlehnungen aus dem Englischen, Neuschöpfungen, mit neuer Bedeutung versehene oder neu erfundene dialektale Ausdrücke. «Meine besten Stellen haben sich nach einem Dutzend mühsamer Umformulierungen wie von selbst ergeben», schrieb er; alles andere als ein Nachahmer von Pavese, keineswegs der Schriftsteller ländlicher oder provinzieller Tradition, als der er häufig angesehen wurde. Doch Fenoglio interessierte sich nie für das, was man über ihn sagte, und die wenigen Kritiker, die ihn persönlich kennen lernten, mussten dafür nach Alba reisen. In seinen Werken sind die Langhe real, aber nicht fotografisch festgehalten: Fenoglio nimmt den Fluss, die Hügel, die Dörfer, die Plätze, die Weinberge, den Nebel, den Wind und kombiniert sie neu, transponiert die Elemente einer Situation in eine andere. Die Langhe sind nicht wie bei Pavese das Ziel einer nostalgischen Reise auf der Suche nach den eigenen Wurzeln, sondern Schauplätze einer Erzählung, Bühne der ewigen Tragikomödie des menschlichen Lebens, des urtümlichen Kampfes des Menschen mit den Naturgewalten, Zuflucht und Falle verzweifelter, in ihrer Einsamkeit machtloser Menschen: «Eine mitunter märchenhafte, manchmal mittelalterliche, häufig epische oder biblische Welt.» Seine Figuren sind konkret und mythisch; Fenoglios unbeteiligter Blick schafft es, ihre Bosheit, ihre niederen Instinkte zu enthüllen und sie gleichzeitig für alle Zeit zu Helden zu machen.

Beppe Fenoglio, Foto von Aldo Agnelli

Alba

*Nachdem ich ein halbes Jahr
auf Pavaglione gearbeitet hatte,
ergab sich für mich endlich die
Gelegenheit, nach Alba hinab-
zufahren. So sehr sehnte ich mich
danach, dass ich die halbe Nacht
schlaflos lag und bei Tagesan-
bruch allein durch die Geräusche
wach wurde, die Tobia machte,
als er den Kasten des Wagens öffnete, um darin das Brot, den
Speck und den Wein zu verstauen.
Wir machten uns auf den Weg,
Tobia hielt die Zügel, ich ging vor
dem Tier her, und an jeder Kehre
war ich darauf gefasst, Alba vor
meinen Augen liegen zu sehen
wie ein buntes Stück Papier. In
San Benedetto sprach man immer
von Alba, wenn man eine Stadt
meinte, und wer noch nie eine
gesehen hatte, versuchte sich Alba
vorzustellen. Nun, diesmal würde ich es sehen und ich würde
darin umherlaufen, und auch
wenn dies das erste und letzte
Mal gewesen sein sollte, könnte
ich mich dann doch an jedem
Gespräch über Alba beteiligen
und müsste nie wieder neidisch
sein auf jemanden, der es gesehen hatte und damit prahlte.*
Beppe Fenoglio, La malora

*Zweitausend Mann nahmen
Alba am 10. Oktober ein,
zweihundert gaben Alba am
2. November 1944 auf …
Da hängte sich jemand an den
Glockenstrang der Kathedrale,
andere an die Glockenstränge
der anderen acht Kirchen in Alba
und es war, als ob Bronzesplitter
auf die Stadt niederregneten.
Die Leute zogen, wo sie gingen
und standen, den Kopf ein und
machten ein Gesicht wie ein
Betrunkener oder jemand, der
erwartet, irgendwo ein Kitzeln
zu verspüren. So sahen die Leute,
an die Hausmauern der Via Maestra gedrängt, die Partisanen
der Langhe vorbeimarschieren.*
Beppe Fenoglio, I ventitre
giorni della città di Alba

I Castelli
corso Torino, 14, interno h
Tel. 0173 361978

Leon d'oro
piazza Marconi, 2
Tel. 0173 441901
und 0173 440536

MotelAlba
corso Asti, 5
località Rondò
Tel. 0173 363251

Savona
via Roma, 1
Tel. 0173 440440

Paitin
località Rivoli, 17
Tel. 0173 363123

Reiné-La Meridiana
località Altavilla, 19
Tel. 0173 440112

SOL
Strutture Ospitalità Locale
Associazione Piccole Strutture
Ricettive Langhe Monferrato
Roero
piazza San Paolo, 3
Tel. 0173 363236

RESTAURANTS

Enoclub
piazza Savona, 2
Tel. 0173 33994
Montags, von März bis
August auch sonnntagabens
geschlossen.

Il Vicoletto
via Bertero, 6
Tel. 0173 363196
Montags geschlossen.

La Locanda del Pilone
frazione Madonna
di Como, 34
Tel. 0173 366616
Sonntagabends und montags
geschlossen.

Der Asphalt weicht dem Pflaster und das Pflaster bringt Sie auf einen dreieckigen kleinen Platz: Während Sie näher kommen, verschwindet der Glockenturm aus Backstein mit seiner Spitze langsam hinter der aus dem 18. Jahrhundert stammenden Fassade der Kirche San Giuseppe. Dahinter endet eine kurze Gasse abrupt vor der Mauer und dem Eisengitter des alten Gefängnisses. Die **Via Manzoni** verläuft entlang der rechten Seite der Kirche und trifft direkt auf eine Flanke des Doms. Rechts erblicken sie die Piazza Risorgimento. Umrunden Sie die Kathedrale Kapelle für Kapelle, widmen Sie allen Strebepfeilern, den spitzen Türmen, den kleinen Bögen die ihnen gebührende Aufmerksamkeit. Wenn Sie die gesamte Länge abschreiten, erfassen Sie die Symbolkraft des immensen Bauwerks am besten, die zentrale, freigestellte Lage, um derentwillen die niedrigen Häuser an der Rückseite, die Kirche Santa Elisabetta und ein besonders hoher Turm, der Tor-

Die Kirche San Domenico

re Negri, dem mancher noch heute nachtrauert, abgerissen wurden. Von der ehemaligen Piazza delle Erbe (heute **Piazza Rossetti**) hat man einen guten Blick auf den Glockenturm des Doms, dessen ein- und zweibogige Fenster übereinander in sechs, durch kleine Blendbögen gegliederten Registern angeordnet sind. In seinem Inneren versteckt sich der ursprüngliche Glockenturm aus dem 11. Jahr-

hundert (die nach oben führende Treppe ist zwischen die beiden Außenmauern gezwängt). Die **Via Vida** geht links zur **Piazza Monsignor Grassi** (mit dem Bischofspalast aus dem 17. Jahrhundert und einem Rest der römischen Stadtmauern in der Mitte). Rechts führt sie an der anderen Seite des Doms vorbei und gibt ein weiteres Mal den Blick auf die Piazza Risorgimento frei. Im Hintergrund er-

Fresken in San Domenico

ALBA

Osteria del'Arco
piazza Savona, 5
Tel. 0173 363974
Sonntag und montagmittags
geschlossen.

Osteria Lalibera
via Pertinace, 24 a
Tel. 0173 293155
Sonntag und montagmittags
geschlossen.

Porta San Martino
via Luigi Einaudi, 5
Tel. 0173 362335
Montags geschlossen.

EINKAUFEN

FLEISCH UND WURSTWAREN

Albacarni
via Vittorio Emanuele, 19

Macelleria Asteggiano
strada Cauda, 2
Ecke corso Piave

SÜSSIGKEITEN

Cignetti
via Vittorio Emanuele, 3

**La casa del torrone
Io, tu e i dolci**
piazza Savona, 12

Pasticceria Maria Grazia
corso Italia, 6

Pettiti
via Vittorio Emanuele, 25

Relanghe
corso Bra, 105

KÄSE

Casa del Formaggio
corso Langhe, 36

EINGELEGTE FRÜCHTE

Mariangela Prunotto
strada Osteria, 14

heben sich drei Türme, die beiden höchsten der Stadt, Sineo und Bonino, und ein niedrigerer, dessen Wuchtigkeit durch zwei Bogenfenster auf jeder Seite abgemildert wird. Einen Turm zu besitzen war im Mittelalter ein Zeichen von Ansehen, Einfluss, Macht. Die mächtigsten Adelsfamilien befestigten zwischen dem 12. und dem 15. Jahrhundert die beiden Hauptstraßen (Via Maestra und Via Cavour, das ehemalige Stadtviertel Tanaro) und machten Alba zu einer Art San Gimignano in Rot. Ein Großteil der Geschlechtertürme wurde, zunächst durch Kämpfe rivalisierender Familien der Stadt, später durch blinde Zerstörungswut, dem Erdboden gleich gemacht. Von den etwa zwanzig noch erhaltenen sind die meisten in Häuser eingebaut oder gestutzt.

Biegen Sie in die **Via Coppa** ein: links die mittelalterliche Casa Cappello, Türklopfer aus Eisen, Loggien; rechts das Portal des Turms der Casa Chiarlone aus dem 18. Jahrhundert. Die Straße verbreitert sich nach und nach und rückt **San Domenico** in den Blick, Alba-Gotik in Reinform. Das elegante weiß-

DIE WEINSCHULE

Die «Scuola Enologica di Alba» hat eine über hundertjährige Tradition, mehr als 500 Schüler und eine eminente Bedeutung für den Weinbau und die Weinbereitung im Piemont. In den schuleigenen Weingärten (fünf Hektar mit Dolcetto-, Barbera- und Nebbiolo-Reben) sammeln die Schüler Erfahrungen mit der Arbeit im Weinberg; in der Kellerei machen sie sich mit Keltermethoden vertraut; in der heilpflanzenkundlichen Abteilung lernen sie Kräuter zu bestimmen und produzieren Würzweine und Liköre. Die Schule besitzt eine gut ausgestattete Zentralbibliothek und eine Fachbibliothek für jede Abteilung: Weinbau und Önologie, Landwirtschaft, Chemie, Naturkunde, Mechanik, Wirtschaftskunde, Mathematik und Physik.

Im Jahr 1880, als die Schule gegründet wurde, zählte Alba kaum mehr als 12.000 Einwohner; die Landwirtschaft war der wichtigste Wirtschaftszweig und der Weinanbau hatte mit 23.000 Hektar einen wesentlichen Anteil daran. Doch die «kuriosen, willkürlichen, absurden» Keltermethoden trugen dazu bei, dass die Weine im Sommer oft sauer wurden: Schwefel wurde selten benutzt, und die Fässer und Gärbehälter behandelte man, indem man am Grund des Gefäßes einige Liter Wein verderben ließ. Für die verheerede Reblausplage machte man das Labkraut oder die neue Eisenbahnlinie Alba – Nizza verantwortlich.

Das Hauptziel der «Scuola Enologica» war es, «die Winzer von der seit Jahrhunderten waltenden Willkür frei zu machen, die ein Feind jeden Fortschritts ist», denn «um etwas gut zu machen, benötigt man Wissen».

Die Gründung wurde demnach von der gebildeteren Bevölkerung Albas als einmalige Chance für eine gesellschaftliche Erneuerung und wirtschaftlichen Fortschritt gesehen. Pier Carlo Rolando, Vorsitzender des örtlichen Agrarausschusses, wurde zum Vorsitzenden des ersten Verwaltungsrats gewählt; Domizio Cavazza, Abgesandter des Ministeriums, war der erste Direktor. Die Regeln waren sehr streng und der Stundenplan unerbittlich: 36 Stunden Arbeit auf dem Weingut, 10 in Chemie, 4,5 für die Lektüre, 3 in Buchhaltung, 5 in Zeichnen, 16 für selbstständige Studien, insgesamt also 74 Stunden, 12 am Tag. Laute Trompetenstöße gaben den Rhythmus für Arbeit und Studium vor, der unmöglich einzuhalten war, wenn man nicht Internatsschüler war, zumal die Schule außerhalb in Altavilla lag. 1883 zog die Schule in die Stadt um; am 30. Oktober 1885 konnte man die ersten hier erzeugten Dolcetto-Weine kosten, Tropfen der Jahrgänge 1882 und 1883. 1889 schließlich wurde das chemische Labor eingerichtet, eine bedeutende Institution für den Weinbau in der Gegend.

Von da an, so schrieb Paolo Monelli, «kämpfte man gegen den Falschen Mehltau und die Reblaus, indem man den Landwirten beibrachte, die Reben auf amerikanische Stöcke zu pfropfen, und bewies, dass das Pfropfen die Qualität und den Geschmack des Weins nicht veränderte. Aus diesen Lehrsälen kamen und kommen die jungen Weintechniker, die sich dafür einsetzen, unseren Weinen die Weltmärkte zu erschließen. Denn einen guten Wein zu exportieren ist so wichtig wie ein gutes Buch zu exportieren.»

rote Portal ist das Erste, was ins Auge fällt; das Gewände mit den schlanken Säulchen ist alternierend aus Sandsteinblöcken und Backsteinen aufgebaut. In der Lünette sieht man die Rosenkranzmadonna mit dem Kind, den hl. Dominikus und die hl. Katharina von Siena. Strebepfeiler, Fialen und hohe, schmale Fenster betonen das Emporstreben der Fassade; die Kanten der geneigten Dachflächen sind mit profilierten dunklen Backsteinen eingefasst. Der Innenraum präsentiert sich nüchtern und erhaben: Hohe Rundpfeiler trennen die drei Schiffe voneinander, verzweigen sich oben und kreuzen sich im Gewölbe (früher waren sie mit einem schwarzweißen Schachbrettmuster verziert; bei der Restaurierung kamen große Flächen der Bemalung zum Vorschein). Die durch die Feuchtigkeit und die Zweckentfremdung (Anfang des 19. Jahrhunderts diente San Domenico als Pferdestall) stark angegriffenen Fresken stammen aus verschiedenen Epochen, vom Trecento bis zum Barock.

Ein paar Schritte nur trennen San Domenico, das Mittelalter der roten Ziegel und Spitzbögen, vom Klassizismus des 19. Jahrhunderts, dem Gleichmaß, der Symmetrie. Dazwischen liegt nichts, als ob es nie ein Barockzeitalter gegeben hätte. Verantwortlich für das neue Gesicht Albas war Giorgio Busca, Architekt und Bürgermeister, der die Geschicke der örtlichen Architektur und Stadtplanung fast vierzig Jahre lang bestimmte, von 1840 bis 1877, seinem Todesjahr. Die neue Linie erscheint deutlich sichtbar in den Fassaden des Liceo Govone, des Palazzo Calissano (heute Sitz der Europäischen Regionalbank) und des Teatro Sociale. Die Gebäude sind Symbole der modernen, laizistischen Gesellschaft; die Fassaden sind durch große Bögen, Lisenen und Gesimse gekennzeichnet. Den hinteren linken Abschluss des Platzes bilden das Seminar und die Kirche Santa Caterina aus dem 18. Jahrhundert (bemerkenswert das Portal aus Sandstein).

Das Teatro Sociale, Foto von Fiorenzo Calosso

DAS TEATRO SOCIALE

Am 4. Oktober 1997 wurde nach zehnjährigen Restaurierungsarbeiten und über vierzig Jahren Leerstand (der letzte Vorhang war während des Faschismus, im Jahr 1933, gefallen) das Teatro Sociale in Alba endlich wiedereröffnet. Auf dem Spielplan stehen heute klassische Theaterstücke, aber auch Kabarett, Literatur, Operette, Musik, Tanz und Jugendveranstaltungen. Die Architekten Ugo Dellapiana, Pier Massimo Stanchi und Guido Caminiti haben das Problem des Fassungsvermögens gelöst, ohne die Integrität des historischen Theaterbaus anzutasten, und damit Schauspieler und Regisseure (darunter Vittorio Gassmann und Luca Ronconi) so neugierig gemacht, dass diese zur Besichtigung der Baustelle anreisten. Ein origineller und in Italien einmaliger Entwurf: hier der für Theaterstücke und Kammermusik optimale hufeisenförmig angelegte historische Saal aus dem 19. Jahrhundert, das klassizistische Meisterwerk des Architekten Giorgio Busca, gegenüber das Theater der Gegenwart: der neue, mit 620 Plätzen viel größere Saal für die Veranstaltung von Lesungen oder die Aufführung von Opernmusik und Orchesterwerken. In der Mitte, als Verbindungsstück zwischen Alt und Neu, die Bühne, der ideale Schauplatz für traditionelle und experimentelle Veranstaltungen.

«Eine beispielhafte Geschichte», schrieb Nico Orengo, «ein kleines Provinztheater geht ein … Und ersteht wieder auf, dank einer Idee der heutigen Zeit. Das Theater von Busco und sein Double. Das Double ist eine Mischung aus modernem Theatersaal, Kino und Sporthalle … Das Ergebnis ist eine Acht, ein Spiegel: Natürlich ist das eine praktische Lösung. Aber es kann auch eine Herausforderung sein, wenn man den neuen szenischen und dramaturgischen Spielraum nutzt, wenn man es schafft, das gleiche Stück für beide Säle zu geben, das der Zuschauer unter dem Stuck des Busca-Theaters und hinter den Geländern des Caminiti-Dellapiana-Stanchi-Theaters mindestens zweimal sehen zu müssen glaubt.»

Die Kasse des Teatro Sociale (piazza Vittorio Veneto, Tel. 0173 35189) ist dienstags bis samstags von 17 bis 19.30 Uhr geöffnet (an Veranstaltungstagen öffnet die Abendkasse um 20 Uhr).

CAFÉS UND EISDIELEN

Bar Brasilera
via Roma, 2

Bar Roma
corso Coppino, 3 b

Bar Savona
piazza Savona, 2

Caffè Calissano
piazza Duomo, 3

Caffè Rossetti
piazza Rossetti, 4

Caffè Tiffany
corso Langhe, 76

Casa del Caffè Vergnano
via Cavour, 11
angolo via Macrino

EIN APERITIF,
EINE KLEINIGKEIT ZU ESSEN

Vincafè
via Vittorio Emanuele, 12

WEINERZEUGER

Eugenio Bocchino
località Serre, 2
Tel. 0173 364226

Silvano ed Elena Boroli
frazione Madonna di Como
Tel. 0173 35865

Fratelli Ceretto
località San Cassiano, 34

Tenuta la Bernardina
Tel. 0173 282582

Pio Cesare
via Cesare Balbo, 6
Tel. 0173 440386

Prunotto
località San Cassiano, 4 g
Tel. 0173 280017

Francesco Rinaldi
e figli
via Umberto Sacco, 4
Tel. 0173 440484

Biegen Sie in die **Via General Govone** ein. Rechts erkennt man die grauen und rosa Streifen des Asilo, eine Hinterlassenschaft des ausgehenden 19. Jahrhunderts. Buscas gestalterische Dominanz hatte ein Ende gefunden und der Bruch mit der Tradition hieß Eklektizismus. Die Bauwerke dieser Zeit stammen von Costanzo Molineris (Schöpfer der neoromanischen Formen des Asilo) und Carlo Alimondi. Ein Stück weiter trifft die Via General Govone auf die **Via Paruzza**, die links, in Richtung Innenstadtring, direkt mit den weißen, roten und gelben Streifen des von Alimondi entworfenen Schlachthofs kollidiert.

Nach rechts geht es zur Via Maestra; man sieht bereits den Glockenturm der Maddalena und die Fassade des ehemaligen Klosters. Wenden Sie sich nach links, zwischen den hohen Mauern hindurch, die den Vicolo San Biagio einfassen, zur **Via Cuneo**. Auf dieser Route bleibt Ihnen zwar der Anblick diverser Scheußlichkeiten moderner Bauweise nicht erspart, aber einseitige, schönfärberische Ansichtskartenperspektiven wollten wir ja vermeiden.

Sie erreichen die **Piazza Savona**: Denken Sie sich die zwei Pinienreihen und die Autos weg und stellen Sie sich den Platz leer und offen vor. Er ist das Wahrzeichen der Stadt des 19. Jahrhunderts, der Inbegriff des modernen Geschmacks, und wurde von Busca nach dem Vorbild Turiner Plätze gestaltet. Nun sind wir endlich an der verführerischen Via Vittorio Emanuele (**Via Maestra**) angelangt mit ihren Trüffel- und Kä-

OKTOBER

Im Oktober feiert Alba. Am ersten Sonntag findet der Palio degli Asini statt, an den beiden darauf folgenden Sonntagen ist die Trüffelmesse in vollem Gange.

Damit, dass man in Alba beim Palio Esel statt Pferde an den Start schickt, macht man sich seit sechzig Jahren über die nahe Stadt Asti lustig, die ewige Konkurrentin, die es 1275 wagte, ihr traditionelles Pferderennen unterhalb der Stadtmauern des besiegten Alba abzuhalten. Deshalb treten alljährlich nach dem festlichen Umzug in Kostümen, der so genannten *Giostra delle Cento Torri*, die Langohren der sechs Stadtviertel in einem vergnüglichen Wettstreit gegeneinander an.

Die Trüffelmesse, die sich diesem Spektakel anschließt, huldigt dagegen dem immer selteneren und immer teureren Edelpilz. Grund für die stete Verringerung der Trüffelplätze sind der unbesonnene Einsatz von Unkrautvertilgungsmitteln, die zunehmende Verödung der Böden, aber auch die nicht gerade umweltfreundlichen Praktiken der Trüffelsucher. Ein Kilo Trüffeln kostet mindestens ein Monatsgehalt, das hat sich seit der ersten Messe 1929 nicht geändert. Doch die heutige Veranstaltung entbehrt trotz der Einbeziehung von anderen kulinarischen Spezialitäten und Wein ein bisschen ihres ursprünglichen Sinns.

segeschäften, Pasticcerie, Restaurants, Weinläden; eine Straße des ewigen Wandels, Kaleidoskop der Stile, aber nur oberflächlich: Die Atmosphäre ist schon wieder sehr mittelalterlich. Rechts die klassizistische Fassade des Palazzo Mermet, links mit Blättern und Blüten umrankte Fenster und Balkone. Dann, wie zwei Altäre in die Häuserreihen auf beiden Seiten der Straße geklemmt, die Kirchen Santi Cosma e Damiano und **Santa Maria Maddalena**, ein schönes und seltenes Bei-

spiel für den Barockstil. Die konkav und konvex geschwungene Fassade mit den vorspringenden Backsteinen erinnert an den Turiner Palazzo Carignano von Guarino Guarini, an dessen Stil sich der Architekt Bernardo Antonio Vittone orientierte, als er Anfang des 18. Jahrhunderts die Maddalena gestaltete. Der Innenraum prunkt mit farbigem Marmor; das großartige Fresko in der Kuppel wird Antonio Milloc zugeschrieben. Vom Hof aus (in der Saison findet dort der Trüf-

ALBA

Fratelli Rivetti
località Rivoli, 27 b
Tel. 0173 34181

Mauro Sebaste
frazione Gallo
via Garibaldi, 222 bis
Tel. 0173 262148

Poderi Sinaglio
frazione San Rocco Cherasca
via Sinaglio, 9
Tel. 0173 612209

Die Kirche Santa Maria Maddalena

felmarkt statt, Zugang von der Via Maestra) gelangt man in den Chor mit einem Chorgestühl aus Nussbaum. Die Armlehnen sind volutenförmig geschnitzt, die Rückenlehnen und die Betpulte sind mit Intarsien verziert. Man beachte auch die illusionistischen barocken Deckenmalereien im Gewölbe. Im weiteren Verlauf der Straße die neoromanischen Zierelemente von Molineris (gelbe und graue Streifen, rote Lilien), links der Palazzo Serralunga (an der Ecke Via Pierino Belli), danach zwei großartig restaurierte Gebäude: der Palazzo dei Conti Belli (mit Terrakotta-Friesen und einem steinernen Rechteck in der Mitte: der auf der Höhe

des Dachs gekappte mittelalterliche Turm) und der Palazzo De Giacomi-Bergui. Rechts tanzen Musikanten, Hofdamen und ihre Kavaliere über die rote Fassade der Casa Fontana (oder Casa Do).

Ein Stück weiter öffnet sich rechts die **Piazza Risorgimento**. Ein großes Rechteck prangt auf der roten Fassade des **Doms**: Es wirkt wie ein Fremdkörper, wie ausgeschnitten und aufgeklebt. Seine gotischen Formen – die sich deutlich vom klassischen Stil der anderen Fassaden abheben – sind das Werk des Architekten Edoardo Arborio Mella, der 1868 den letzten Umbau vornahm. Zehn Jahre später wurden die Statue

des hl. Laurentius und die Symbole der Evangelisten (der Engel des Matthäus, der Löwe des Markus, der Stier des Lukas und der Adler des Johannes; die Anfangsbuchstaben der italienischen Bezeichnungen – Angelo, Leone, Bue, Aquila – ergeben den Namen Alba) an der Fassade angebracht. Vom mittelalterlichen Bau sind nur die drei Portale vollständig erhalten. Im Innenraum besticht das im 16. Jahrhundert von Bernardo da Codogno ausgeführte hölzerne Chorgestühl, ein eigenständiges Werk, das im Schatten der gotischen Stilelemente an die Renaissanceformen eines Piero della Francesca erinnert. Jede der Intarsien

Das Chorgestühl im Dom

des Chorgestühls zeigt ein anderes Bild und jedes Bild ist eine perspektivische Studie: ein Regal mit Büchern, Stadtansichten, Obstkörbe, ein Käfig mit einem Stieglitz. Sehenswert ist auch das Altarbild von Giulio Campi in der Cappella dei Canonici (neben der Sakristei). Draußen tanzen die Arkaden Ringelreihen, manche breit, manche schmal, manche hoch, manche niedrig, wie die Tasten eines Klaviers. Im ersten Stock, auf der linken Seite, die mittelalterlichen Formen des **Palazzo Comunale** mit Terrakotta-Bögen und Kreuzgewölben auf den Pfeilern der Arkaden. Die – aus der Kirche San Domenico stammenden – Fresken des 14. und 15. Jahrhunderts an den Wänden der großen Treppe geben einen Vorgeschmack auf den Ratssaal. Vor kurzem wurden die dort ausgestellten

Kunstwerke in ihren ursprünglichen Farben restauriert: die *Jungfrau mit Kind zwischen dem hl. Franziskus, dem hl. Thomas von Aquin und zwei Auftraggebern,* eine große Tafel von Macrino d'Alba aus dem Jahr 1501, das *Kleine Konzert,* ein dem Mattia Preti zugeschriebenes Werk im Stil Caravaggios, und die *Jungfrau mit dem Kind und Heiligen,* ein Altarbild aus dem Umkreis von Macrino. 400 Jahre trennen diese Werke von dem jüngsten Neuzugang des Saals: *Il lichene spregiudicato* von Pinot Gallizio.

Der Beginn der **Via Cavour** ist eine der schönsten Ecken in Alba: ein kurzes, kurviges Stück Straße, bewacht von Türmen und gesäumt von mittelalterlichen Stadtpalästen, die hier und da dem Geschmack des 19. Jahrhunderts angepasst wurden, wie zum Beispiel die

Macrino d'Alba

Gian Giacomo Alladio, genannt «il Macrino», (1470–1528) spielte eine nicht unerhebliche Rolle für die Renaissancemalerei im Piemont. Er gehörte zur Bologneser Schule und wurde von den Werken Peruginos geprägt. In Alba, wo er von 1494 bis 1513 wirkte, sind seine Werke in der Kirche San Giovanni und im Palazzo del Comune zu bewundern. Das Gemälde, das als sein Meisterwerk gilt, befindet sich in der Pfarrkiche von Neviglio, nicht weit von Alba entfernt: Die Hochzeit der Heiligen Katharina *vereinigt sämtliche für Macrino typischen Gestaltungsmerkmale. Weitere Werke sind im Turiner Museo d'Arte Antica und in der Certosa di Pavia ausgestellt.*

Innenraum des Doms

Casa Paruzza (rechts unter dem gleichnamigen gekappten Turm), die ihre deutlich mittelalterliche Herkunft mit den hohen, symmetrischen Fenstern, den Lünetten und Gesimsen der klassizistischen Fassade zu verschleiern sucht. Die Casa Sacco (genannt Loggia dei Mercanti) gegenüber ist ein herrliches Gebäude aus dem 14. Jahrhundert, dessen mächtige Pfeiler mit quadratischem Querschnitt spätgotische Kreuzgewölbe tragen. Weiter oben ist die Fassade mit drei Terrakotta-Friesen, den geschwungenen Simsen der Fenster aus dem 18. Jahrhundert und einem Fries aus kleinen, sich kreuzenden Bögen verziert. Links führt die Via Macrino zur Piazza Elvio Pertinace. Sehen

Sie zu, dass Sie die Baumreihen erreichen, bevor sich die Häuser aus den Sechzigerjahren in ihr Blickfeld drängen, die das mittelalterliche Gepräge des kleinen Platzes unwiederbringlich zerstört haben. Rechts die wuchtige Strenge der Casa Marro («Il Castellaccio»), gegenüber die Casatorre Riva, ein Turmhaus mit Spitzbogenfenstern und Terrakotta-Friesen, und als Abschluss des Panoramas die barocke Fassade der Kirche **San Giovanni**. In der ersten Kapelle auf der linken Seite ist die 1377 von Barnaba da Modena geschaffene *Madonna delle Grazie* zu sehen, in der dritten Kapelle links die *Anbetung des Kindes mit Jungfrau und Heiligen,* von Macrino d'Alba signiert und 1508 datiert.

Auf dem Markt

Samstags bestimmt der Markt das Leben in Alba: Er überschwemmt die Via Maestra und die Via Cavour, breitet sich auf den Plätzen aus und dringt bis in die entlegensten Winkel vor. Und immer noch wird er von Regeln bestimmt, die im Mittelalter festgeschrieben wurden. Während in den Straßen hauptsächlich Kleidung feilgeboten wird, warten die Plätze mit uralten Ständen und exquisiten Gaumenfreuden auf.

Auf der Piazza San Giovanni findet sich der Stand mit Armeekleidung: Hemden, Hosen und Jacken für die Arbeit auf dem Feld und im Weinberg. Außerdem gibt es den Tellermarkt: «Im Laden auf dem Tellermarkt kaufte ich ihm für vier Soldi Apfelkompott und für sechs Soldi einge-

legte Fische», erzählt Agostino, der Held aus Fenoglios *La malora*. Auf der Piazza San Francesco verkauft ein alter Schmied handgefertigte Hacken, Sensen, Äxte und Harken: teuer, aber nicht kaputt zu kriegen. Bei den Sardellenfischern auf der Piazza del Mercato del Bestiame kann man auch Stockfisch und Oliven erstehen. Es gibt frischen Fisch und Käsestände, an deren erstklassige Auswahl kein Geschäft der Stadt herankommt. In einer Ecke locken Spezialitäten aus dem Süden: Oliven, getrocknete Tomaten, Feigen, Wurst aus Kalabrien. Nicht zu vergessen der Obst- und Gemüsemarkt: Wer mit genügend Muße sucht, findet auch die Körbe der Bauern, die ihre eigene Ernte auf den Markt in Alba bringen.

Der Markt

TUBER MAGNATUM PICO

Auf umbrische, toskanische und französische Trüffeln können wir getrost verzichten, denn zweifellos ist die weiße Trüffel aus Alba die Beste von allen. *Tuber Magnatum Pico* – nach dem Arzt Pico, der sie 1788 in Turin als Erster beschrieb – ist der botanische Name eines Pilzes, der unter der Erde in Symbiose mit den Wurzeln einiger Baumarten – Eichen, Weiden, Pappeln und Linden – wächst. Die Sporen keimen und reifen durch den Kontakt mit den Wurzeln. Der Baum ist daher sehr wichtig: Die Trüffelsucher merken oder notieren sich die Gewächse, an deren Fuß jedes Jahr ungefähr zur gleichen Zeit der kostbare Pilz entsteht. Sie hüten ihr Geheimnis wie einen Schatz, und um nicht von der Konkurrenz überrascht zu werden, gehen sie nachts mit ihrem Hund los; die Taschenlampe wird erst an der Fundstelle eingeschaltet (die Geschichte von dem Trüffelsucher, der seinen Verwandten erst kurz vor dem Tod seine Quellen offenbart hat, ist kein Märchen). Mit einem eindeutigen Befehl und einem Stück trockenem Brot zur Belohnung ruft der Trüffelsucher den kleinen Mischlingshund zurück, bevor dieser beim Graben die wertvolle Beute zerstört. Dann hackt er vorsichtig die Erde auf, zieht schließlich die Trüffel heraus und hält sie sich erstmal unter die Nase. Der Geruch ist das Entscheidende an einer Trüffel, danach kommen Festigkeit, Elastizität und natürlich die Größe. Das Aussehen hängt

von der Wirtspflanze ab: Eichen bringen relativ dunkle Trüffel mit rauer Rinde und hohem spezifischem Gewicht hervor; bei Pappeln sind die Knollen glatter und heller.

Die Namen berühmter Trüffelsucher sind unvergessen: Giuseppe Vivalda aus Monchiero, genannt Copa, sein Bruder Giovanni vom Restaurant La Stazione, der immer noch jeden Morgen sehr früh mit seinem Hund das Haus verlässt, oder die Brüder Oberto, genannt Gidio, aus La Morra. Jeder Ort, jeder kleine Weiler hat seine Trüffelsucher. Allen gemein ist der Jagdeifer und der erklärte Wunsch, einmal in ihrem Leben das Prachtstück zu finden, das dann im Rahmen der Trüffelmesse an die Persönlichkeit des Jahres geschickt wird. Staatsoberhäupter, Päpste und Künstler in aller Welt haben schon von diesem Brauch profitiert, der Giacomo Morra zu verdanken ist, dem größten Förderer der Trüffel, den Alba je hatte.

Die Trüffelsucher haben sich zu einer Interessenvertretung zusammengeschlossen, die ebenso wie die italienische Vereinigung der Trüffelstädte (Associazione Nazionale Città del Tartufo) ihren Sitz in Alba hat. Ihr Ziel ist die Anerkennung einer Herkunftsbezeichnung (ähnlich des für Weine geltenden DOC-Siegels) für den Edelpilz, der in Italien – einschließlich der Schwarzen Trüffel – in nicht weniger als sieben Varianten vorkommt.

Zum Verzehr wird die frische weiße

Alba-Trüffel roh mit einem speziellen Hobel in hauchfeine Scheiben geschnitten – nur so entfaltet sie ihr ganzes Aroma. Am besten passt sie zu Käsecreme (*fonduta*) und zu Spiegelei, aber auch zu Tagliatelle mit Salbeibutter macht sie sich gut. Man hobelt sie über Risotto oder über dünn geschnittenes, mit Pfeffer und Zitronensaft gewürztes rohes Rindfleisch (*carne all'albese*). Eine Sünde ist es dagegen, Trüffel zu Schmorbraten, Wildpfeffer, pikanten Gemüsedips (*bagna caoda*) und anderen Gerichten mit ausgeprägtem Geschmack und Geruch zu servieren. In den Langhe sagt man, dass die Trüffel die Körpertemperatur erhöht – daher auch ihr Ruf als Aphrodisiakum.

Die beste Zeit für Trüffeln ist der Herbst: Im Allgemeinen werden die Pilze von Ende September bis Ende Dezember geerntet. Um sie ein paar Tage lang frisch zu halten, wickelt man sie in dickes, grobes Papier oder in ein Leinentuch, das jeden Tag gewechselt werden muss, und bewahrt sie an einem kühlen Ort oder im Gemüsefach des Kühlschranks auf. Da Trüffeln atmen müssen, sollte man sie nicht in einem luftdicht verschlossenen Glas einsperren. Außerhalb der Saison sind Trüffeln in einer speziellen Flüssigkeit eingelegt und durch Erhitzen haltbar gemacht erhältlich. Obwohl sie dadurch natürlich an Geschmack und Frische verlieren, sind und bleiben sie eine Delikatesse.

Fotos von Enrico Necade, aus Il grande libro della cucina albese, Famija Albèisa

Pinot Gallizio

«Wenn Tausende von Malern, die heute am Nicht-Sinn fürs Detail arbeiten, über die Möglichkeiten verfügen werden, die Maschinen bieten, wird es nicht mehr die riesige Briefmarke namens Bild sein, die die Forderung nach Mehrwert erfüllt, sondern es werden Gemälde sein, die auf Tausenden von Kilometern an den Straßen und auf Märkten zum Tausch angeboten werden und Millionen von Menschen erfreuen, die gerne neue Erfahrungen machen ...»

Pinot Gallizio (1902–1964), ein Mensch mit einer komplexen, widersprüchlichen Persönlichkeit, war – wozu seine Herkunft aus Alba ihren Teil beigetragen hat – der Prototyp eines zu spontaner und heftiger Leidenschaft fähigen Künstlers. Er studierte zunächst Pharmazie und Heilpflanzenkunde, befasste sich dann mit der Anthropologie, der Ethnographie und der Archäologie (er förderte am Stadtrand zahlreiche neolithische Funde zu Tage). Seine Lehrtätigkeit an der Weinschule, sein politisches Engagement, Fußball und Schlagball waren dagegen eher schmückendes Beiwerk eines weit anspruchsvolleren globalen Projekts. Die Begegnung mit der Kunst und ihren – zu jener Zeit – extremsten Ausformungen war also eine Art Vorsehung.

Man schrieb den 29. September 1955, als Piero Simondo, der Däne Asger Jorn und Pinot Gallizio in Alba ein experimentelles Atelier gründe-

ten, das *Laboratorio Sperimentale del Movimento Internazionale per una Bauhaus Immaginista*, Treffpunkt und Brutstätte kultureller und politischer Provokationen. Hier verkehrten Maler wie Enrico Baj, Lucio Fontana und Karel Appel, Bildhauer und Keramiker wie Franco Garelli und Tullio d'Albisola, Musiker wie Walter Olmo, Stadtplaner wie Constant, Theoretiker wie der Lettrist Wolman und der Situationist Debord und nicht zuletzt der Designer Ettore Sottsass jr. Die industrielle Malerei (sehr frei bemalte Rollen mit den Einflüssen von Regen, Sonne und Wind ausgesetzter Farbe), die «Höhle der Antimaterie» (*Caverna dell'Antimateria*, ein visueller, olfaktorischer und musikalischer Raum), die «Kollisionsmalerei» (*Pittura in Collisione*, die komplette Überdeckung von Gemälden anderer) und die Zyklen *La Gibigiana* (Das Gleißen), *Storia di Ipotenusa* (Die Geschichte der Hypotenuse) und *Le notti di Cristallo* (Die Kristallnächte), vollkommen schwarze Gemäldeskulpturen, die er kurz vor seinem Tod realisierte, wurden zu Etappen eines immer wieder provozierenden Prozesses, der Pinot Gallizio mit der Zeit internationale Anerkennung bescherte. So wanderten seit den Sechzigerjahren unzählige Ausstellungen durch die großen Städte ganz Europas und gelangten in jüngster Zeit sogar bis in die USA und nach Japan.

Arturo Buccolo

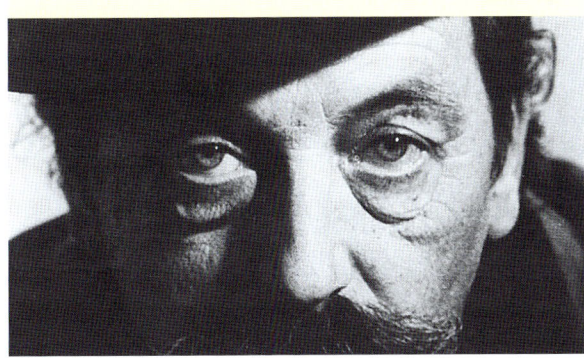

Pinot Gallizio

Das Schlagballspiel — ein Ritual

Die Regeln des *pallone elastico* sind einfach. Eine Art Tennis (mit gleicher Punktzählung) ohne Grundlinie (wenn man den Ball über diese Linie wirft, gewinnt man den Punkt, anstatt ihn zu verlieren; das ist das berühmte *intra*, das Bravourstück jedes Spielers) und mit der Möglichkeit, die Vergabe der Fünfzehn auf das nächste Spiel zu verschieben, für das die Feldmitte dort angesetzt wird, wo der Ball auf dem Feld liegen geblieben ist (die *caccia*). Das ist alles. Und trotzdem habe ich erlebt, wie Elektroingenieure, Journalisten, Wissenschaftler, allesamt Könner auf ihrem Gebiet, die einem Spiel *pallone elastico* in den Langhe beiwohnten, nach drei Stunden Spiel und ellenlangen Erklärungen bei Vergabe der x-ten *caccia*, ohne die Augen vom Ball abzuwenden, mit dümmlichen Lächeln fragen: «War das kein Punkt?» Kein Grund zur Verzweiflung. Wer nicht von Kindesbeinen an die von Zigarrenrauch, dem Geruch rechtschaffenen Schweißes und der erbarmungslosen Hitze eines Sonntagnachmittags geschwängerte Luft eines Spielfelds oder Dorfplatzes in den Langhe geschnuppert hat, wird dieses so langsam und unabänderlich wie das Leben selbst ablaufende Spiel nie verstehen. Man kann vielleicht die Regeln annäherungsweise durchschauen, sich von dem einen oder anderen Ballwechsel begeistern lassen oder eine vorsichtige Wette wagen, aber man wird nie wirklich «drin» sein.

Mittlerweile wurden einige Regeln geändert, um gewisse Phasen des Spiels zu beschleunigen. Aber bis vor einigen Jahren fanden Fremde die gemessenen Bewegungen der Viererteams in langen weißen Hosen, die ständig das Feld wechselten, um eine *caccia* nach der anderen auszuspielen, nervtötend. Eine Partie konnte gut und gern fünf bis sechs Stunden dauern. Ein weiteres Detail, das die Besucher verwirrte: Wie kann man in der Arbeitskleidung eines Maître d'hôtel Sport treiben? Die Antwort war: Wer sagt denn, das das Sport ist? Heute sind im Übrigen auch hier kurze Sporthosen Usus. Eingezwängt in die dicht gedrängte, aber vor Begeisterung wogende Menge, gepeinigt von den Rufen der Buchmacher und dem Kommen und Gehen der Eisverkäufer (die einzige Erfrischungsmöglichkeit im Sommer), kann man da in seiner Aufmerksamkeit schon mal nachlassen. Diesseits des Tanaro ist das alles hingegen ein festes Ritual. Würde sich irgendjemand über die Langatmigkeit eines Hochamts beschweren? Wenn man dran glaubt, macht man mit. Wenn nicht, geht man ins Kino. Beim Schlagball gibt es keine Kompromisse. Ich erinnere mich, dass mein Großvater, der mich als kleinen Jungen zu den Spielen mitnahm, nicht im Traum daran dachte, mir irgendetwas zu erklären. Wenn ich eine dumme Frage stellte, blies er die Backen auf, bestenfalls grummelte er nachsichtig: «Hast du denn keine Augen im Kopf?»

Und genau das sollten auch Sie tun, wenn Sie durch die Langhe reisen: Sperren Sie die Augen auf und vergessen Sie die Punkte. Lassen Sie sich von den Gesichtern, den Farben, der Ästhetik eines Ballwechsels begeistern. Und denken Sie daran, dass sich auf der rechteckigen Fläche vor Ihnen eine der ursprünglichsten und wichtigsten Traditionen der Langhe abspielt.

Piero Sardo

DAS MUSEO FEDERICO EUSEBIO

Wie auf den Seiten eines großen Geschichtsbuchs kann man in den Vitrinen des Museo Eusebio die tief greifenden Veränderungen der Gegend um Alba verfolgen: eine faszinierende Zeitreise, auf der man Saal für Saal Millionen von Jahren zurücklegt. Die Reise beginnt vor 30 Millionen Jahren, als die jetzige südliche Grenze der Langhe nicht mehr war als ein Teil einer Bucht, eine vom Meer umspülte Felsenkette. Am Eingang zur (1972 eingeweihten) naturkundlichen Abteilung dokumentieren zwei – in Roddi aufgefundene – fossile Abdrücke eines großen Palmblattes dieses Zeitalter der tropischen Wälder, zusammen mit versteinerten Haifischzähnen, Korallen, Krebsen und Muscheln. Die in Montà entdeckten Überreste eines Mastodonten sind Spuren eines späteren Zeitalters: des Pliozäns, an dessen Ende sich die Erdoberfläche hob, das Meer sich nach Osten zurückzog und die Langhe auftauchten, ein von Flußpferden, Wildschweinen, Elefanten, Hyänen und Geparden bevölkertes sumpfiges Gelände. Am größten Fluss des Gebiets, dem Tanaro, entstanden erste menschliche Siedlungen.

Die Urgeschichte des Menschen ist das Thema der archäologischen Abteilung, des ältesten Teils des Museums, der 1897 von Federico Eusebio begründet wurde. Die ersten prähistorischen Funde sind Giovan Battista Traverso (Ende des 19. Jahrhunderts) und Pinot Gallizio (Mitte des 20. Jahrhunderts) zu verdanken. Von den Gegenständen ihrer Sammlungen – die größtenteils in Rom und Turin ausgestellt sind – verdienen einige Äxte aus poliertem grünem Stein besondere Beachtung. Aus der Jungsteinzeit, der Bronze- und der Eisenzeit stammen Keramik, Skelettteile und das Bronzeschwert, das in der Nähe von Roddi im Tanaro gefunden wurde.

Der umfangreichste Teil der Funde geht freilich auf die Blütezeit der Stadt zurück, die Ära von *Alba Pompeia*, die schon Plinius rühmte. Zu den bedeutendsten Fundstücken zählen der Grabstein von *Caius Cornelius Germanus und Valeria Marcella* und die Marmorstele von *Caius Didius Vicarius*. Außerdem: eine Löwendarstellung auf dem Fragment eines Architravs, ein mit Akanthusblättern verziertes Kapitell, Krüge und Kelche aus Keramik, Lampen (die bei Bestattungen neben dem Toten aufgestellt wurden, zusammen mit einer Münze als Lohn für den Fährmann Charon), Amphoren, kleine Glasflaschen, Würfel aus Knochen, Fragmente von Statuen (besonders schön eine weibliche Büste aus dem 1. bis 2. Jahrhundert n. Chr.), Münzen (insgesamt 312 aus verschiedenen Epochen, darunter die von Publius Elvius Pertinax, eine Rarität, auch wegen der äußerst kurzen Amtszeit des Kaisers aus Alba), Terrakotta-Urnen, antike Inschriften.

Städtisches Museum
für Archäologie und Naturkunde
«Federico Eusebio»
via Vittorio Emanuele, 19
Hof der Kirche Santa Maddalena
Tel. 0173 290092

Zweite Tour

**Von Alba nach Barolo
über Roddi, Verduno, Pollenzo,
Cherasco, La Morra und Novello**

Ausgangspunkt: Alba
Zielpunkt: Barolo
Kilometer: 42
*Voraussichtliche
Dauer:*
Tagesausflug

Ausflüge:
ab La Morra,
Novello,
Barolo

Von Alba nach Barolo

Roddi

Fahren Sie von Alba aus (auf der alten Landstraße oder der parallel verlaufenden Schnellstraße) in Richtung Barolo und biegen Sie noch vor dem Ortszentrum von Gallo Grinzane nach rechts in Richtung Bra ab. Gleich danach führt eine Straße links den Hügel hinauf und nach **Roddi** hinein. Sie haben gerade die fruchtbare Ebene des Tanarotals hinter sich gelassen; vom keltischen *raud* oder *rod*, was so viel wie «Fluss» bedeutet, leitet sich der Name des Ortes ab. Historikern ist diese Gegend durch zwei berühmte Schlachten bekannt: 101 v. Chr. schlug der römische Feldherr Marius hier die Cimbern, 403 n. Chr. besiegte Stilicho die im Zuge der Völkerwanderung eindringenden Westgoten Alarichs.

RODDI

7 km von Alba
Einwohner 1294
Höhe 284 m ü. d. M.
PLZ 12060

INFORMATIONEN

Municipio
piazza Umberto I, 2
Tel. 0173 615001 und 615353

ÜBERNACHTUNG

Enomotel Il Convento
via Cavallotto, 1
Tel. 0173 615286

Cascina Barin
borgata Toetto, 21
Tel. 0173 615159

Cascina Toetto
borgata Toetto, 2
Tel. 0173 615622

RESTAURANTS

La Crota
piazza principe Amedeo, 1
Tel. 0173 615187
Montagabends und dienstags
geschlossen.

VERDUNO

11 km von Alba
Einwohner 486
Höhe 381 m ü. d. M.
PLZ 12060

INFORMATIONEN

Municipio
via Roma, 2
Tel. 0172 470121

ÜBERNACHTUNG

Real Castello di Verduno
via Umberto I, 9
Tel. 0172 470125,
Fax 0172 470298

Agriturismo Ca' del Re
via Umberto I, 14
Tel. 0172 470281

Die Fassade der Kellerei G. B. Burlotto

GROSSE PERSÖNLICHKEITEN

Die Geschichte des Barolo böte genug Stoff für einen Roman. Helden dafür? Leute aus der Gegend, die an die Einmaligkeit ihrer Weinberge und Kellereien glaubten, sich stark machten für ihren Wein und dafür nicht selten mit Ehren und finanziellem Gewinn belohnt wurden. Beginnen wir mit denjenigen, die uns zeitlich am nächsten stehen: mit Renato Ratti aus La Morra und Arnaldo Rivera aus Castiglione Falletto. Ersterer setzte als Winzer und Kellermeister neue Maßstäbe in der italienischen Önologie, erarbeitete die erste Karte der Lagen im Barolo- und Barbaresco-Gebiet und trug zur Verbesserung der gesetzlichen Bestimmungen bei. Letzterer, von Beruf eigentlich Schullehrer, begründete in den krisengeplagten Fünfzigerjahren die Cantina Sociale del Barolo.

Rattis Name und Werk verweisen zurück auf andere, die vor ihm die großen Lagen der Langhe erforschten: den Chemiker und Botaniker Ferdinando Vignolo Lutati und, ein Jahrhundert früher, den Landvermesser Lorenzo Fantini aus Monforte. Mit Rivera erinnern wir uns auch an die ersten Genossenschaftskellereien vom Anfang des 20. Jahrhunderts, zu deren Vorreitern jene in Barolo zählte; Kellermeister war dort der Vater jenes Giulio Mascarello, der, nachdem er während des Ersten Weltkriegs wegen seiner sozialistischen Gesinnung verbannt worden war, einer der angesehensten *barolisti* (Barolo-Winzer) wurde. Dann ist da die Riege der Apotheker, wohlhabende Männer, die um die Wende vom 19. zum 20. Jahrhundert zwischen der Erfindung einer Rezeptur für Wermut und einer für Barolo Chinato die Weinberge in ihrem Besitz auf Vordermann brachten: Giuseppe Cappellano aus Serralunga, der einige Hotels in Alba und in seinem Heimatort besaß, und Giuseppe Tarditi aus La Morra, dessen Kellereien allgemein als sehr fortschrittlich angesehen wurden. Bedeutung kommt ferner den Familien Calissano, Prunotto, Bonardi und Pio Cesare aus Alba zu, den Familien Conterno aus Monforte, Borgogno und Abbona aus Barolo, Burlotto aus Verduno, Cordero aus La Morra sowie einer einzelnen Frau, Virginia Ferrero aus Serralunga. Sie alle und ihre Nachfolger, große und kleine Grundbesitzer, bauen ihre Reben auf Land an, das einst den ersten, adeligen *barolisti* gehörte: Carlo Alberto von Savoyen, Graf Cavour und der Marchesa Falletti, die jetzt sogar heilig gesprochen werden soll – allerdings nicht für ihre Verdienste um den Weinbau, sondern für die Gründung eines Schwesternordens.

Spuren aus der Römerzeit finden sich in Roddi keine mehr; das Mittelalter hat sich dagegen in einem mächtigen Kastell verewigt, mit dessen Bau um das Jahr 1000 begonnen wurde. Die Piazzetta del Municipio ist die ruhigste und schönste Ecke in Roddi. Als Kulisse dient die hübsche spätbarocke Fassade der Chiesa dell'Assunta; seitlich ragt die Burg empor, mit ihren beiden Türmen aus dem 12. und 15. Jahrhundert eine typische Wehranlage. Der alte Ortskern schlingt sich mit seinen kreisförmig verlaufenden Gassen um das Kastell und den Glockenturm aus dem 13. Jahrhundert. Hier herrscht Stille; nur ganz selten hört man ein Auto oder das Geschrei spielender Kinder.

VERDUNO

RESTAURANTS

**Real
Castello di Verduno**
via Umberto I, 9
Tel. 0172 470125
Kein Ruhetag.

John Falstaff
via Commendatore
Schiavino, 1
Tel. 0172 470244
Montags geschlossen.

La Cascata
zona Gurei
Tel. 0172 470126
Montagabends und dienstags
geschlossen.

EINKAUFEN

WURSTWAREN

Macelleria salumeria Fava
via Umberto I, 34

WEINERZEUGER

Fratelli Alessandria
via Beato Valfré, 59
Tel. 0172 470113

Bel Colle
frazione Castagni, 56
Tel. 0172 470196

Antonio Brero
via Vittorio Emanuele II, 17
Tel. 0172 470216

Andrea Burlotto
via Laneri, 6
Tel. 0172 470152

Commendator G.B. Burlotto
via Vittorio Emanuele, 28
Tel. 0172 470122

Castello di Verduno
via Umberto I, 9
Tel. 0172 470125
und 0172 470284

La Cantina
regione Olmo
Tel. 0172 77278

Verduno
Von Roddi aus gelangen Sie über eine sanft ansteigende schmale Straße nach **Verduno**; die knapp vier Kilometer sollten Sie in gemächlichem Tempo zurücklegen. Kurz hinter Roddi beginnen sich riesige Nebbiolo-Rebflächen auszubreiten. Auf halber Strecke erhebt sich zwischen den Weingütern Monvigliero, Fava und Marzio der Hügel namens Monvigliero, einer der historischen Weinberge von Verduno, dessen Ruhm unter anderem darauf beruht, dass der legendäre Commendator Burlotto 1899/1900 die Nordpolexpedition des Herzogs der Abbruzzen mit Barolo von dieser Lage ausrüstete. Wer es nicht eilig hat und sich ein wenig die Beine vertreten möchte, sollte einen Spaziergang über den Monvigliero machen. Im Osten beginnt mit den Crus Breri und San Lorenzo die unendliche Weite der Rebflächen, die sich über die Hänge von Santa Maria bis zur am Horizont sichtbaren Festung von La Morra erstrecken. Im Westen liegt das Tanarotal, gegenüber sieht man das Kastell von Santa Vittoria, unterhalb davon die Cinzano-Fabrik; dahinter breiten sich die sanft gewellten Hügel des Roero aus, ebenfalls eine äußerst geschichtsträchtige und für ihren Wein berühmte Gegend.

Weiter geht es nach Verduno. Das erste Ziel im Ort ist die Piazzetta del Castello. Das Schloss wurde um die Mitte des 18. Jahrhunderts von einem Nachfolger Filippo Juvarras errichtet. 1838 wurde es von König Carlo Alberto erworben, der dort ein Musterweingut wie das der Falletti im nahen Barolo entstehen lassen wollte. Unter der Leitung von General Staglieno, einem Weinexperten ersten Ranges, gingen aus den Kellern des Schlosses (das heute als Lager für die Weine von Gabriella Burlotto und ihrem Mann Franco Bianco dient) die wohl ersten Barolo-Weine hervor. Doch der König, der in Verduno, Roddi, Santa Vittoria und

Das Schloss von Verduno

Bra vierzehn Weingüter besaß, verlegte seine Aktivitäten bald nach Pollenzo und in die Moscatello-Kellerei in Santa Vittoria, und das Schloss Verduno wurde zur Sommerresidenz der königlichen Familie. Die Jahre vergingen und das Gebäude kümmerte vor sich hin, bis sich 1910 endlich Giovan Battista Burlotto seiner annahm, einer der Väter des Barolo (die Fassade seiner ursprünglichen Kellerei in der Via Vittorio Emanuele 28 ist mit den Auszeichnungen verziert, die er auf Weinausstellungen in aller Welt einheimste). Heute beherbergt das Schloss ein Restaurant und ein Hotel, dessen Räume von der Atmosphäre vergangener Zeiten geprägt sind.

An der Piazzetta del Castello steht die Pfarrkirche San Michele Arcangelo, deren spätbarocker Baustil ebenfalls von Juvarra beeinflusst ist. Im Innern hängt ein Porträt von Sebastiano Valfré, der Anfang des 17. Jahrhunderts hier geboren

VERDUNO PELAVERGA

Auf den Hügeln von Verduno wird neben den traditionellen Rebsorten der Langhe wie Dolcetto, Barbera, Nebbiolo und Favorita seit langer Zeit auch die Pelaverga-Rebe gehegt und gepflegt.

Die Geschichte des Pelaverga-Weins beginnt Anfang des 18. Jahrhunderts, als einer örtlichen Legende zufolge der später selig gesprochene Pater Sebastiano Valfré einige Ableger aus dem etwa fünfzig Kilometer entfernten Saluzzo mit heimbrachte. Als in der Gegend um Saluzzo angebaute Rebe wird «Pellaverga» bereits in der berühmten, Ende des 19. Jahrhunderts erschienenen *Monografia sulla viticoltura ed enologia in provincia di Cuneo* von Fantini erwähnt. Noch früher, nämlich Anfang des 16. Jahrhunderts, berichtete der Chronist Giovanni Andrea del Castellar aus Saluzzo von «etwa dreißig Fässern Wein aus Pagno und Castellaro, die Margherita di Fois jedes Jahr an Papst Julius II. schickte». Bei diesem Gewächs,

«Quelle vieler Wohltaten», handelt es sich mit großer Wahrscheinlichkeit um Pelaverga.

Jedenfalls fiel diese Rebsorte in Verduno auf so fruchtbaren Boden, dass heute alle Kellereien am Ort einen Pelaverga-Wein im Angebot haben. Kenner mögen ihn, daher wächst die Produktion stetig und die neuen Anbaugebiete florieren.

Der Pelaverga ist in jeder Hinsicht einzigartig. Schon der Name klingt so märchenhaft und geheimnisvoll, dass dem Wein eine außergewöhnliche aphrodisische Wirkung nachgesagt wird. Auch von den anderen großen Rotweinen der Langhe unterscheidet er sich. Seine hellrubinrote Farbe und der sortentypische Geruch nach Gewürzen verleihen ihm im Gegensatz zu seinen ernsthaften, verschlossenen Kollegen etwas Leichtfertiges, Kapriziöses. Er passt gut zu leichten Sommergerichten und zu nächtlichen Happen und füllt die Gläser mit der ihm eigenen Unbeschwertheit.

wurde und dem Ort großen Ruhm einbrachte. Als Kaplan am Hof der Savoyer begleitete er König Vittorio Amedeo II. auf all seinen Kriegszügen. Wie er 1706, während der französischen Besatzung Turins, den Widerstandswillen der Verteidiger und der Bevölkerung anfeuerte, ist Legende.

Die Einheimischen verehren ihn jedoch hauptsächlich dafür, dass er auf ihren Hügeln die Pelaverga-Rebe ansiedelte, die zum Wahrzeichen für Verduno wurde.

Der schönste Teil des Städtchens ist jedoch die Grünanlage, die man – ausschließlich zu Fuß – von dem Platz unterhalb des Schlosses erreicht. Das so genannte Belvedere bietet dem Besucher ein einmaliges Panorama der Langhe und gleichzeitig einen ruhigen, erholsamen Platz im Schatten. Hier zeigt sich Verduno mehr als anderswo von seiner beschaulichen Seite, der des «blühenden Hügels», der im Ortsnamen keltischen Ursprungs (*verdum*) zum Ausdruck kommt.

Pollenzo

Von Verduno aus lohnt sich ein kleiner Abstecher (sieben Kilometer auf der Provinzstraße in Richtung Bra) nach **Pollenzo**. Wenn Sie die Tanarobrücke

Pollenzo

überqueren, erblicken Sie zur Linken zwei Pfeiler in einer Art neo-maurischem Stil: Sie trugen einst eine Hängebrücke aus Eisen und Holz, ein Juwel der Brückenbaukunst des 19. Jahrhunderts, die im Zweiten Weltkrieg zerstört wurde. Nach dem Willen von Vittorio Emanuele II. sollte hier ein exakter Nachbau des 1840 über dem Po in Turin errichteten *pont d'fer* entstehen, an dessen Stelle sich seit 1907 der Ponte d'Umberto I. erhebt.

Jenseits der Stadtmauer, die an die Straße grenzt, befindet sich der Schlosspark, heute in Privatbesitz, von dessen ursprünglicher Anlage herzlich wenig erhalten ist: Saatbeete und Pappelhaine besiedeln das, was früher ein englischer Garten mit Wasserfällen, Brunnen, Teichen und kleinen Brücken war. Pollenzo ist ein kleiner Ort mit

glanzvoller Vergangenheit. In der Römerzeit war es unter dem Namen *Pollentia* eine blühende Handelsstadt; Mitte des 19. Jahrhunderts wurde es Agrarmetropole mit Vorzeigecharakter und Lieblingsresidenz des savoyischen Königs Carlo Alberto.

Die Ende des 2. Jahrhunderts v. Chr. gegründete römische Stadt *Pollentia* war von Stadtmauern und Türmen umgeben und verfügte zeitgenössischen Chronisten zufolge über ein Theater, Thermen und ein 17.000 Zuschauer fassendes Amphitheater. 500 Jahre lang erfüllte der Ort eine wichtige Funktion als Knotenpunkt der Straßen aus Turin, Asti und von der ligurischen Küste, bis er 402 n. Chr. mit dem Niedergang der Westgoten unter Alarich seine Bedeutung verlor. *Pollentia* betrieb einen schwunghaften Weinhandel, vermutlich von Rebflächen, die heute zu La Morra gehören. Beleg dafür ist etwa der Grabstein des Weinhändlers Marcus Lucrezius Crestus, der hier gefunden wurde und im Museo Civico des Palazzo Traverso in Bra ausgestellt ist. In der Römerzeit war Pollenzo außerdem bekannt für seine Wollfärberei sowie für edle Vasen und Kelche, die schon Plinius rühmte.

Wenn Sie in Richtung Via Regina Margherita gehen (rechter Hand eine Gruppe fächerförmig angeordneter Bauernhäuser), finden Sie sich auf den Rängen des römischen Amphitheaters wieder, die jetzt als Fundamente und Keller in mittelalterliche Häuser integriert sind. Weiter unten in der Mitte kann man noch das Oval der römischen Arena erkennen, das heute als Gemüsegarten und Hof dient. Von den Ruinen der öffentlichen Gebäude, des Theaters, des Amphitheaters, des Aquädukts zeugen nur noch die wunderschönen Reliefs der ersten Stadthistoriker, Franchi Point und Randoni, die zwischen Ende des 18. und Anfang des 19. Jahrhunderts hier ihre Forschungen betrieben. Die Ergebnisse ihrer Arbeit sowie weitere archäologische Funde aus der Gegend sind im Museo Craveri und im Palazzo Traversa, beide in Bra, zu besichtigen.

Dominiert wird der kleine Ort jedoch von dem weitläufigen Komplex, mit dem König Carlo Alberto sein Interesse für die Landwirtschaft pflegte und sich zugleich den Traum eines kleinen savoyischen Versailles erfüllte. Zwischen 1838 und 1849 entstanden in Pollenzo, teilweise durch den Umbau bestehender mittelalterlicher Bauten, ein Schloss, die Gebäude der so genannten Agenzia, der Gutshof Albertina und die Moscatello-Kellerei im neogotischen Stil.

Der Mittelpunkt dieses Landsitzes ist die Piazza Vittorio Emanuele II. – am Ende der Via Carlo Alberto, auf der man in den Ort hineinkommt –, die im Norden und Süden durch zwei parallele Laubengänge abgeschlossen wird; an der östlichen Seite die Chiesa San Vittore (sehenswert das Chorgestühl

Pollenzo

CHERASCO

22 km von Alba
Einwohner 7040
Höhe 288 m ü. d. M.
PLZ 12062

INFORMATIONEN

Municipio
via Vittorio Emanuele II, 79
Tel. 0172 489498

Ufficio Cultura
via Vittorio Emanuele II, 79
Tel. 0172 489101
Von April bis Oktober Führungen durch die Altstadt.

MUSEEN

Palazzo Salmatoris
via Vittorio Emanuele II, 29
In dem historischen Palazzo, in dem schon Napoleon übernachtet hat, werden heute stets sehr gut besuchte Ausstellungen moderner und zeitgenössischer Kunst veranstaltet. Darunter gibt es große Namen wie Picasso, Guttuso und De Pisis, am interessantesten sind aber oft Veranstaltungen mit noch lebenden Künstlern vom Ort (Romano Reviglio) oder aus der Region Piemont, vor allem Ruggeri und Soffiantino.

ÜBERNACHTUNG

Al Cardinal Mazzarino
via San Pietro, 48
Tel. 0172 488364

Hotel Napoleon
via Aldo Moro, 1
Tel. 0172 488238

RESTAURANTS

La Lumaca
via San Pietro
Ecke via Cavour
Tel. 0172 489421
Montags und dienstags geschlossen.

Osteria della rosa rossa
via San Pietro, 31
Tel. 0172 488133
Mittwochs und donnerstags geschlossen.

und das Pult, die beide aus der Abtei Staffarda bei Saluzzo stammen) und der große Bogen des überdachten Gangs zwischen dem Park und der Loge des Königs in der Kirche. Links davon erhebt sich die Burg (heute in Privatbesitz und für Besucher daher schwer zugänglich), der man die im 19. Jahrhundert vorgenommenen baulichen Veränderungen deutlich ansieht. Carlo Alberto ließ sie aufstocken und verwandelte vor den staunenden Augen seiner Zeitgenossen den Innenhof in einen Festsaal. In seiner mittelalterlichen Gestalt erhalten, wenn auch ebenfalls erhöht, ist einzig der dicke, runde Eckturm. Zur Westseite des Platzes hin öffnet sich das große, im mittelalterlichen Stil gehaltene Gebäude der Agenzia, das Verwaltungszentrum der savoyischen Landgüter, dem auch der Besitz in Racconigi und die Moscatello-Kellerei

Cherasco, Kirche Santa Maria del Popolo

CHERASCO

EINKAUFEN

BACI DI CHERASCO

Pasticceria Barbero
via Vittorio
Emanuele, 74

Pasticceria Ravera
via Cavour, 17

EIS

Gelateria da Renato
via Vittorio
Emanuele, 55

SCHNECKEN

**Istituto Internazionale
di Elicicoltura di Cherasco**
via Vittorio Emanuele, 32
Tel. 0172 488478
Fax 0172 489218

Euro Helix
via Sant'Iffredo, 20 a
Tel. 0172 489382

**Cherubino
Germanetto**
frazione Bricco
via Genova, 7
Tel. 0172 495535

unterstanden, deren Räume in den Tuffstein des nahen Hügels von Santa Vittoria gehauen sind. Die nie vollendete Kellerei wurde später an Francesco Cinzano verkauft, der dort mit der Herstellung von Wermut und Schaumwein begann.

Der Turm an der rechten Seite des Platzes ist ein weiteres Beispiel für den Stil des 19. Jahrhunderts und möglicherweise einer während eines Turiner Stadtfests auf dem Po schwim-

menden Kulisse nachempfunden. In der Via Adelaide di Savoia liegt rechter Hand der fast vollständig erhaltene große Gutshof Albertina. Die Agenzia wird zurzeit mit Unterstützung von Slow Food restauriert und soll ab 2003 die erste «Universität des Geschmacks» der Welt beherbergen, ein Ausbildungsinstitut für Hoteliers, Gastronomen, Agronomen, Köche und Touristikfachleute. Im Inneren des Komplexes wird außerdem

ein erstklassiges Hotel mit Restaurant eröffnen, während die savoyischen Keller Sitz der «Weinbank» werden (Eröffnung 2002), in der alle Jahrgänge von Barolo und Barbaresco sämtlicher Erzeuger der Langhe gelagert und verkauft werden sollen.

Cherasco

Von Pollenzo nach **Cherasco** sind es nur wenige Kilometer auf der Straße in Richtung Roreto beziehungsweise Cuneo. Nur einige Hektar, das heißt ein kleines Teilstück des Gemein-

KEINE STILLEN TAGE IN CHERASCO

In Cherasco herrscht keinen Monat, keine Woche, ja nicht einmal ein Tag lang Ruhe. Diese Stadt kann man nicht dabei ertappen, wie sie in Schönheit erstarrt oder sich auf den Lorbeeren vergangener Zeiten ausruht. Cherasco ist immer in Bewegung. Jeden Tag steckt man sich hier ein neues Ziel, setzt Ideen in Taten um, die gestern noch müßig oder fern jeder Realisierbarkeit schienen.

Cherasco ist berühmt für seinen Antiquitätenmarkt, der fünfmal im Jahr stattfindet und jeweils auf verschiedene Bereiche (Spielzeug, Bücher usw.) spezialisiert ist. Nicht weniger Aufmerksamkeit erregt indes das umfangreiche Ausstellungsprogramm, das immer viele Besucher in die Stadt lockt: zum Palazzo Comunale, in die Kirchen San Gregorio und Sant'Iffredo und vor allem in den Palazzo Salmatoris, der jedes Jahr mit einem bekann-ten Namen aufwartet: Picasso, De Pisis, Ligabue. Darüber hinaus richtet der seit zwanzig Jahren bestehende Fotoclub einen sehr angesehenen nationalen Fotowettbewerb aus.

Die Stadt ist ein internationaler Treffpunkt für Schneckenzüchter und Oldtimer-Liebhaber, Schauplatz von Konzerten, den verschiedensten Veranstaltungen für Jung und Alt, Stadtteilfesten, Bogenschützenturnieren (mit Teilnahme des örtlichen Vereins Arcieri Clarascum), einer Ausstellung alter Obstsorten …

Die Liste der Veranstaltungen in dieser – im Gegensatz zu all ihren im Dornröschenschlaf versunkenen Nachbarn – geradezu hyperaktiven Stadt ist so lang, dass uns nichts anderes übrig bleibt, als Sie für nähere Informationen an das örtliche Fremdenverkehrsamt zu verweisen (Tel. 0172 489382, Fax 0172 489218)

Cherasco, Porta Narzole

degebiets, gehören zum Barolo-Bereich, aber Cherasco kann auf eine so lange Geschichte zurückblicken und hat so viele schöne Ecken und Sehenswürdigkeiten, dass es auch ohne Bezug zum Wein zweifellos einen Besuch wert ist.

An der Stelle eines ligurischen Dorfes entstand, wie Funde belegen, eine römische Siedlung mit dem Namen *Clarascum*. Die Stadt Cherasco wurde 1243 als Festung auf dem Plateau oberhalb des Zusammenflusses von Tanaro und Stura gegründet. Ihre strategisch günstige Lage bestimmte lange Zeit ihre Bedeutung als militärischer Stützpunkt und damit die Anlage der Stadt – anders als in mittelalterlichen Städten der gleichen Gründungszeit ist hier ein rechtwinkliges Straßennetz nach dem Vorbild der alten römischen *castra* anzutreffen. Cherascos wechselvolle Geschichte ist geprägt von Zerstörung und Wiederaufbau, Glanz und Niedergang, dem ständigen Kommen und Gehen der Herrscher. Heute noch erhaltene Spuren der mittelalterlichen, vom gotischen Stil geprägten Handels-

Cherasco, Torre Civica

stadt Cherasco sind die Passeggiata dei Bastioni im Norden, die auf den Resten der alten Stadtmauer verläuft und einen schönen Blick auf die Flüsse in der Tiefe bietet, die herrliche Allee mit riesigen Platanen, die zu der im 14. Jahrhundert unter den Visconti errichteten (und in jüngerer Zeit umgebauten) Burg führt, der mächtige Torre Civica, die romanisch-gotische Fassade und der Glockenturm der Kirche San Pietro, der Turm der Kirche San Gregorio, der Palazzo Brizio di Veglia und der Palazzo Lellio mit seinen Spitzbogenfenstern.

Nach einer besonders bewegten Zeit um die Wende vom 15. zum 16. Jahrhundert bescherte der Frieden von Cateau-Cambrésis (1559) der Stadt eine Ruhepause. Unter der Herr-

schaft des Savoyers Emanuele Filiberto wurde eine rege Bautätigkeit aufgenommen. Die Adelspaläste wurden verschönert, die Kirchen erneuert, die Stadtmauern nach dem Entwurf des Architekten Ascanio Vittozzi umgebaut, die teilweise zerstörte Burg instand gesetzt. In dieser Zeit entwickelte sich Cherasco zu einer der bevorzugten Residenzen des savoyischen Königshofs und zu einem Schmuckstück barocker Baukunst, was späteren städtebaulichen Verfehlungen zum Trotz, heute noch sichtbar ist.

Von den zahlreichen in jenen Jahren entstandenen Gebäuden gilt es zuallererst den Palazzo Salmatoris in der Via Vittorio 29 zu besichtigen: Das Äußere ist – wie bei allen Adelshäusern in Cherasco – relativ schlicht, das umso prunkvollere Innere wartet mit breiten Arkaden und Treppen, Höfen und Gärten auf. Beachtenswert sind vor allem die großartigen illusionistischen Fresken des Sebastiano Taricco, ein Inbegriff des Barock und damit der prägendsten Dimension der Stadt. Auf der gegenüberliegenden Seite der Via Vittorio stößt man auf den Palazzo Chanaz und den Palazzo del Carretto, in der Via Ospedale auf den Palazzo Gotti di Salerano, dessen grandioses Portal eine Pforte aus feinstem Schnitzwerk ziert. Hier tagte während der Belagerung

Cherasco, Innenräume des Palazzo Salmatoris

Turins 1706 der piemontesische Senat; heute beherbergt der Palazzo das Museo Adriani. Es wurde durch die Sammlungen eines passionierten Altertums- und Geschichtsforschers aus Cherasco begründet und umfasst Münzsammlungen, Inschriften und andere Kostbarkeiten (das Museum in der Via Ospedale 40 ist von April bis Oktober sonntags, im Juni und September auch samstags geöffnet; Auskünfte unter Tel. 0172 489498). Ebenfalls in diesem Gebäude befindet sich ein Freskenzyklus über das Thema der Weisheit, der als das Meisterwerk Tariccos angesehen wird. Diese Glanzzeit überdauerte auch die Pest, die sich 1630 überall im Piemont ausbreitete. Cherasco blieb von der Seuche verschont und bot dem Hof Zuflucht, als er Turin verließ. Diesem Ereignis ist eines der wichtigsten sakralen Gebäude der Stadt zu verdanken: der Bau der Kirche Sant'Agostino, ein typisches Beispiel für den

Cherasco, Museo Adriani

Von Alba nach Barolo

prachtvollen Stil des Barock, geht auf ein während der Pestepidemie abgelegtes Gelübde zurück. Die Fassade ist, wie alle Werke des Architekten Giovenale Boctto, einfach gehalten und beeindruckt dennoch durch ihre Harmonie mit dem direkt danebem vom selben Architekten errichteten Arco del Belvedere.

Die Folgen eines Krieges ermöglichten den Bau der sicherlich schönsten Barockkirche in Cherasco. Santa Maria del Popolo wurde 1693–1709 von den Augustinern aus Steinen eines Turms der Stadtmauer errichtet, der wie die Türme aller piemontesischen Festungen abgerissen werden musste, nachdem Vittorio Amedeo dem französischen König unterlegen war. Das nach Plänen von Taricco errichtete Bauwerk ist imposant und elegant zugleich; die fast den gesamten Innenraum zierenden Stuckarbeiten von Domenico Beltramelli lassen bereits den verspielten Prunk des Rokoko erahnen.

Im 18. Jahrhundert erlebte Cherasco eine weitere Blütezeit. Es war zu einer lebendigen Handelsstadt mit einer stattlichen jüdischen Gemeinde geworden, die im Ghetto zwischen der Via Vittorio und der Via Ospedale lebte. Hier ist noch heute die Synagoge zu finden. Zahlreiche Neubauten – etwa das Krankenhaus und das Armenhospiz – wurden errichtet, ältere Gebäude, zum Beispiel die Kirchen San Gregorio, San Martino und San Pietro, wurden erneuert und erweitert.

Die Abschaffung der Präfektur Cherasco 1750 war der Anfang vom Ende. 1796 marschierte Napoleon in die Stadt ein und nahm im Palazzo Salmatoris Quartier, wo am 27. April der berühmte Waffenstillstand von Cherasco unterzeichnet wurde. Um den Aufenthalt des großen Korsen ranken sich Geschichten und Legenden; eine davon schreibt dem späteren Kaiser die Pflanzung der größten Platane in der Burgallee zu. Damit endeten die ruhmvollen Tage

einer Stadt, die sich bis heute ein gewisses Flair bewahrt hat: das schon etwas faltige, aber immer noch attraktive Gesicht einer alten Dame, deren besten Jahre vorüber sind.

La Morra

Die nächste Station nach Cherasco ist **La Morra**, einer der Hauptorte des Barolo-Gebiets. Nach der Überquerung des Tanaro führt die Straße einige Kilometer bergauf. Vom Ortseingang in La Morra steigt die Via Umberto – die alte Hauptstraße, an der die Werkstätten der Handwerker lagen – steil bis zum höchsten Punkt des Dorfes an; wir empfehlen jedoch eine etwas längere und sanftere Route, die sich in großen Schleifen auf die Piazza Castello zubewegt. Auf der Höhe eines schönen Portals aus dem 18. Jahrhundert (Hausnummer

38) biegen Sie rechts ab, umrunden die Arkaden des Marktes (ein Wandgemälde zeigt den Kreislauf der Rebe und des Weins) und gehen in die Via XX Settembre. Links ziehen sich spätgotische Terrakotta-Friese über die Fassade; es folgen die Hauskapelle der Madonna del Buon Consiglio und ein Stück weiter das Portal und das steinerne Wappen der Falletti aus Barolo. In den Kellern des Palazzo (heute Cordero di Montezemolo) wurde der erste Barolo aus La Morra gekeltert. Die Straße kreuzt im rechten Winkel die Via San Martino. Von hier aus kann man sehr gut die Kirche San Martino betrachten, die hoch oben wie ein Hintergrundbild die Perspektive abschließt. Während Sie langsam nach oben schreiten, sehen Sie die Hauswände rechts und links der Straße wie einen sich öff-

Cherasco, Platanenallee

La Morra

Erbaluna
borgata Pozzo, 42
frazione Annunziata
Tel. 0173 50800

La Cà d'Olga
borgata Laminali, 46
Tel. 0173 509763 – 347
und 0173 1644693

La Cascina del Monastero
frazione Annunziata, 112 a
Tel. 0173 509245

Il gelso
borgata Croera, 34
Tel. 0173 50840

Fratelli Revello
frazione Annunziata, 103
Tel. 0173 50276

Restaurants

Bel Sit
via Alba, 17
Tel. 0173 50350
Montags und dienstags
geschlossen.

Belvedere
piazza Castello, 5
Tel. 0173 50190
Sonntagabends und montags
geschlossen.

L'osteria del vignaiolo
frazione Santa Maria, 12
Tel. 0173 50335
Mittwochs und donnerstag-
mittags geschlossen.

Osteria Veglio
frazione Annunziata, 9
Tel. 0173 509341
Dienstags und mittwoch-
mittags geschlossen.

Einkaufen

Süsse Spezialitäten

**Panificio pasticceria
Musso**
via Roma, 4

Mehl aus der
Steinmühle

Molino Renzo Sobrino
via Roma, 110

Zu Fuß, mit dem Fahrrad

Bricco del Dente

Ausgangs- und Zielpunkt: La Morra
Wegstrecke: 3 km
Voraussichtliche Dauer:
zu Fuß: 1,5 Stunden
mit dem Fahrrad: 30 Minuten

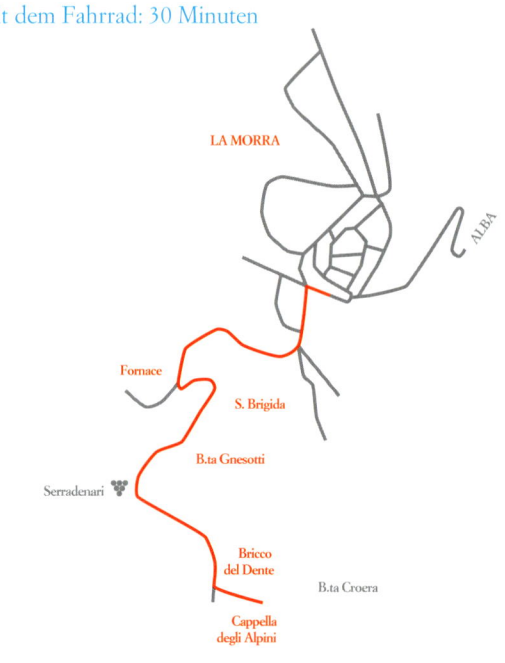

 *Ausgangspunkt der Tour ist die Kreuzung an der Kapelle Santa Brigida im unteren Teil, das heißt dem alten Ortskern von La Morra. Nehmen Sie die asphaltierte Straße rechts von der Kapelle in Richtung der Ziegelfabrik Fornace, die bis in die Vierzigerjahre hinein in Betrieb war und heute dem Verfall preisgegeben ist. Lassen Sie die Fabrik rechts liegen und folgen Sie dem gut ausgeschilderten Weg zum Bricco del Dente und zur Cappella degli Alpini. Vor Ihnen präsentiert sich La Morra mit seinen barocken Kirchen und Schutzwällen in einem einmaligen Panorama; dann macht die Straße eine Kehre und mit dem Dorf im Rücken stoßen Sie auf den Gebäudekomplex der Kellerei Dosio. Sie befinden sich im Ortsteil Serradenari; der Weinberg hinter der Kellerei ist der höchste in La Morra und war bereits im 18. Jahrhundert in den Grundbüchern verzeichnet. Ein Stück weiter*

erreichen Sie den jäh ins Gebiet der Gemeinde Barolo hin abfallenden Grat des Bricco del Dente.
Wenn Sie nach links auf den Feldweg abbiegen, gelangen Sie –
leider durch einen Wald von Antennen hindurch – auf den Vorplatz der Kapelle Madonna degli Alpini. Doch das Ziel dieses
Ausflugs ist weder das Kirchlein noch die riesige Rundfunkan-
tenne der RAI daneben, sondern der fantastische Rundblick,
den man von dieser 513 Meter über dem Meeresspiegel gelegenen Stelle aus hat. Gegenüber ragt der Hügel von La Morra
wie eine hohe Klippe aus einem Meer von Weinbergen empor;
im Osten drängen sich weitere Hügel, Dörfer, Burgen bis fast
an den Alpenbogen heran, der sich im Süden anschließt und
im Westen mit dem mächtigen Umriss des Monte Viso vor der
fruchtbaren Ebene von Saluzzo dem Blick entschwindet. Kehren Sie auf dem gleichen Weg zurück.

La Morra, Monfalletto

La Morra

Käse

Clarita Trinchero
via Roma, 6

Grappa

Distilleria Ceretto
località Brunate
Tel. 0173 282582

Wein

Cantina Comunale
via Carlo Alberto, 2
Tel. 0173 509204

Bacco e tabacco
via Umberto I, 32

L'Enoteca
via Roma, 19

Enoteca Gallo
via XX settembre, 3

Ein Aperitif,
eine Kleinigkeit zu essen

Vin Bar
via Roma, 46
Dienstags geschlossen.

Kunsthandwerk
in Holz

Pietro Barbotto
via Ferrero, 17

Weinerzeuger

Lorenzo Accomasso
borgata Pozzo, 34
Tel. 0173 50843

Crissante Alessandria
borgata Roggeri, 43
frazione Santa Maria
Tel. 0173 50834

Elio Altare
borgata Pozzo, 51
frazione Annunziata
Tel. 0173 50835

Cascina Ballarin
frazione Annunziata, 115
Tel. 0173 50365

Ein Weg durch die Weinberge

Ausgangspunkt: La Morra
Zielpunkt: Ponte Rocca (Annunziata)
Wegstrecke: 4 km
Voraussichtliche Dauer:
zu Fuß: 2 Stunden
mit dem Fahrrad: 45 Minuten

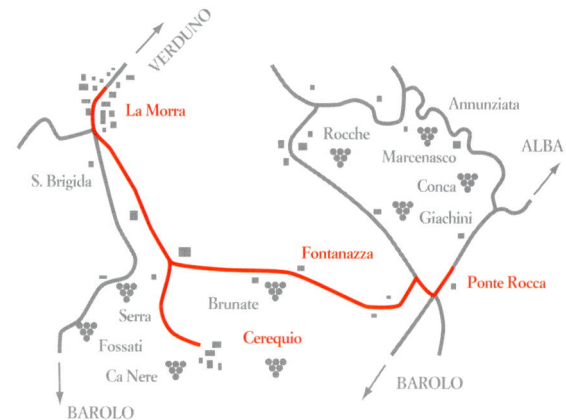

 *Dieser Ausflug führt durch einige der historischen Weinberge von La Morra. Nehmen Sie vom alten Ortskern in der Nähe der Kapelle Santa Brigida die steil abfallende Straße in Richtung Fontanazza und Cerequio. Zu Ihrer Linken schlängeln sich die nicht enden wollenden Rebzeilen über die Hänge von La Morra. Wo sich die Straße teilt und links nach Fontanazza führt, empfiehlt sich rechts ein Abstecher nach Cerequio. Die Straße bildet die Grenze zwischen den Einzellagen Serra oberhalb sowie zunächst Brunate (von wo uns die von dem amerikanischen Künstler Sol Le Witt neu bemalte Kapelle Madonna delle Grazie bunt entgegenleuchtet) und dann Cerequio unterhalb. Sie befinden sich inmitten der bedeutendsten Weinberge von La Morra. Unterhalb von Serra liegen, direkt an die Gemeinde Barolo angrenzend, die historischen Lagen Fossati und Ca Nere. Wenn die Füße noch mitmachen, können Sie der Straße weiter folgen und in Cerequio*

eine Rast auf der Terrasse der Casa Averame einlegen. Ein
Gedenkstein erinnert an die Partisanen, die hier von deutschen
Soldaten erschossen wurden.
Kehren Sie um und folgen Sie der Abzweigung nach Fontanaz-
za. Ab dem Weiler markiert die Straße die obere Grenze von
Brunate; weiter unten stoßen Sie auf die Brennerei der Brüder
Ceretto. Folgen Sie dem Tal bis nach Ponte Rocca an der Ein-
mündung auf die Provinzstraße nach Barolo. Wenn Sie von hier
aus in Richtung La Morra blicken, sehen Sie von unten nach
oben die Lagen Bricco Rocche, Giachini sowie Rocche und Roc-
chette. Wer will, kann jetzt weiter nach Barolo fahren und von
dort die auf Seite 73 beschriebene Tour nach Monforte starten.

nenden Vorhang zurückwei-
chen und allmählich den Blick
auf die Fassade freigeben. Man
möchte weitergehen, hin zum
«magischen Barockplatz» von
La Morra.
Geben Sie der Versuchung
noch nicht nach, sondern biegen Sie stattdessen links in die
Via Ospedale ein: linker Hand
die mittelalterliche Casa Boffa
mit zwei schönen gotischen
Fenstern (von denen eines leider durch den Balkon verbaut
wurde), rechter Hand die ge-
strenge Fassade des Kranken-

hauses. Die Straße beschert Ihnen eine faszinierende Perspektive auf die Confraternita di San
Sebastiano aus dem 18. Jahrhundert. Sie befinden sich nun
wieder in der Via Umberto;
wenn Sie sich nach links wenden, stoßen Sie nach einigen
Schritten auf das schöne Ju-
gendstiltor der ehemaligen Post-
kutschenremise (heute Casa
Borgogno). Die Uhr darüber ist
wie ein alter Michelin-Reifen
geformt. Kehren Sie um und gehen Sie wieder bergauf bis zur
Kreuzung mit der Via Daziani,

LA MORRA

Batasiolo
località Batasiolo
frazione Annunziata, 87
Tel. 0173 50130
und 0173 50131

Enzo Boglietti
via Roma, 37
Tel. 0173 50330

Gianfranco Bovio
borgata Ciotto, 63
frazione Annunziata
Tel. 0173 50190

Ciabot Berton
via Santa Maria, 1
Tel. 0173 50217

Corino
frazione Annunziata, 24
Tel. 0173 50219

Dosio
regione Serradenari, 16
Tel. 0173 50677

Erbaluna
borgata Pozzo, 43
Tel. 0173 50800

Fratelli Ferrero
frazione Annunziata, 12
Tel. 0173 50691

Gianni Gagliardo
borgata Serra dei Turchi, 88
Tel. 0173 50829

Silvio Grasso
Cascina Luciani, 112
frazione Annunziata
Tel. 0173 50322

Poderi Marcarini
piazza Martiri, 2
Tel. 0173 50222

Mario Marengo
via XX settembre, 18
Tel. 0173 50127

Mauro Molino
borgata Gancia, 111
frazione Annunziata
Tel. 0173 50814

Monfalletto
Cordero di Montezemolo
frazione Annunziata, 67 bis
Tel. 0173 50344

DIE ABBAZIA DELL'ANNUNZIATA

Den drei Kilometer von La Morra entfernt an der Provinzstraße nach Alba gelegenen Ortsteil Annunziata sollte man sich auf keinen Fall entgehen lassen. Hier befindet sich die ehemalige Benediktinerabtei San Martino di Marcenasco. Die Fassade der Kirche stammt aus dem 17., Apsis und Turm sind aus dem 15. Jahrhundert. Restaurierungsarbeiten haben im Inneren der Kirche einen Teil der einfachen Säulen mit Basen aus Stein sowie einen vor dem Hauptaltar in den Boden eingelassenen römischen Grabstein aus dem 1. Jahrhundert n. Chr. zutage gefördert. In der Apsis wurden Fresken aus dem 16. und 17. Jahrhundert sichtbar; ein älteres Werk, das in einem Seitenraum – vermutlich der Vorgängerkirche – gefunden wurde, legt jedoch nahe, dass das Benediktinerkloster einige Jahrhunderte früher entstand.

Die Abbazia dell'Annunziata, der älteste Teil der Gemeinde La Morra, ist zweifellos eines der bedeutendsten historischen Bauwerke in den Langhe: Als der obere Teil des Hügels noch bewaldet war, bauten die Mönche hier Nebbiolo, Moscatello und Pignolo an – eine inzwischen selten gewordene Rebsorte. Unterhalb der Abtei liegen die historischen Weinberge Conca di Marcenasco und ein Stück weiter der kleine Weinberg Monfalletto; den Hügel von La Morra hinauf ziehen sich die Lagen Rocche und Arborine. Es lohnt sich, sie in Ruhe ein wenig zu durchstreifen und unterwegs vielleicht bei dem einen oder anderen Winzer anzuhalten: Elio Altare, Renzo Accomasso, Mauro Molino, Cordero di Montezemolo, Gianfranco Bovio, Silvio Grasso, Giovanni Corino, Renato Ratti und Aurelio Settimo.

Im ehemaligen Weinkeller der Benediktiner – der Eingang befindet sich an der Seite der Kirche – ist heute das Museo Ratti dei Vini d'Alba untergebracht, in dem mithilfe alter Gerätschaften aus Weinberg und Weinkeller, Rebsortentafeln und Karten der Lagen die Geschichte des Weins in dieser Gegend anschaulich dargestellt wird. Verantwortlich für die Sammlung zeichnet Renato Ratti, selbst Weinerzeuger und eine der großen Persönlichkeiten des Barolo-Gebiets.

Museo Ratti dei Vini d'Alba
Tel. 0172 50185
Öffnungszeiten: Montags bis samstags nach Vereinbarung; sonntags geschlossen.

in die Sie rechts einbiegen und so zum Rathaus gelangen. Links öffnet sich jetzt die Piazza del Municipio. In der Mitte breitet sich eine gewaltige Rosskastanie aus, an den Seiten stehen die Kirche San Martino (1693 bis 1702) und die Confraternita di San Rocco (1723–1750); ein Garten schmiegt sich auf dem Gelände des ehemaligen Friedhofs in eine Ecke und gegenüber erheben sich das Rathaus und die ehemalige Wachsoldatenkaserne. Ganz in der Nähe kann man in der Cantina Comunale die Weine aus La Morra verkosten und erwerben.

**Cantina Comunale
di La Morra**

Leiter der Gemeindekellerei ist Claudio Silvestro, dem man den Weinkenner sofort ansieht. Alte Fotografien des Dorfgeistlichen Don Alessandro Bosca an den Wänden vermitteln einen Eindruck davon, wie man Ende der Dreißigerjahre auf diesen Hügeln lebte. Ein Video zeigt die wichtigsten Stationen der Ortsgeschichte. Erhältlich sind auch Faltblätter, Bücher und Zeitschriften über Weine und Spezialitäten von La Morra.

*via Carlo Alberto, 2
Tel. 0172 509204
Öffnungszeiten: 10 bis 12.30 und 14.30–18.30 Uhr; dienstags geschlossen.*

Die gepflasterte Straße steigt sanft an und führt den Besucher noch weiter empor zur Piazza Castello. Die Festung gibt es nicht mehr (erhalten ist einzig der im 18. Jahrhundert auf ihren Ruinen erbaute Glockenturm), doch von dieser Stelle aus genießt man einen einzigartigen Blick über die Langhe: endlose Hügelreihen, gesprenkelt mit kleinen Dörfern, deren Burgen und Türme aus einem Meer von Weingärten aufragen, dahinter die Alta Langa mit ihren Feldern und Wäldern und dahinter die Berge des Alpenbogens.

Barolo, Castello della Volta

La Morra

Andrea Oberto
via Marconi, 25
Tel. 0173 509262

Fratelli Oddero
frazione Santa Maria, 28
Tel. 0173 50618

Renato Ratti
Antiche Cantine
dell'Abbazia dell'Annunziata
frazione Annunziata, 7
Tel. 0173 50185

Fratelli Revello
frazione Annunziata
Tel. 0173 50276
und 0173 50139

Rocche Costamagna
via Vittorio Emanuele, 12
Tel. 0173 50230
und 0173 509225

San Biagio
borgata San Biagio, 98
frazione Santa Maria
Tel. 0173 50214

Aurelio Settimo
frazione Annunziata, 30
Tel. 0173 50803

Oreste Stroppiana
frazione Rivalta
regione San Giacomo, 6
Tel. 0173 50169
und 0173 509419

Mauro Veglio
località Cascina Nuova, 50
Tel. 0173 509212

Eraldo Viberti
borgata Tetti, 53
frazione Santa Maria
Tel. 0173 50308

Osvaldo Viberti
frazione Santa Maria
borgata Serra dei Turchi, 95
Tel. 0173 50374

Gianni Voerzio
regione Loreto, 1 bis
Tel. 0173 509194

Roberto Voerzio
regione Ceretto, 1
Tel. 0173 509196
und 0173 50123

Spazieren Sie durch die Gassen, die auf die Schutzwälle hinaufführen (Via Garibaldi) und folgen Sie der Spur der mittelalterlichen Mauern, die die Zitadelle umgaben. An der Einmündung der Via Vittorio Emanuele finden Sie die *Ca dj'amis*, in der kulturelle Veranstaltungen sowie Gemälde- und Kunsthandwerksausstellungen stattfinden. Die *Ca* ist samstags und sonntags geöffnet; werktags muss man bei der benachbarten Kellerei Rocche Costamagna klingeln. Nicht nur die *Ca* selbst, sondern auch der darunter liegende Keller, in dem bereits Mitte des 19. Jahrhunderts gekeltert wurde, ist einen Besuch wert. Von der Piazzetta Martiri e Patrioti gelangt man hingegen in die jahrhundertealten Marcarini-Keller, in denen man sich in das späte 19. Jahrhundert zurückversetzt fühlt, als die führenden *barolisti* aus La Morra, das heißt der Apotheker Giuseppe Tarditi und nach ihm die Mönche Bosco und Adriano, hervorragende Rotweine und Wermut aus Barolo erzeugten.

Wenn Sie die Via Umberto wieder hinaufgehen, treffen Sie auf die Confraternita di San Sebastiano mit ihrem hübschen aus Backsteinen gemauerten Glockenturm.

Von La Morra aus fahren Sie weiter auf der Provinzstraße Richtung Barolo und Novello. Gleich nach dem Ortsausgang breiten sich vor Ihren Augen die Nebbiolo-Weinberge aus, die sich bis in die Senke von Barolo hinabziehen. Der Blick bleibt sofort an der imposanten Burg hängen, die aus dem kleinen Dorf in der Mitte des Tals emporragt.

Wenn Sie im Ortsteil Vergne links abbiegen, führt Sie die Straße nach etwa einem Kilometer unterhalb der Mauern des Castello della Volta entlang, einer einst mächtigen, heute verfallenen Burg. Kurz vor dem

Die Burg von Barolo

Castello steht auf der linken Seite die kleine Kapelle San Pietro de Vignoleis, deren Namen eigentlich auf einen Schutzpatron der Weinberge verweist, von den des Lateinischen nicht mehr mächtigen Einheimischen jedoch kurzerhand in **San Pietro delle Viole** (Sankt Peter der Veilchen) abgewandelt wurde. Von hier aus hat man einen herrlichen Blick auf die Barolo-Weinberge ringsum; wenn man genau hinsieht, kann man sogar die Einzellagen ausmachen. In Richtung Osten wellen sich die für die Langhe so typischen Hügelkämme bis an den Horizont.

Novello

Kurz darauf zweigt die Straße nach **Novello** ab, das man in wenigen Minuten erreicht. Der Weg in den historischen Stadtkern führt durch das Tor des mittelalterlichen Turms, der einst zum Schutz eines der drei Zugänge zum Dorf einsam aus dem Festungsring emporragte; heute lehnt er als Glockenturm an der Pfarrkirche San Michele Arcangelo. Der Entwurf für die Kirche wird dem Architek-

Die «Mangialonga»

Am letzten Sonntag im August treffen sich Feinschmecker und Wanderlustige in La Morra zu einer etwa drei Kilometer langen Tour durch die Weinberge, mit Rastplätzen auf den Tennen der Weingüter und unter den Bogengängen alter Kapellen. Tausende beschreiten – beflügelt von den Weinen aus La Morra, die an diesem Tag in Strömen fließen – einen kulinarischen Kreuzweg mit fünf Stationen: erstens Wurstspezialitäten als Vorspeise, dazu Dolcetto; zweitens Tagliatelle mit Barbera, Nebbiolo und Freisa; drittens Kalbsragout mit Barolo; viertens verschiedene Käsesorten aus Cuneo, allen voran Murazzano, wieder mit Barolo; fünftens und letztens Maisgebäck, Haselnusskuchen und Obst mit Moscato d'Asti. Mit Musik und Tanz auf der Tenne wird der Tag beschlossen.

NOVELLO

18 km von Alba
Einwohner 910
Höhe 471 m ü. d. M.
PLZ 12060

INFORMATIONEN

Municipio
piazza Guglielmo Marconi, 1
Tel. 0173 731147

ÜBERNACHTUNG

Barbabuc
via Giordano, 35
Tel. 0173 731298

Abbazia Il Roseto
via Roma, 38
Tel. 0173 744016

EINKAUFEN

MAISGEBÄCK

Panetteria Manzone
via Giordano, 7

WEIN

Bottega comunale del vino
via Roma, 1
Öffnungszeiten: samstags und
an Vorfeiertagen 15–18 Uhr;
sonntags und an Feiertagen
10–12 und 15–18 Uhr.
(Auskünfte über weitere
Öffnungszeiten telefonisch im
Rathaus: 0173 731147).

WEINERZEUGER

Elvio Cogno
località Ravera, 2
Tel. 0173 744006

Le Strette
via le Strette, 2
Tel. 0173 744002

Giovanni e Roberto Stra
regione Ciocchini, 5
Tel. 0173 731214

ten Francesco Gallo aus Mondovì zugeschrieben, einem bekannten Barockkünstler, doch die Formen der hohen, schlanken Backsteinfassade deuten eher auf den klassizistischen Geschmack des späten 18. Jahrhunderts hin, wenn auch mit einigen nostalgischen Anspielungen auf das 16. Jahrhundert. Ganz anders präsentiert sich der Innenraum, in dem alles auf die 34,5 Meter hohe Rundkuppel zuzustreben scheint.
Eine Perle barocker Baukunst ist die Fassade der Kirche der Confraternita di San Giovanni Battista gleich neben der Pfarrkirche. Am anderen Ende des Ortes erhebt sich die Burg auf dem Felsen von Novello hoch über die Weinberge und Wälder, ein deutlicher Blickfang in diesem Teil der Langhe und mit seinen von Schellino gestalteten neogotischen Formen dem Albertina-Komplex in Pollenzo sehr ähnlich. Die pompöse Backsteinfassade, die zinnenbewehrten Türme, die Fülle von Spitzbogenfenstern und kleinen Bögen, die große Frei-

Barolo, Castello della Volta

treppe aus weißem Marmor, die reich dekorierten Säle bilden ein Ensemble, das man irgendwo zwischen Richard Wagner und Walt Disney ansiedeln möchte. 1967 wurde die Burg mit einem rückwärtigen Anbau an die alten Gemäuer zum Restaurant umgerüstet. Das Gästehaus im Garten, mit einem Mittelbogen und einer kleinen Loggia darüber, ist das Einzige, was von den ursprünglichen mittelalterlichen Gebäuden erhalten geblieben ist. Als Abschluss des Rundgangs empfiehlt sich ein Abstecher in die Bottega del Vino an der Piazza Vittorio Emanuele.

Barolo

Von Novello aus sind es sechs Kilometer bis hinunter nach **Barolo**, das sich, vor den kalten Westwinden geschützt und von der Morgensonne verwöhnt, in ein kleines Tal schmiegt. Dieser Ort gab im 19. Jahrhundert, als aus den Kellern seiner Burg Wagenladungen von Fässern ihren Weg zum savoyischen Königshof nach Turin antra-

BAROLO

13 km von Alba
Einwohner 682
Höhe 310 m ü. d. M.
PLZ 12060

INFORMATIONEN

Municipio
piazza Caduti per la Libertà, 3
Tel. 0173 56106

Castello Comunale
piazza Falletti, 2
Tel. 0173 56277

ÜBERNACHTUNG

Hotel Barolo
via Lomondo, 2
Tel. 0173 56354

Albergo del Buon Padre
frazione Vergne
via delle Viole, 30
Tel. 0173 56192 – 56329

Il gioco dell'oca
via Crosia, 46
Tel. 0173 56206

RESTAURANTS

Brezza
via Lomondo, 2
Tel. 0173 56191
Dienstags geschlossen.

I Cannubi
via Alba, 20
Tel. 0173 566402
Donnerstags geschlossen.

La Catinella
via Acquagelata, 4 a
Tel. 0173 56267
Montagabends und dienstags
geschlossen.

La cantinetta
via Roma, 33
Tel. 0173 56198
Mittwochabends und
donnerstags geschlossen.

Locanda nel Borgo Antico
piazza del Municipio, 2
Tel. 0173 56355
Mittwochs und donnerstags
geschlossen (im Oktober und
November nur mittwochs).

Von Novello nach Barolo

Ausgangspunkt: Novello
Zielpunkt: Barolo
Wegstrecke: 3 km
Voraussichtliche Dauer:
zu Fuß: 1 Stunde
mit dem Fahrrad: 20 Minuten

Verlassen Sie Novello auf der Provinzstraße nach La Morra und Barolo und biegen Sie gleich nach dem Ortsausgang rechts in das asphaltierte Sträßchen Richtung Monforte, Ravera und Panirole ein. Ein paar Schritte bergab liegt jetzt das zur Hälfte in die Erde hinein gebaute Kirchlein Santa Lucia und ein Stück weiter die Reste der Kirche San Rocco, in deren Apsis noch Spuren von Fresken aus dem frühen Mittelalter erhalten sind. Wenn Sie hier weitergehen, kommen Sie zum Weingut von Elvio Cogno auf dem Bricco Petorchino, in zauberhafter Lage mit Blick auf die Langhe. Elvio führt Sie gerne durch die Weinkeller in dem alten Gutsgebäude. Kehren Sie auf das asphaltierte Sträßchen zurück und wechseln Sie auf der Höhe der nächsten Rechtskurve auf den kaum befestigten Feldweg, der fast waagrecht auf halber Höhe nach links verläuft und dann in das Gemeindegebiet von Barolo hinabführt. Diese Strecke ist nicht ausgeschildert; eine Eiche und, wenige Meter vom Beginn des Weges entfernt, ein Landhaus sind die einzigen Orientierungspunkte. Mitten durch die zum großen Teil mit Nebbiolo bestockten Weinberge geht es nun auf die im Tal auftauchende Burg von Barolo zu, die Sie nach wenigen Minuten erreichen.

ten, dem berühmten Wein seinen Namen. In der Geschichte ebendieser Burg – seit 1970 im Besitz der Gemeinde – spiegelt sich die Geschichte des Ortes wieder: von der einfachen Verteidigungsanlage des 10. Jahrhunderts – als Horden von Sarazenen von den nahen liguri-schen Häfen und von Marseille aus über die Langhe herfielen – bis zur Jahrhunderte währenden Herrschaft der Kaufmannsfamilie Falletti aus Alba, die 1250 den Ort samt allen Ländereien erwarb und bis 1864 hier lebte. Auf ihren Besitzungen, die sich über die umlie-

Die Burg von Barolo

CACCIATORINI
AL BAROLO (WURST)

**Macelleria salumeria
Franco Sandrone**
via Roma, 41

HANDGEMACHTE GRISSINI,
MAISGEBÄCK

Panetteria Cravero
via Roma
piazzetta del Castello

WEIN

**Enoteca Regionale
del Barolo**
piazza Falletti, 2
Tel. 0173 56277
Öffnungszeiten für Besucher:
10–12.30 und 15–18.30 Uhr;
donnerstags geschlossen.

Enoteca Il Bacco
via Roma, 87
Tel. 0173 56233

WEINERZEUGER

Fratelli Barale
via Roma, 6
Tel. 0173 56127

Enrico Bergadano
via Alba, 26
Tel. 0173 56177

Giacomo Borgogno e figli
via Gioberti, 1
Tel. 0173 56108 – 56344

Giacomo Brezza e figli
via Lomondo, 4
Tel. 0173 56191
0173 56354

Cascina Adelaide
via Aie Sottane, 14
Tel. 0173 560503

Bric Cenciurio
via Roma, 24
Tel. 0173 56317

Damilano
via Alba-Barolo, 122
Tel. 0173 509187

genden Hügel bis zu den Burgen von Castiglione Falletto und Serralunga erstreckten, wurde der erste Barolo gekeltert, und zwar auf Betreiben der letzten Marchesa, Giulia Colbert Falletti di Maulévrier, in deren Adern nicht umsonst französisches Blut floss.

Sie war die Erste in der Reihe der legendären *barolisti*, die dem Ort zu Ruhm und Geld verhalfen, ihr folgten die Borgogno, Rinaldi oder Mascarello, Familien, deren Schicksal auch heute noch unauflöslich mit dem Barolo verknüpft ist; und weiter über die Jahrhun-

DIE ENOTECA REGIONALE IN BAROLO

In der Burg von Barolo nahmen die Geschichte und die Legende vom «König der Weine» ihren Anfang. Die Überlieferung will es, dass genau hier im 19. Jahrhundert lange Karawanen von Ochsenkarren – fast so viele wie das Jahr Tage hat – mit jeweils einem *carrà* (einem länglichen, flachen Fass) Wein beladen auf den Weg geschickt wurden. Ihr Ziel war der Hof der Savoyer in Turin, denn König Carlo Alberto war ein großer Weinliebhaber. Die Herren der Barolo-Ländereien, Tancredi und Giulia Falletti, lieferten damit einen greifbaren Beweis ihrer ökonomischen Leistungsfähigkeit und brachten dem savoyischen Adel ihr Produkt nahe, das mit für jene Zeit sehr fortschrittlichen Methoden erzeugt worden war. Die Burg ist sehr alt – der Kern des Bauwerks stammt aus dem 10. Jahrhundert – und wurde im Lauf der Zeit vielfach umgebaut. Aus der Verteidigungsanlage wurde erst ein herrschaftlicher Landsitz, dann ein strenges Kloster; heute sind hier die Enoteca del Barolo und eine Hotelfachschule untergebracht.
Die Burg beeindruckt vor allem durch die Wuchtigkeit, mit der sie über dem Dorf thront und es fast erdrückt – ein unübersehbares Zeichen der Macht der örtlichen Herrscher. Im Inneren kann man

die Zimmer der Marchesa Giulia Falletti mit ihrer ursprünglichen Einrichtung besichtigen, den Wappensaal sowie die Bibliothek mit Erinnerungsstücken an den Schriftsteller Silvio Pellico (1789–1854), der hier fast zwanzig Jahre lang als Sekretär und Bibliothekar arbeitete. In den oberen Stockwerken befindet sich das wein- und volkskundliche Barolo-Museum, in dem das Leben und die Arbeit der Winzer in den Langhe dokumentiert ist. In weiteren Sälen sind Weingläser und alte Fotografien des Dorfes ausgestellt. In den Kellern, genau dort also, wo die Marchesa Falletti den ersten Barolo aus der Taufe hob, ist die Enoteca Regionale untergebracht, die sich um Öffentlichkeitsarbeit und Marketing für den Barolo kümmert. Im Ausstellungsraum finden sich zahllose Weine verschiedenster Jahrgänge mit einer Vielfalt von Etiketten; außerdem ist die Enoteca mit einem Verkostungssaal, einem wissenschaftlichen Labor und einer Verkaufsstelle ausgestattet.

Enoteca Regionale del Barolo
Tel. 0172 56277
Öffnungszeiten: 10–12.30 und 15–18.30 Uhr; donnerstags und im Januar geschlossen; geführte Degustationen für angemeldete Gruppen.

derte fort reicht die Reihe bis zu den Machern des Barolo von heute, den Familien Sandrone, Viberti, Vajra, die die uralte Tradition fortführen.

Die Firmenschilder der Kellereien zeigen das wahre Gesicht von Barolo und seinem Wein; sie berichten über die leidvolle und zugleich herrliche Geschichte dieses Rebensafts: von der Arbeit im Keller und in den Weinbergen, von unvergleichlichen Gaumenfreuden und auch vom fröhlichen Beisammensein.

Mit dem Fahrrad

Auf dem Drahtesel nach Cannubi

Ausgangs- und Zielpunkt: Barolo
Wegstrecke: 10 km
Voraussichtliche Dauer: 1 Stunde

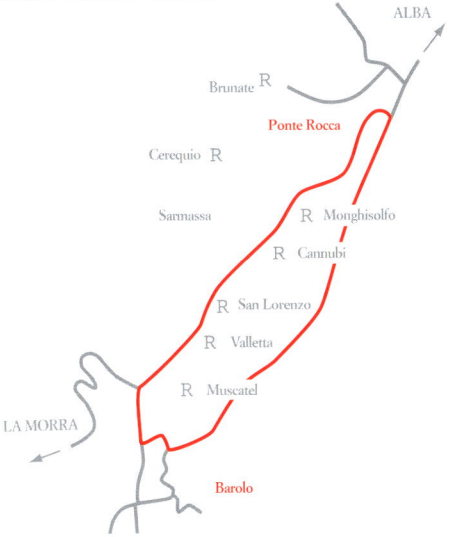

 *Diese Fahrradtour auf wenig befahrenen asphaltierten Straßen ist der beste Weg, in die Welt der Barolo-Weinberge einzutauchen und die berühmtesten Einzellagen kennen zu lernen. Von der Piazza del Peso Pubblico folgt man den Schildern nach La Morra, biegt jedoch bei der ersten Gelegenheit in Richtung Alba ab. Die Straße führt am Westhang des Hügels Cannubi entlang teilweise recht steil abwärts. Linker Hand gegenüber erstrecken sich die bedeutenden Weinberge La Morras, von Cerequio bis Brunate. Unten im Tal, an der Kreuzung von Ponte*

Die Marchesa Giulia Colbert Falletti di Maulévrier

BAROLO

Giacomo Grimaldi
via Luigi Einaudi, 8
Tel. 0173 35256

Marchesi di Barolo
via Alba, 12
Tel. 0173 564400

Bartolo Mascarello
via Roma, 15
Tel. 0173 56125

Pira e figli
via Vittorio Veneto, 1
Tel. 0173 56247

Giuseppe Rinaldi
via Monforte, 3
Tel. 0173 56156

Luciano Sandrone
via Alba, 57
Tel. 0173 56239

Giorgio Scarzello e figli
via Alba, 29
Tel. 0173 56170

Sebaste
località San Pietro delle Viole
Tel. 0173 56266

Tenuta La Volta
località La Volta, 13
Tel. 0173 56168

Aldo Vajra
via delle Viole, 25
Tel. 0173 56257

Rocca, biegen Sie rechts ab und kehren auf der parallel verlaufenden alten Provinzsstraße nach Barolo zurück. Auf Ihrer Rechten liegt jetzt die Sonnenseite des Hügels Cannubi: zunächst der Weinberg Monghisolfo oder Cannubi Boschis, dann die Einzellage Cannubi zwischen dem (links von der Provinzstraße im Tal gelegenen) Friedhof und dem Weingut Viganò. Auf dem Weg zum Dorf hinauf passiert man die Lagen Cannubi Valletta, San Lorenzo und Muscatel. Eine der ältesten Flaschen aus den Langhe trägt auf dem Etikett den Vermerk «Cannubi 1752», was die historische und wirtschaftliche Bedeutung dieses Weinbergs dokumentiert. Einige Winzer erzeugen Weine ausschließlich aus Cannubi-Trauben – Luciano Sandrone einen Cannubi Boschis, Marchesi di Barolo einen Cannubi und einen Valletta – Bartolo Mascarello hält sich dagegen, obwohl er eine Parzelle in San Lorenzo besitzt, an die traditionelle Methode und fügt Nebbiolo-Trauben von anderen Lagen bei. Die genannten Kellereien liegen alle am Weg.

Wälder und Kapellen

Ausgangspunkt: Barolo
Zielpunkt: Monforte
Wegstrecke: 6,5 km
Voraussichtliche Dauer:
zu Fuß: 2,5 Stunden
mit dem Fahrrad: 40 Minuten

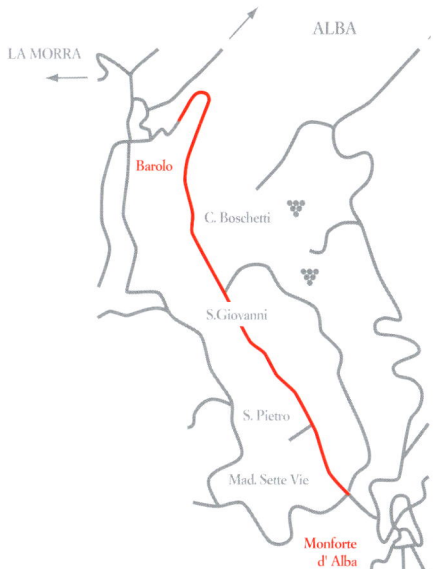

 *Die Tour beginnt an der Piazzetta del Castello neben der Bäckerei Cravero, wo Sie sich mit knusprigem Maisgebäck eindecken können. Zunächst führt die Strecke hinunter ins Tal und ein Stück am Bach Fava entlang. Dann geht es den mit einem dichten Rebenteppich bedeckten Hügel wieder hinauf bis zum Grat in der Nähe der Häuser von San Giovanni. Hier verläuft die Grenze zum Gemeindegebiet von Monforte. Nachdem Sie einen Wald mit Eichen, Robinien und Kiefern durchquert haben, gelangen Sie auf den Gipfel des Hügels, wo Sie auf die Ruinen einer Burg und einer mittelalterlichen Kirche stoßen. Wenn Sie dem Weg weiter folgen, treffen Sie am Ortsrand von Monforte auf die Cappella delle Sette Vie oder Cappella della Natività di Maria Vergine. Ein Fresko aus dem 15. Jahrhundert, eventuell Teil eines Triptychons, stellt eine Jungfrau mit Kind dar. An diese Strecke schließen die von Monforte ausgehenden Touren an.*

DRITTE TOUR

 **Von Alba nach Castiglione Falletto über Diano, Grinzane Cavour, Serralunga und Monforte**

 Ausgangspunkt: Alba
Zielpunkt: Castiglione Falletto
Kilometer: 53
Voraussichtliche Dauer: Tagesausflug

 *Ausflüge:*
ab Serralunga,
Monforte,
Castiglione Falletto

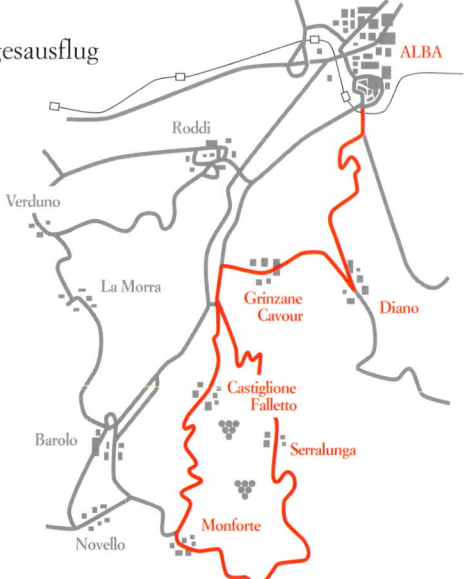

Von Alba nach Castiglione Falletto

Diano

Von Alba führt die Straße in vielen Kehren hinauf nach **Diano**. Unten stellt die Stadt das Ziegelrot ihrer mittelalterlichen Gebäude und ihre großen, anonymen Neubauviertel zur Schau. Diano ist vor allem für seine Dolcetto-Reben bekannt (die auf dem Gemeindegebiet mit einem eigenen DOC-Siegel ausgezeichnet sind), verfügt jedoch zwischen den Grenzen zu Grinzane Cavour und Serralunga auch über einige Weinberge, die zum Barolo-Gebiet gehören. Machen Sie einen Abstecher nach Sorano, der berühmtesten Lage in der Nähe des gleichnamigen Weilers: vier Hektar lehmig-kalkige Böden, von denen ein Teil in der Gemeinde Serralunga liegt. Im Ort selbst parken Sie den Wagen auf dem kleinen Platz und steigen zu Fuß zum Belvedere hoch. Von hier aus genießt man ein einzigartiges Panorama: im Westen die Langa del Barolo, die bis zum Alpenbogen reicht und an die rechts die Hügel des Roero anschließen; im Uhrzeigersinn daran anschließend die Hügel des Barbaresco-Gebiets und im Osten die ersten schroffen Erhebungen der Alta Langa. Wo Sie jetzt stehen, erhob sich einst eine Festung: Zur Zeit des *Comitatus Dianensis* unter den Karolingern kämpfte Diano gegen Alba um die Vorherrschaft. Die Burg, deren Mauern als die dicksten in der ganzen Umgebung galten, wurde 1631 geschleift, als nach dem Vertrag von Cherasco die Sa-

Das Kastell von Grinzane Cavour

Diano d'Alba

8 km von Alba
Einwohner 2967
Höhe 496 m ü. d. M.
PLZ 12055

Informationen

Municipio
via Umberto I, 22
Tel. 0173 69101
und 0173 69191

Übernachtung

Ai Tardì
via San Sebastiano, 81
Tel. 0173 69403

Simone Castella
via Alba, 18,
borgata Lopiano
Tel. 0173 69170

Marco Savigliano
via Madonnina, 1
borgata Lopiano
Tel. 0173 69196

Restaurants

Langhet
località valle Talloria
via Cane, 31
Tel. 0173 231751
Montags geschlossen.

Einkaufen

Fleisch und Wurstwaren

Salumificio Barile
frazione Ricca
via Cortemilia, 89 b

Italo Portinaio
via Marconi, 17

Antike Möbel

Aldo Giordano
frazione Ricca
via Cortemilia, 72

Wein

**Bottega comunale
dei Sorì di Diano**
via Umberto I, 11
Tel. 0173 69191

voyer die Macht in Diano übernahmen; heute ist nichts mehr von ihr zu sehen.

Grinzane Cavour
Vom Ortszentrum in Diano kehren Sie zurück auf die Straße nach Alba und biegen kurz nach dem Ortsausgang links nach **Grinzane Cavour** ab. Nach einigen Kilometern bergab sehen Sie das Dorf: Eine Hand voll Häuser schart sich um das strenge Kastell, das heute die Enoteca Regionale dei Vini Albesi, ein Restaurant und ein Museum der bäuerlichen Kultur der Langhe beherbergt.
Der Name der kleinen Gemeinde erinnert an Camillo Cavour,

Diano DOC

Der Dolcetto ist ein beliebter Tropfen für jede Gelegenheit. Seit jeher trinkt man den besonders süffigen Roten zum Essen und abends in der Kneipe. Es gibt insgesamt vier DOC-Weine: Dolcetto d'Alba, Dolcetto di Dogliani, Dolcetto delle Langhe Monregalesi und Dolcetto di Diano. Sie alle werden reinsortig aus Dolcetto-Trauben erzeugt und in den gleichen Spielarten angeboten, in ihren Geruchs- und Geschmackseigenschaften unterscheiden sie sich jedoch erheblich. Der Dolcetto di Diano (die DOC heißt schlicht Diano d'Alba) zeichnet sich durch eine sehr gute Struktur und Fülle aus. Er ist von einem intensiven Violett, duftet nach Veilchen und eingelegten Waldbeeren und hat einen trockenen, frischen, angenehm fruchtigen Geschmack mit Mandelnote. Er kann im Jahr nach der Verkelterung getrunken werden. Das Herkunftsgebiet ist auf den Gemeindebezirk Diano begrenzt, rund 300 Hektar, aus deren Reben jährlich etwa eine Million Flaschen gewonnen werden. Diano war die erste Gemeinde, die ihre Weinberge klassifizierte: Es wurde ein Verzeichnis mit entsprechender Karte erstellt, in dem jede Einzellage aufgeführt und beschrieben ist. Das Gebiet ist leicht zugänglich, sowohl zu Fuß als auch mit dem Auto.

Kastell Grinzane Cavour

den Architekten der italienischen Einigungsbewegung, der siebzehn Jahre lang, von 1832 bis 1849, Bürgermeister von Grinzane war. Der Familie Benso di Cavour gehörten die Burg und über 500 Piemonteser Tagwerk (etwa 200 Hektar) Land. Camillo Cavour widmete sich während seiner Zeit in Grinzane mit großem Engagement seinen Gütern und modernisierte Weinberge und Weinkeller. Als großer Bewunderer Burgunds bepflanzte er vierzehn Tagwerk mit Pinot-Reben und ließ aus Frankreich den Weinexperten Louis Oudart kommen, der entscheident zur Modernisierung seiner Weine beitrug.

Das Kastell von Cavour

Das Kastell von Grinzane Cavour ist neben dem in Serralunga eines der herausragendsten Beispiele mittelalterlicher Architektur in den Langhe. Nachdem das Gebäude über Jahrhunderte hinweg immer wieder willkürliche Umbauten über sich ergehen lassen musste, wurde 1961 mit einer sorgfältigen Restaurierung sein ursprünglicher Zustand wiederhergestellt, in dem es sich heute präsentiert. Der älteste Teil des Bauwerks ist der Mittelturm aus dem 11. Jahrhundert; die Anlage an sich stammt aus dem 15. Jahrhundert. Seit dem 12. Jahrhundert wechselte das Kastell mehrfach seinen Besitzer. Auf Bonifacio del Vasto folgten die Marchesi di Busca und die Marchesi del Monferrato; in der ersten Hälfte des 19. Jahrhunderts wurde das Anwesen von Michele di Cavour, dem Vater Camillos, erworben, der auch die bereits weitläufigen Ländereien auf insgesamt 205 Hektar vergrößerte. Von der Familie Benso di Cavour ging die Burg auf die Alfieri di Sostegno über; diese schenkten sie 1932 der Stadt Alba, zu deren Gemeinde Grinzane damals gehörte.

Die nach der Restaurierung im Erdgeschoss eingerichtete Enoteca Regionale bietet eine große Palette an Weinen und Grappa aus der Gegend. Die Auswahl und die regelmäßige Qualitätskontrolle der zum Verkauf stehenden Erzeugnisse obliegt den Verkostern des *Ordine dei Cavalieri del Tartufo e dei Vini d'Alba* (also den Rittern der Trüffel und des Weins aus Alba), einer Organisation zur Förderung des Weinbaus und der Gastronomie, die ebenfalls in der Burg ihren Sitz hat. Im ersten Stock befindet sich die Trattoria del Castello, in den oberen Geschossen das Museum. Bemerkenswert ist der so genannte Maskensaal aus dem 16. Jahrhundert mit einer prunkvoll bemalten Kassettendecke. Ein großer Teil des Museums ist der bäuerlichen Kultur gewidmet. Zu besichtigen sind Nachbauten von Wohn- und Arbeitsbereichen des 17., 18. und 19. Jahrhunderts (Küchen, eine Böttcherei, eine Hufschmiede, ein Weinkeller und eine Brennerei), Gegenstände aus dem bäuerlichen Leben, Gewichte und Maßbehälter für Wein. Darüber hinaus gibt es einen Rundgang zur weißen Alba-Trüffel, Erinnerungsstücke an Cavour und einige römische Funde zum Weinbau in Alba.

Museum
Öffnungszeiten (auch Führungen):
von April bis September
9–12 und 14.30–18.30 Uhr;
von Oktober bis März
9–12 und 14–18 Uhr;
dienstags geschlossen;
Tel. 0173 262159
Eintritt gegen Gebühr.

Serralunga

Von Grinzane aus erreicht man die Gemeinde Gallo unten im Tal; dann fährt man in Richtung Barolo und nimmt an der ersten Kreuzung die Straße nach **Serralunga**. Linker Hand liegen, mit ihren quer gestreiften Fassaden kaum zu übersehen, die Gebäude der Kellerei Fontanafredda, die 1878 auf Geheiß von Emanuele di Mirafiori, dem Sohn von König Vittorio Emanuele II., errichtet wurde. Das mehr als hundert Jahre alte Gut lohnt einen Besuch; sehenswert ist vor allem das Jagdhaus der *Bela Rosin*, das, fachkundig restauriert, den Glanz des 19. Jahrhunderts bewahrt hat. In seinen samtverkleideten Salons begann die berühmte Affäre zwischen Vittorio Emanuele II. und der schönen Rosa, einer Frau aus dem Volk, die später Gräfin von Mirafiori und unstandesgemäße Gattin des Königs wurde. Heute herrscht auf dem großen Vorplatz der Kellerei ein ständiges Kommen und Gehen zwischen Lagern, Büros und Angestelltenwohnungen. Doch das Herz von Fontanafredda sind nach wie vor die kühlen Keller in den Tiefen des Hügels.

Durch den Ortsteil Baudana hindurch gelangt man in wenigen Minuten nach Serralunga. Von der auf halber Höhe verlaufenden Straße aus gibt das vor dem Hintergrund der Hügel hoch aufragende Kastell ein beeindruckendes, fast unwirkliches Bild ab. Serralunga ist einer der schönsten Orte des Barolo-Gebiets. Der historische Stadtkern mit seinen in konzentrischen Ringen um die völlig intakte Burg verlaufenden Sträßchen strahlt eine unvergleichliche mittelalterliche Atmosphäre aus. Das Kastell ist die einzige erhaltene Wehranlage in der Gegend. Es wurde 1340 von Pietrino Falletti zur Verteidigung seiner ausgedehnten Ländereien erbaut und ist mit drei Türmen bewehrt; das nüchterne Innere diente vor allem zur Unterbringung von Soldaten. Man braucht nur die

Das Kastell von Serralunga

DIANO D'ALBA

Ricchino –
Tiziana Menegaldo
cascina Ricchino
Tel. 0142 488884

Dario e Giuseppe
Savigliano
Valle Talloria
via Guido Cane, 20
Tel. 0173 231758

Giovanni Veglio e figli
valle Talloria
via Cane, 9
Tel. 0173 231752

Romano e Lorenzo Veglio
valle Talloria
via Cane, 110
Tel. 0173 231757

Rampe zum Eingang hinaufzusteigen und zu läuten, um in den Genuss einer kundigen Führung zu kommen. Die übereinander angeordneten großen Säle für die Soldaten bilden den mittleren Teil des Gebäudes; in den mächtigen Türmen tun sich rätselhafte Nischen und Falltüren auf, Schießscharten eröffnen Ausblicke auf ferne Hügel. Der von Spuren der Vergangenheit gezeichnete Putz lässt hier und da Reste von Fresken erah-

nen (Öffnungszeiten: von April bis September 9.30–12 und 14–18 Uhr, von Oktober bis März 10–12 und 14–17 Uhr; Tel. 0173 613358).

Nach der Besichtigung der Burg sollte man noch ein wenig durch die Gassen des Ortes spazieren und irgendwo einkehren, etwa auf ein Gläschen der örtlichen Spezialität Barolo Chinato in das Hotelrestaurant Italia an der Piazza Maria Cappellano.

GRINZANE CAVOUR

13 km von Alba
Einwohner 1791
Höhe 183–310 m ü. d. M.
PLZ 12060

INFORMATIONEN

Municipio
piazza della Chiesa, 9
Tel. 0173 262016

Enoteca regionale
via Castello, 5
Tel. 0173 262159

RESTAURANTS

Trattoria dell'Enoteca
Castello di Grinzane
Tel. 0173 262172
Dienstags geschlossen.

Nonna Genia
località Borzone, 1
Tel. 0173 262410
Mittwochs geschlossen.

La Salinera
via IV Novembre, 19
Tel. 0173 262915
Abends und dienstags
geschlossen.

EINKAUFEN

GRAPPA

Distilleria Montanaro
via Garibaldi, 6
Tel. 0173 262014

TORRONE

Sebaste
località Borzone
via Piana Gallo, 48
Tel. 0173 262009

**Pasticceria confetteria
Marengo**
via Garibaldi, 30

TORRONE

Der Torrone ist eine der süßen Spezialitäten der Langhe. Die berühmteste Variante wird seit mehr als hundert Jahren im Ortsteil Gallo («Hahn») in Grinzane Cavour von der Firma Oscar Sebaste hergestellt, auf deren Verpackung als Hinweis auf die Herkunft der Leckerei ein stolzer Hahn prangt; die Antica Torroneria Piemontese in Sinio hat denselben Besitzer. Sehr gut sind auch die Produkte der Firma Relanghe aus Alba und verschiedener anderer kleiner Pasticcerie in und um Alba.
Kein Dorffest in den Langhe, auf dem nicht neben gerösteten und gezuckerten Haselnüssen auch Torrone angeboten würde, und kein Besuch eines Dorffestes, von dem man nicht mit einem Riegel oder einem ordentlichen Stück Torrone heimkehrte. Der beste Torrone wird (glaubt man den Kennern – die Zutaten sind allerdings immer die gleichen) in mehreren Kilogramm schweren Tafeln hergestellt und in Stücken verkauft. Torrone aus Alba ist weiß und hart, aber gleichzeitig bröselig und zart, er besteht aus Zucker, Honig und gerösteten Haselnüssen. Die Nüsse stammen übrigens aus der Alta Langa, wo die Haselnusshaine den Weinbergen die Vorherrschaft streitig machen, vor allem die Sorte «Tonda Gentile» hat ein besonders intensives Aroma und ist sehr ertragreich.

Wenn uns das Kastell ins ferne Mittelalter entführte, so versetzt uns dieses in seiner ursprünglichen Gestalt erhaltene Hotel zurück in die Anfangszeiten des 20. Jahrhunderts, als Serralunga viele Gäste mit seiner Traubenkur anlockte. Giovanni Cappellano, erfahrener Winzer und Hotelier in Alba, propagierte Dolcetto-Trauben als Arznei gegen Anämie; sein Bruder Giuseppe, seines Zeichens Apotheker, braute unter Beifügung orientalischer Ingredienzen den inzwischen legendären Barolo Chinato, Digestif und Allheilmittel, zusammen. Das Wunderelixier wird heute unter dem gleichen Namen und nach dem

Zu Fuß, mit dem Fahrrad

Die Weinberge von Serralunga

Ausgangs- und Zielpunkt: Serralunga
Wegstrecke: 4 km
Voraussichtliche Dauer:
zu Fuß: 1 Stunde
mit dem Fahrrad: 20 Minuten

 *Vom Ort aus nehmen Sie die Provinzstraße nach Alba. Auf den ersten eineinhalb Kilometern der asphaltierten Straße bietet sich linker Hand ein weitläufiges Panorama des Hangs, um den sich dieser Ausflug dreht. Hier erstrecken sich die bedeutenden Einzellagen Santa Caterina, Lazzariasco, Lazzarito und Delizia. Hat man die kleine Votivkapelle passiert, die den Weg zum Friedhof weist, verlässt man die Provinzstraße und folgt den Schildern nach Parafada und Gabutti links auf die abfallende Gemeindestraße. Der Blick auf die Hügel von Castiglione Falletto, Perno und La Morra gegenüber ist herrlich. Nach der Durchquerung der Weiler Parafada und Gabutti endet die befestigte Straße und der Weg wird ziemlich holprig. Kurz vor dem durch den Bach Talloria markierten unteren Rand des Hangs geht es wieder nach links und den Weg Feja entlang den Hügel hinauf in Richtung Südosten auf das Dorf zu. Leider ist die Route auf dieser Strecke nicht gut ausgeschildert, doch keine Sorge, verirren können Sie sich hier nicht, schlimmstenfalls geraten Sie statt auf den einen auf einen anderen Feldweg. Weiter oben gelangen Sie mitten durch die Weinberge hindurch auf den Hof des Weilers Vej. Hier ist die Straße wieder asphaltiert und eröffnet auf der verbleibenden Strecke zurück nach Serralunga eine schöne Sicht auf die Weinberge Turna und Rivette.*

GRINZANE CAVOUR

SPEZIALITÄTEN DER REGION

Al Tartufo d'oro
via Piana Gallo, 16

Cantina del Conte
via Castello, 13

WURSTWAREN

Salumeria Badellino
via Garibaldi, 124

WEIN

Enoteca Regionale
Castello di Grinzane
Tel. 0173 262159
Dienstags geschlossen.

WEINERZEUGER

Le Ginestre
via Grinzane, 15
Tel. 0173 262910

Giovanni Grimaldi
via Parea, 7
Tel. 0173 262094

SERRALUNGA D'ALBA

16 km von Alba
Einwohner 491
Höhe 414 m ü. d. M.
PLZ 12050

INFORMATIONEN

Municipio
via Foglio, 1
Tel. 0173 613101

Castello di Serralunga
via Castello
Tel. 0173 613358

ÜBERNACHTUNG

Italia
piazza Cappellano
Tel. 0173 613124

L'antico asilo
via Mazzini, 13
Tel. 0173 613016

BAROLO CHINATO

In den gesetzlichen Bestimmungen wird er als «aromatisierter Spezialwein» klassifiziert. Die Grundlage ist natürlich Barolo, dem jedoch Alkohol und Zucker zugesetzt werden dürfen; dann wird der Wein mit einer Reihe von Gewürzen, hauptsächlich Chinarinde, versetzt und erneut vergoren. Barolo Chinato wird vor allem als Digestif getrunken, traditionell jedoch auch als Stärkungsmittel oder sogar – im erwärmten Zustand – gegen Erkältung verabreicht. Erfunden wurde er im Übrigen als Arzneimittel, das sogar gegen Malaria wirken sollte – als solches verkaufte es zumindest einer seiner Väter, der Apotheker Giuseppe Cappellano aus Serralunga, in seinem Laden in Turin. Sein Urenkel Teobaldo Cappellano stellt das Getränk in seiner Kellerei in Serralunga noch heute nach dem Originalrezept von 1870 her, das sage und schreibe 13 verschiedene Ingredienzen vorsieht.

Doch in die Langhe produzierte jeder Erzeuger, der etwas auf sich hielt, seinen eigenen Barolo Chinato, um Freunde und Stammkunden damit zu beglücken – und manche halten an dieser Tradition heute noch fest. Auf dem Markt erhältlich sind neben dem bereits erwähnten Cappellano die Marken Giulio Cocchi, Gancia und Chiarlo aus Asti sowie der Barolo Chinato der Brüder Ceretto. Zu den historischen Vorgängern zählen Zabaldano aus Monforte, Borgogno aus Barolo und ein Barolo-Wermut, der Mitte des 19. Jahrhunderts von dem Apotheker Tarditi aus La Morra hergestellt wurde.

Serralunga

laufen in Wiesen und Haselnusshainen aus. Dann fährt man nach Monforte hinab und der Wein ist wieder unbestrittener Protagonist.

Stellen Sie das Auto auf der Piazza Umberto I ab und steigen Sie zu Fuß zum höchsten Punkt des Dorfes hinauf. Wenn Sie die Via Marconi, dann die Via Silvano und die Via Goito entlang gehen, gelangen Sie zu dem kleinen Platz der *saracca*, den einst Gasthäuser und Läden säumten und Märkte und Messen bevölkerten. Folgen Sie der Via Cavour und zweigen Sie links in die schattige Via della Chiesa ab, um den von einem Glockenturm überragten alten Platz zu erreichen. Der mächtige romanische Turm ist alles, was nach dem Abriss zu Anfang des 20. Jahrhunderts von der

gleichen Rezept von seinem Urenkel hergestellt. Dem neugierigen Besucher, der sich fragt, warum der Platz weder nach Giovanni noch nach Giuseppe benannt ist, sei gesagt, dass Maria das früh verstorbene Töchterchen von Giuseppe war: Zu ihrem Gedenken ließ der Vater den Platz vor dem Hotel bauen, den er dann der Gemeinde vermachte.

Monforte

Von Serralunga geht es weiter in Richtung Alta Langa. Kurz vor Roddino biegt man rechts nach **Monforte** ab. Aus dieser Höhe (wir befinden uns auf 600 Metern) kann man das Hügelmeer bis zum Westalpenbogen überblicken. Die letzten mit Reben bestockten Erhebungen

mittelalterlichen Kirche geblieben ist. Der Platz, der vor einigen Jahren zu einem nach dem Pianisten Horszowski benannten Veranstaltungsort für Konzerte umgebaut wurde, hat vor allem abends eine unvergleichliche Atmosphäre: eine Bühne außerhalb von Raum und Zeit mit dem Adelspalast der Scarampi, dem barocken Oratorium Santa Elisabetta und der Fassade der Chiesa dei Disciplinanti Bianchi als Kulisse. Um auf einem anderen Weg wieder hinunter ins Dorf zu gelangen, gehen Sie an der rechten Seite des Platzes durch eine Art Bogengang. Das Gewölbe stützte früher die Kirche, doch es ist nicht dieses Detail mit der dazugehörigen Jahreszahl 1622, an dem sich die Fantasie

Serralunga d'Alba

Restaurants

Antica Trattoria del Castello
frazione Baudana, 63
Tel. 0173 613375
Mittwochs geschlossen.

Cascina Schiavenza
via Mazzini, 4
Tel. 0173 613115
Dienstags und an den
Abenden von Sonn- und Feier-
tagen geschlossen.

Wein und
kleine Speisen

Bar Centro Storico
via Roma, 6
Kleines Lokal unterhalb der
Burg mit wenigen Tischen und
Holzbänken. Ideal für eine Platte
mit piemontesischem Käse oder
ausgezeichneten Wurstwaren.
Außerdem leckere Brötchen
und Pizza. Gute Weinauswahl,
auch offen ausgeschenkt.

Einkaufen

Wein und Spezialitäten

Bottega del vino
via Foglio, 1

La Contrada
via Roma, 48

L'infernòt del castel
via Roma, 2

Weinerzeuger

Luigi e Fiorina Baudana
borgata Baudana, 33
Tel. 0173 613354

Gabutti di Franco Boasso
borgata Gabutti, 3 a
Tel. 0173 613165

Giuseppe Cappellano
via Alba, 13
Tel. 0173 613103

Cascina Cucco
via Mazzini, 10
Tel. 0173 613102

Monforte

Von Alba nach Castiglione Falletto

der Bevölkerung entzündet. Die Sage will es vielmehr, dass hier, vor allem in «dunklen, stürmischen» Nächten, Geister ihr Unwesen treiben, die Seelen der Katharer, die vor 1000 Jahren auf diesem Hügel wohnten. In der Tat ist Monforte nicht nur für seinen Wein und den General Bava Beccaris berühmt, der hier Quartier nahm, nachdem er 1898 die Mailänder Volksaufstände blutig niedergeschlagen hatte, sondern auch, weil sich hier die Tragödie der Katharer abspielte.

Die Anhänger dieser Glaubensgemeinschaft waren von den Soldaten des Mailänder Bischofs zusammengetrieben und nach Mailand gebracht worden, wo sie ihrem Glauben abschwören oder auf dem Scheiterhaufen sterben sollten. Tagelang brannten die Feuer in jenem Mailänder Stadtviertel, das heute Monforte heißt.

Der Rundgang führt weiter durch die Via del Carretto zur Piazza d'Assi, deren Boden mit Holztafeln belegt ist; unter einem ziegelgedeckten Schutzdach fand hier früher der Markt statt. Danach kehrt man über die Via delle Scuole und die Via Marconi zurück zur Piazza Umberto. Ein Stück weiter, auf der Piazza XX Settembre wird im Sommer *pantalera* (ein dem *pallone elastico* verwandtes Ballspiel) gespielt, direkt vor der Trattoria della Posta, die neben dem Felicin eine empfehlenswerte Adresse für Spezialitäten der Langhe ist.

Wenn Ihre Füße noch nicht wund gelaufen sind, sollten Sie sich vor der Weiterfahrt unbedingt noch eine halbe Stunde Zeit für einen Abstecher in die Ortsteile **Perno** und **Castelletto** nehmen. Der wenige Kilometer lange Rundweg ist wunderschön, besonders zur Erntezeit im Herbst. Die Weinberge, die Festungen – die Burg in Perno sowie die Kastelle in Castiglione Falletto und Serralunga – und die kleine romanische Kirche Santo Stefano in Perno vermitteln in aller Ruhe, weit ab von den Hauptverkehrsstraßen, einen Gesamteindruck von dem, was für die Langhe typisch ist. Von Perno steigt man hinunter ins Tal und wendet sich rechts nach Castelletto, in dessen Chiesa dell'Assunta mittelalterliche Fresken erhalten sind.

Das Gebiet der Gemeinde Monforte ist groß und Kellereibetriebe findet man fast überall, häufig in sehr schönen Ortschaften. Aldo Conterno hat seinen Sitz im Ortsteil Bussia, Giacomo in Ornati, Domenico Clerico und Valentino Migliorini liegen direkt an der Straße nach Monchiero, auch zu Conterno Fantino in der Gegend von Fracchia ist es nur ein Katzensprung. Dies gilt ebenso für Parusso, Pira, Manzone und Seghesio: Alle werden Sie gerne in ihren Weinkellern empfangen.

Castiglione Falletto

Nachdem Sie durch Monforte gefahren sind, biegen Sie rechts nach **Castiglione Falletto** ab. Nach wenigen Kilometern führt die Straße mitten durch die Weingärten des Ortsteils Bus-

Fontanafredda
via Alba, 15
Tel. 0173 613161

Ettore Germano
borgata Cerretta, 1
Tel. 0173 613528
0173 613112

Valter Palladino
Piazza Cappellano, 9
Tel. 0173 613108

Luigi Pira
via XX settembre, 9 bis
Tel. 0173 613106

Vigna Rionda di Massolino
piazza Cappellano, 6
Tel. 0173 613138

MONFORTE D'ALBA

17 km von Alba
Einwohner 1926
Höhe 480 m ü. d. M.
PLZ 12065

Informationen

Municipio
via della Chiesa, 3
Tel. 0173 78202

Übernachtung

Grappolo d'oro
piazza Umberto I, 4
Tel. 0173 78293

Villa Beccaris
via Bava Beccaris, 1
Tel. 0173 78158

Restaurants

Giardino da Felicin
via Vallada, 18
Tel. 0173 78225
Sonntagabends und montags
geschlossen.

La salita
via Marconi, 2 a
Tel. 0173 787196
Montags und dienstags
geschlossen.

sia. Wie ein Fächer breiten sich nun die berühmtesten Einzellagen vor Ihnen aus: links Bussia Soprana und Bussia Sottana, rechts, auf dem Hügel von Perno, der von der gleichnamigen Kapelle beherrschte Weinberg Santo Stefano. Am Weg liegen einige namhafte Barolo-Kellereien, darunter Aldo Conterno, Armando Parusso, Pianpolvere Soprano. Auch im Gebiet der Gemeinde Castiglione Falletto ist man von historischen Weinbergen umgeben: rechter Hand die sich bis ins Tal hinein erstreckende Lage Rocche, linker Hand Meriondino und dahinter die Hügelkuppe, wo in der modernen Kellerei der Brüder Ceretto der Barolo Bricco Rocche erzeugt wird.

In Castiglione erwartet Sie in der Mitte des Ortes die Burg mit ihren runden Ecktürmen und dem wuchtigen Hauptbau. Von dieser Festung wurde bereits zu Zeiten von Kaiser Otto III. im Jahr 1001 berichtet; im 13. Jahrhundert ging sie in den Besitz der Familie Falletti über, nach der der Ort seinen Namen hat. Heute ist das Kastell in Privatbesitz und nicht zu besichtigen. Ein Spaziergang um seine Mauern ist alles, was dieses Dorf zu bieten hat; es sei denn, Sie entschließen sich, in den Keller der Bottega Comunale del Vino neben dem Rathaus hinabzusteigen (Informationen im Rathaus).

Castiglione, das vom Lauf der Zeit unberührt im Schatten seiner Burg vor sich hinzudämmern scheint, war in der Vergangenheit Schauplatz bahnbrechender sozialer und kultureller Ereignisse. Man denke nur an die Gründung der ersten Winzergenossenschaft Ende des 19. Jahrhunderts – für eine Gegend, deren Bewohnern man Verschlossenheit und Eigensinn nachsagt, ein wirklich großer Schritt –, aus der später die Cooperativa Terre del Barolo hervorging. Oder an den Chemiker, Natur- und Warenkundler Ferdinando Vignolo Lutati,

der jedes Fleckchen dieses Gebiets erforschte, um ein Verzeichnis der Flora der Langhe zu verfassen, das heute noch als Standardwerk gilt. Das Haus des Gelehrten – dasjenige mit den vielen kleinen Bögen an dem kleinen Platz vor der Burg – beherbergt seit einiger Zeit ein Restaurant. Nach dem Spaziergang durch den Ort können Sie die Gastfreundschaft der Familie Cavallotto in Anspruch nehmen, deren Kellerei am Ortsrand an der Straße nach Alba liegt. Die imposante Reihe großer Eichenfässer lässt keinen Zweifel an der Qualität ihres auf traditionelle Weise bereiteten Barolo.

Zu Fuß, mit dem Fahrrad

Alte Kirchen

Ausgangs- und Zielpunkt: Monforte
Wegstrecke: 3,5 km
Voraussichtliche Dauer:
zu Fuß: 1,5 Stunden
mit dem Fahrrad: 30 Minuten

 *Ausgangspunkt der Strecke ist die Cappella della Natività di Maria Vergine (im Volksmund Madonna delle Sette Vie genannt), etwa 500 Meter vom Dorfplatz entfernt an der Straße nach Monchiero und Barolo. Das aus dem 15. Jahrhundert stammende Kirchlein ist seit der Pestepidemie von 1630 jedes Jahr Ziel einer Prozes-*

MONFORTE D'ALBA

Trattoria della posta
località Sant'Anna, 87
Tel. 0173 78120
Donnerstags und freitagmittags
geschlossen.

Trattoria 'r Osto 'd Pern
frazione Perno
via Cavour, 5
Tel. 0173 78484
Mittwochs geschlossen.

EINKAUFEN

FEINKOST

Antica Dispensa
via Bava Beccaris, 3
Bricco Bastia

HASELNUSSKUCHEN

Panetteria Viberti
via Palestro, 16
piazza Umberto

WEIN UND
SPEZIALITÄTEN

Enoteca bar Rocca
piazza Umberto I

Enoteca di Monforte
via Palestro, 2
angolo piazza Umberto

WEINERZEUGER

Gianfranco Alessandria
località Manzoni, 13
Tel. 0173 78576
und 0173 787222

Bussia Soprana
località Bussia Soprana, 87
Tel. 039 305182

Domenico Clerico
località Manzoni Cucchi, 67
Tel. 0173 78171

Aldo Conterno
località Bussia, 48
Tel. 0173 78150

Giacomo Conterno
località Ornati, 2
Tel. 0173 78221

sion, im Innenraum ist ein Fresko der Jungfrau mit dem Kind aus dem 15. Jahrhundert erhalten. Nehmen Sie die Gemeindestraße nach San Pietro (510 Höhenmeter) rechts der Kapelle. Der Weg führt an einem Wald aus Eichen, Robinien und Kiefern entlang, oben auf dem Hügel von San Pietro sieht man die Ruinen einer Burg und einer mittelalterlichen Kirche. Nach etwa 700 Metern verlassen Sie die asphaltierte Straße und durchqueren ein weiteres Waldstück unterhalb der Häuser von Bettola. Wenn Sie auf dem Kamm den Schildern folgen, taucht bald der Weiler San Giovanni auf, den Sie nach einem kurzen Abstieg erreichen. Dass es hier früher einmal eine dem hl. Johannes geweihte Kirche gab – daher der Name San Giovanni –, weist auf eine Gründung des Ortes im 11. Jahrhundert hin. Nachdem Sie die Häuser passiert haben, zweigen Sie rechts ab und gehen oder fahren auf dem mitten durch die Weinberge verlaufenden Feldweg bis zum Bach Bussia hinunter. Nach seiner Überquerung steigt die Straße wieder an und teilt sich; halten Sie sich rechts und steuern Sie auf die Häuser von Bo zu. Von dort aus geht es auf der asphaltierten Gemeindestraße wieder hinauf, bis Sie in der Nähe des Ausgangspunktes auf die Provinzstraße nach Monchiero treffen.

Die Burg von Castiglione Falletto

Perno und Castelletto

Ausgangs- und Zielpunkt: Monforte
Wegstrecke: 11 km
Voraussichtliche Dauer:
zu Fuß: 3,5 Stunden
mit dem Fahrrad: 1,5 Stunden

 Diese äußerst empfehlenswerte Route schlängelt sich bergauf und bergab durch Weinberge und Waldstücke hindurch und bietet immer wieder beeindruckende Ausblicke auf Hügel und Burgen der Langhe sowie einige interessante Kunstdenkmäler. Ausgangspunkt ist der alte Stadtkern im oberen Teil von Monforte. Nachdem Sie das Geschäft der Antica Dispensa (deren schön verpackte Spezialitäten der Langhe Sie sich nicht entgehen lassen sollten) passiert haben, folgen Sie der asphaltierten Straße zum Friedhof. Kurz vor dem Friedhof biegen Sie rechts auf einen Feldweg ab, der auf dem Kamm des Hügels entlangführt und dann in die Provinzstraße nach Perno mündet, auf der Sie sich bis zum Ortseingang halten.

Der Blick reicht über die Hänge bis nach La Morra und zu den Burgen von Castiglione Falletto und Perno. Im Hintergrund erhebt sich auf dem Gipfel eines Hügels inmitten von Weinber-

MONFORTE D'ALBA

Paolo Conterno
frazione Ginestra, 103
Tel. 0173 78415

Conterno Fantino
via Ginestra, 1
località Bricco Bastia
Tel. 0173 78204

**Alessandro e Gian
Natale Fantino**
via Silvano, 18
Tel. 0173 78253

Giacomo Fenocchio
località Bussia Sottana, 66
Tel. 0173 78311

Pianpolvere Soprano
località Bussia, 32
Straße Alba–Monforte
Tel. 0173 78335

Attilio Ghisolfi
regione Bussia
cascina Visette, 27
Tel. 0173 78345

Elio Grasso
località Ginestra, 40
Tel. 0173 78491

Giovanni Manzone
via Castelletto, 9
Tel. 0173 78114

Monti
frazione Càmia
località San Sebastiano, 39
Tel. 0173 78391

Pajana – Renzo Seghesio
via Circonvallazione, 2
Tel. 0173 78269

Armando Parusso
località Bussia, 55
Tel. 0173 78257

Gianmatteo Pira
località San Sebastiano, 59
Tel. 0173 78538
und 0173 78340

Giorgio Pira
località Perno
via Cavour, 37
Tel. 0173 78413

gen die Friedhofskapelle Santo Stefano aus dem 12. Jahrhundert, die man von Perno aus in wenigen Minuten erreicht. Die vor einigen Jahren mit Unterstützung von Italia Nostra restaurierte kleine Kirche besitzt noch eine prächtige Apsis und Reste von Fresken. Perno wird beherrscht von seiner Burg, die allerdings nicht besichtigt werden kann. Auf dem kleinen Platz wird sonntags das dem pallone elastico *verwandte Schlagballspiel* pantalera *gespielt. Auf der Höhe des Sträßchens, das nach Santo Stefano führt, geht in die entgegengesetzte Richtung der Feldweg nach Castelletto ab. Der Ort verdankt seinen Namen einem alten Kastell, von dem auf der Anhöhe oberhalb der Häuser noch vereinzelte Überreste erhalten sind. In Castelletto wird der Weg zu einer asphaltierten Gemeindestraße, die zunächst einige hundert Meter bergab führt, bevor sie wieder in Richtung Monforte ansteigt.*

Für Ausflügler mit langem Atem empfehlen wir hier eine kleine Extratour: Sie können unten im Tal den Weg nach Serralunga nehmen, das direkt gegenüber liegt. Es ist der Weg namens Feja, der bereits in der von Serralunga aus startenden Tour erwähnt wurde. In diesem Fall treffen Sie unten im Tal auf einen Votivpfeiler; nach etwa 200 Metern zweigt auf der Rechten im Schatten einer Gruppe von Pappeln ein Feldweg in Richtung Serralunga ab. Nach der Überquerung des Baches Talloria geht es auf dem Weg Feja wieder den Hügel hinauf. Von Castelletto aus kehrt man nach Monforte zurück, jedoch nicht ohne die aus dem 15. Jahrhundert stammende Chiesa della Madonna, die ein Stück abseits der Gemeindestraße liegt, besichtigt zu haben. Aus der Zeit ihrer Entstehung stammt das Wandgemälde mit einem häufig (unter anderem in der Kapelle Madonna delle Sette Vie) wiederkehrenden Motiv: das der Jungfrau Maria mit Kind und Vogel. Auf der asphaltierten Straße gelangen Sie zurück nach Monforte.

Rebzeilen und Weingüter

Ausgangs- und Zielpunkt: Monforte
Wegstrecke: 4 km
Voraussichtliche Dauer:
zu Fuß: 1 Stunde
mit dem Fahrrad: 20 Minuten

 *Ausgangspunkt der Strecke ist die Piazza Umberto I. Man nimmt die Provinzstraße Richtung Roddino und biegt nach etwa einem Kilometer links auf die Straße nach San Giuseppe ab. An dieser Stelle hatte Giacomo Conterno, einer der führenden* barolisti *aus Monforte, seine Osteria del Pont. Im Ort angelangt, passiert man linker Hand die kleine Kirche San Giuseppe aus dem 18. Jahrhundert und gelangt wenig später auf der sanft abfallenden Straße nach Scaramuzza, einer geschlossenen Gruppe von Gebäuden mit Innenhöfen. Auf diesen Höfen spielt sich hier wie überall im ländlichen Raum das öffentliche Leben ab. Sie bieten Raum für landwirtschaftliche Maschinen und die je nach Jahreszeit anfallenden Arbeiten (zum Beispiel das Dreschen), an denen früher die ganze Siedlung beteiligt war. Ein Stück weiter stößt man auf Le Coste, eine Reihe von Landhäusern entlang der Straße. In Le Coste geht es von der asphaltierten Straße ab und hinauf nach Pilone. Dort lässt man die Tenne und den Votivpfeiler rechts liegen und steigt inmitten der Weinberge hinab, bis man in Pian Romualdo wieder die asphaltierte Straße erreicht. Hier zweigt man nach rechts ab, geht ein kleines Stück hinauf und wendet sich nach links, wo ein Feldweg in ein mit Pappeln bestandenes Tal hinabführt. Den Schildern folgend biegt man nach rechts ab, steigt zwischen Wiesen, Feldern und Weingärten wieder empor und kehrt in Le Coste auf die asphaltierte Straße in Richtung San Giuseppe zurück.*

Poderi Rocche dei Manzoni
località Manzoni Soprani, 3
Tel. 0173 78421

Podere Ruggeri Corsini
località Bussia Corsini, 106
Tel. 0173 78625

Ferdinando Principiano
via Alba, 19
Tel. 0173 787158

Flavio Roddolo
località Sant'Anna, 5
bricco Appiani
Tel. 0173 78535

Fratelli Seghesio
frazione Castelletto, 20
Tel. 0173 78108

CASTIGLIONE FALLETTO

12 km von Alba
Einwohner 614
Höhe 350 m ü. d. M.
PLZ 12060

INFORMATIONEN

Municipio
via Cavour, 26
Tel. 0173 62824

ÜBERNACHTUNG

**Albergo Residence
Le Torri**
via Roma, 29
Tel. 0173 62961

EINKAUFEN

ESSIG

Gigi Rosso
strada Alba-Barolo, 20

WEINERZEUGER

Azelia
strada Alba-Barolo, 27
Tel. 0173 62859

Cascina Bongiovanni
via Alba-Barolo, 4
Tel. 0173 262184

Zu Fuß, mit dem Fahrrad

Strada del Grosso und Strada della Bussia

Ausgangspunkt: Castiglione Falletto
Zielpunkt: Garbelletto (Provinzstraße Alba – Barolo)
Wegstrecke: 1,5 km
Voraussichtliche Dauer:
zu Fuß: 20 Minuten
mit dem Fahrrad: 10 Minuten

Man verlässt den Ort und wendet sich auf der Provinzstraße in Richtung Alba. Nach knapp hundert Metern zweigt man links auf einen abfallenden, auch von Autos befahrenen Feldweg ab. Dies ist die alte Straße von Castiglione ins Tal, die so genannte Strada del Grosso. In kurzer Zeit erreicht man mit Blick auf die berühmten Weinberge Monprivato, Codana und Vignolo in der Nähe von Garbelletto den Talboden. Wer hier eine Kellerei besuchen möchte, hat die Qual der Wahl zwischen den Betrieben von Lorenzo Scavino (Azelia), Paolo Scavino und den Fratelli Brovia. Hier kann man über die in der folgenden Tour beschriebene Strada della Bussia Sottana zurückkehren. In diesem Fall schlägt man von Garbelletto aus den Weg links in die Provinzstraße nach Barolo ein und trifft nach etwa einem halben Kilometer rechter Hand auf die asphaltierte Strada della Bussia.

Ausgangspunkt: Castiglione Falletto
Zielpunkt: Provinzstraße Alba – Barolo
Wegstrecke: 2,5 km
Voraussichtliche Dauer:
zu Fuß: 1 Stunde
mit dem Fahrrad: 20 Minuten

 *Von Castiglione aus folgt man der Provinzstraße nach Monforte. Gleich außerhalb des Ortes liegt der Hof der Brüder Monchiero, ein Stück weiter, oberhalb, der Betrieb Bricco Rocche der Brüder Ceretto und dahinter der von Armando Parusso. Man bleibt auf dem Hügelkamm bis zu der ausgeschilderten, asphaltierten und auch von Autos befahrenen Strada della Bussia Sottana. Linker Hand der gleichnamige Weinberg, rechts die Einzellage Munie. Wenn Sie mit dem Fahrrad unterwegs sind, haben Sie unten im Tal zwei Möglichkeiten: Entweder Sie kehren nach Castiglione zurück, indem Sie die Provinzstraße nach Alba nehmen und dann rechts abbiegen; unterwegs kommen Sie an der Winzergenossenschaft Terre del Barolo vorbei. Oder Sie können links nach Barolo weiterfahren. Zu Fuß geht man am besten über die Strada del Grosso nach Castiglione zurück.*

CASTIGLIONE FALLETTO

Bricco Rocche
via Monforte, 63
Tel. 0173 62867

Fratelli Brovia
strada Alba-Barolo, 54
Tel. 0173 62852

Fratelli Cavallotto
località Bricco Boschis, 40
Tel. 0173 62814

Giuseppe Mascarello e figlio
strada del Grosso, 1
via Borgonuovo, 108,
Monchiero (cantina)
Tel. 0173 792126

Monchiero Fratelli
strada Alba-Monforte, 58
Tel. 0173 62820

Gigi Rosso
strada Alba-Barolo, 20
Tel. 0173 262369

Paolo Scavino
strada Alba-Barolo, 59
Tel. 0173 62850

Cantina Terre del Barolo
strada Alba-Barolo, 5
Tel. 0173 262053

Vietti
piazza Vittorio Veneto, 5
Tel. 0173 62825

Castiglione Falletto

VIERTE TOUR

**Von Alba nach Neive
über San Rocco Seno d'Elvio,
Treiso und Barbaresco**

Ausgangspunkt: Alba
Zielpunkt: Neive
Kilometer: 20
Voraussichtliche Dauer:
Tagesausflug

Ausflüge:
ab Barbaresco,
Neive, Treiso

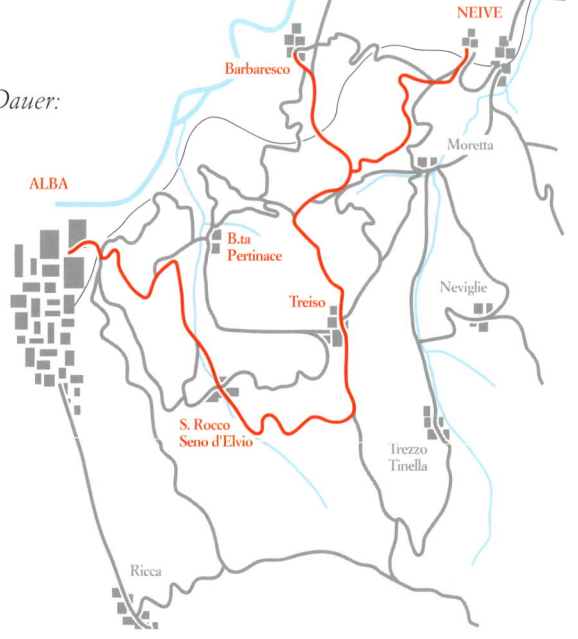

Von Alba nach Neive

 Nachdem man die Ringstraße in Alba verlassen hat, schlängelt sich die Straße von der Piazza Monsignor Grassi zwischen alten und neue Villen, beredten Zeugnissen des Wirtschaftsbooms in Alba, auf den Hügel von Altavilla hinauf. Die Dächer der Stadt bilden eine rote Fläche, aus der die Türme trutzig und wachsam emporragen und dann immer kleiner werden. Dies ist der eigentliche Weg ins Barbaresco-Gebiet, nicht die schnurgerade Schnellstraße Alba–Asti, die durch eine triste Industrielandschaft nach Neive führt. Villen und Gärten machen nach kurzer Zeit den Weinbergen Platz und die Straße windet sich wieder talwärts.

San Rocco Seno d'Elvio

Nehmen Sie rechts die etwas schmalere Straße nach **San Rocco Seno d'Elvio**. Der nördlichste Ortsteil von Alba ist zugleich die Südspitze des kleinen Dreiecks, über das sich das Barbaresco-Gebiet erstreckt. In einem langen, flachen Gebäude befin-

SAN ROCCO SENO D'ELVIO

5 km von Alba
Einwohner 13
Höhe 200 m ü. d. M.
PLZ 12051

WEINERZEUGER

Poderi Colla
località San Rocco
Seno d'Elvio, 82
Tel. 0173 290148

Gianluigi Lano
Strada Basso, 38 bis
Tel. 0173 286958

Luigi Penna e figli
località San Rocco
Seno d'Elvio, 96
Tel. 0173 286948

Armando Piazzo
località San Rocco
Seno d'Elvio, 31
Tel. 0173 35689

TREISO

7 km von Alba
Einwohner 732
Höhe 410 m ü. d. M.
PLZ 12050

INFORMATIONEN

Municipio
via Savona, 1
Tel. 0173 638116

ÜBERNACHTUNG

Il ciliegio
via Meruzzano, 21
Tel. 0173 630126 – 638267

Ada Nada
via Ausario, 12
Tel. 0173 638127

Villa Ile
Strada Rizzi, 18
Tel. 0173 362333

det sich die Osteria Italia, gegenüber die alte Schule (in der bald eine Herberge ihre Pforten öffnen wird), oben an dem Zaun, der den Platz einfasst, der Holzbalken für das Ballspiel *pantalera*. Das Flüsschen Seno d'Elvio fließt unten durch das enge, tief eingeschnittene Tal. Das Land ist hier noch nicht von dem geometrischen Muster der Rebzeilen geprägt; auf den Hängen klammern sich knorrige Haselnusssträucher, Pappeln, Schilfrohr und Pinien an die Tuffsteinfelsen. Rechts führt ein Feldweg durch ein Pappel-

wäldchen zum Weingut Drago mit den alten Weinkellern der Poderi Colla. Wenn man sich rechtzeitig vorher anmeldet, kann man das Museo Drago mit seiner interessanten Sammlung landwirtschaftlicher Geräte besichtigen, zusammengetragen von dem Apotheker De Giacomi, einer sehr bekannten Persönlichkeit in Alba. Zu den Exponaten zählen zwei Pressen aus dem 17. Jahrhundert, Kupferdestillierkolben aus dem 18. Jahrhundert und Utensilien für die Herstellung von Spumante vom Anfang des

20. Jahrhunderts. Ein gelungener Auftakt für eine Reise in die Geschichte des Barbaresco-Gebiets sind zum Beispiel die hier ausgestellten drei ersten Flaschen Barbaresco des Jahrgangs 1870 mit handgeschriebenen Etiketten.

Kehren Sie auf die Hauptstraße zurück und biegen Sie nach wenigen Metern auf die Straße nach Montersino ab. Oberhalb erkennt man die Rocche dei Sette Fratelli, die schroffen Wände eines Kraters, der auf mysteriöse Weise (oder, wenn man der Sage Glauben schenken möchte, nach göttlichem Willen) in den weißen Mergel gerissen wurde. Wie Finger einer Hand strecken sich die Felsen nach den Weingärten und Haselnusshainen auf dem Hügelrücken aus. Das ist die letzte Bastion der freien Natur, denn von hier bis nach Barbaresco und Neive ist nun jeder Quadratzentimeter von Menschenhand bearbeitet worden. Auf in den Tuffstein gegrabenen Wegen, die nachts von den Trüffelsuchern frequentiert werden, können

Zu Fuß, mit dem Fahrrad

Der Weg der drei Dörfer

Ausgangs- und Zielpunkt: Alba
Wegstrecke: 26 km
Voraussichtliche Dauer:
zu Fuß: 9,5 Stunden (zwei Tage)
mit dem Fahrrad: 4,5 Stunden

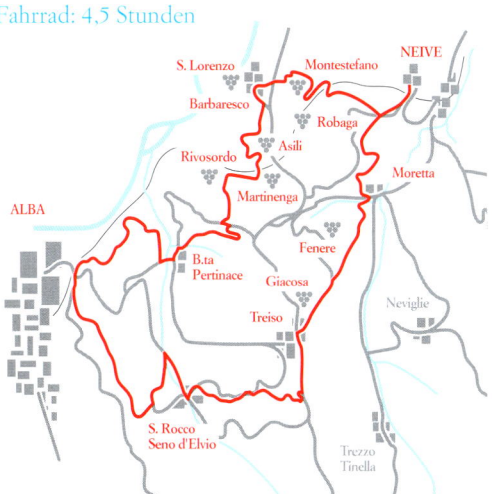

Wenn man auf die alten Gemeindestraßen ausweicht, entlang der Hügelkämme die Rebzeilen und die auf den Nordhängen stehen gebliebenen lichten Gehölze durchstreift, kann man das

TREISO

RESTAURANTS

La Ciau del Tornavento
piazza Baracco, 7
Tel. 0173 638333
Mittwochs und donnerstag-
mittags geschlossen.

Osteria dell'unione
via Alba, 1
Tel. 0173 638303
Sonntagabends und montags
geschlossen.

Risorgimento
viale Rimembranza, 1
Tel. 0173 638195
Montags geschlossen.

EINKAUFEN

BROT

**Panetteria forno a legna
Fabrizio Fenocchio**
località Altavilla
via Rio Sordo, 52

WEINERZEUGER

Orlando Abrigo
frazione Cappelletto
Tel. 0173 630232

Ca' del Baio
via Ferrere, 33
cascina Valle Granda
Tel. 0173 638219

Fratelli Grasso
località Valgrande
via Giacosa, 1 b
Tel. 0173 638194

Eredi Lodali
viale Rimembranza, 5
Tel. 0173 638109

Fratelli Molino
via Ausario, 5
Tel. 0173 638384

Ada Nada
via Ausario, 12
Tel. 0173 638127

Fiorenzo Nada
località Rombone
Tel. 0173 638254

Barbaresco-Gebiet bis auf wenige Ausnahmen abseits der Haupt-verkehrsadern entdecken: eine schöne Zweitagestour mit Über-nachtung in Neive (oder mit abendlicher Rückkehr im Zug von Neive nach Alba).

Stellen Sie den Wagen auf der Piazza Monsignor Grassi in Alba ab und nehmen Sie die Straße nach Treiso. Nach dem Bahn-übergang biegen Sie links ab, folgen den Gleisen und schlagen den rechts ansteigenden Weg ein. In Ihrem Rücken liegt Alba und neben Ihnen der Wald, der Sie bis Altavilla begleitet. Bei der Villa Torino zweigen Sie links ab, gehen bis zum Agrituri-smo-Betrieb La Meridiana-Reiné und steigen auf einem schma-len, von Steinmauern gesäumten Weg weiter empor. Der Wald lichtet sich, der Weg verläuft eben zwischen den Weingütern von Altavilla hindurch. Links der Tanaro, der sich s-förmig um Alba herumschlängelt; dahinter das Roero von Santa Vittoria bis Govone; rechts die Orte des Barbaresco-Gebiets. Auf der Höhe des Weinguts Ghersi biegen Sie rechts ab und gehen entlang der Weingärten zum Weiler Ressia hinunter. Bei der Bäckerei des Ortsteils Pertinace kreuzt der Weg die Staatsstraße von Alba nach Barbaresco und Treiso. Auf der anderen Seite geht es an der Winzergenossenschaft I Vignaioli wieder hinauf. Lassen Sie die Abzweigung nach Chirella rechts liegen und folgen Sie dem Feldweg durch die Weinberge bis hinauf nach Tre Stelle. Am Ende des Aufstiegs halten Sie sich links und erreichen den klei-nen Platz vor der alten Schule (heute Sitz eines Vereins). Ent-lang der Häuser von Nicolini Basso geht es wieder abwärts. Vor Ihnen der Turm von Barbaresco. Der Weg führt durch ein Wäld-chen und dann an Weingärten und Haselnusshainen entlang zum Bahnhof von Barbaresco, der in einer herrlichen Senke liegt. Sie folgen ein Stück den Gleisen, überqueren sie und steigen inmitten der Weinberge des Guts Martinenga (Sitz der Kellerei des Marchese De Gresy) wieder bergauf. Auf halber Höhe macht der Weg eine Rechtskurve und führt durch den Ortsteil Asili – verlassene Bauernhöfe, unter den Arkaden zum Trocknen aufge-hängte Schilfblätter, die zum Festbinden der Reben dienen, ein paar Hühner, ein Maulbeerbaum … An der Kapelle San Teobal-do beginnt der Weg in Richtung Barbaresco sanft abzufallen. Eine kurze Strecke auf Asphalt, um in den Ort hinein und aus dem Ort heraus zu kommen, mit einem Schlenker um die kleine Kirche San Donato (in der die Enoteca Regionale del Barbaresco eingerichtet wurde). Bei der Ca' Nova beginnt wieder der Feld-weg, der zu dem Weiler Montestefano hinab, über die Eisen-bahnlinie hinweg und dann zum Weingut Principe führt. Neive liegt direkt gegenüber (ein Weg durch die Weinberge führt zum Ort). Rechts geht es nach der Überquerung der Staatsstraße auf einem Feldweg zum Weiler Pastura und danach den Hügel hinauf zum Wäldchen von San Cristoforo.

Die Sage von den sieben Brüdern

Eine in Treiso überlieferte Sage erklärt den Ursprung der Rocche dei Sette Fratelli mit einem religiösen Motiv. Es heißt, dass auf die große Wiese, die sich hier einst erstreckte, eines Tages sieben Brüder kamen, um das Gras zu mähen. Als am späten Vormittag ihre Schwester das Essen brachte, das, weil es Freitag war, kein Fleisch enthielt, erzürnten sich die Brüder und lästerten die göttlichen Gesetze. In diesem Augenblick zog in einiger Entfernung eine Prozession vorbei: Im Dorf war es Sitte, dass der Pfarrer, mit einem weißen Gewand und einem violetten Umhang bekleidet, in Begleitung des Küsters, der den Schirm hielt, und der Dorfbewohner den Kranken die Abendmahlssakramente brachte; wer die Prozession vom Feld aus erblickte, unterbrach die Arbeit für ein Gebet. Die sieben Brüder jedoch aßen und fluchten fröhlich weiter und forderten so den göttlichen Zorn heraus. Plötzlich tat sich unter ihren Füßen ein Abgrund auf und verschlang die Brüder mit Haut und Haar; nur das Stück Erde, auf dem die Schwester stand, blieb unversehrt.

Von hier aus verläuft der Weg relativ eben auf dem Hügelkamm. Das Panorama ist einzigartig: Links reicht der Blick von Neviglie bis nach Asti; rechts sieht man Langhe und Roero, im Hintergrund die Alpen. Dann geht es steil abwärts zum Weingut Castellissano und ebenso steil wieder hinauf nach San Stefanetto und, ein kurzes Stück weiter, Treiso. Im Ort biegen Sie in Richtung Manera und Cappelletto ab und gehen am Friedhof (auf der Rechten) entlang. Hinter Ihnen liegt Treiso, vor Ihnen spreizt sich der Fächer der Rocche dei Sette Fratelli. Der Weg führt an dessen Rand entlang und dann hinab nach San Rocco, wo er direkt hinter dem alten Schulgebäude auf den Platz mündet. Am Ortsausgang überqueren Sie auf der kleinen Brücke den Bach und steigen hinauf zur Casa Mottara und weiter nach Portinale. Unterhalb öffnet sich das Tal von Alba, dahinter das enge Tal des Seno d'Elvio. Steuern Sie auf den Bricco delle Capre zu; danach fällt der Weg steil ab und endet hinter den Häusern des Ortsteils Boffa am Bahnübergang, dem Ausgangspunkt der Tour. Diese Tour wurde – wie alle anderen im Barbaresco-Gebiet – von Elio Sabena, dem Vorsitzenden der Vereinigung «Trekking in Langa», zusammengestellt und (mit roten und gelben Streifen) markiert.

Treiso

Pelissero
via Ferrere, 19
Tel. 0173 638136
und 0173 638430

Rizzi
località Rizzi, 13
Tel. 0173 638161

Vignaioli Elvio Pertinace
località Pertinace, 2
Tel. 0173 442238

Villa Ile
località Rizzi, 15
Tel. 0173 362333

Barbaresco

10 km von Alba
Einwohner 645
Höhe 274 m ü. d. M.
PLZ 12050

Informationen

Municipio
via Torino, 5
Tel. 0173 635234

Übernachtung

Vecchio Tre Stelle
frazione Tre Stelle
via Rio Sordo, 13
Tel. 0173 638192

Cascina delle rose
località Tre Stelle
via Rio Sordo, 17
Tel. 0173 638292
und 0173 638322

Restaurants

Antica torre
via Torino, 8
Tel. 0173 635170
Von Sonntag bis Donnerstag
abends geschlossen.

Antiné
via Torino, 34 a
Tel. 0173 635294
Mittwochs geschlossen.

Rabajà
via Rabajà, 9
Tel. 0173 635223
Donnerstags geschlossen.

Sie sich die Hänge erwandern, über denen, nach Beute spähend, die Falken kreisen.

Treiso

Wenn Sie links abbiegen, erreichen Sie **Treiso** über den Ortsteil Canta. Mit einem einzigen Blick haben Sie schon das ganze Dorf erfasst, einen Mikrokosmos nach Maß der bäuerlichen Gesellschaft von einst: am Platz zwei Kirchen, das Kloster, das Rathaus, die Schule, zwei Gast-

häuser, die Post und ein Stück weiter der Friedhof. Nur wenige Meter trennen die Mitte des 18. Jahrhunderts errichtete Pfarrkirche Dell'Assunta und die Confraternita dei Battuti vom Ende des 19. Jahrhunderts. Erstere hat einen klassischen Aufbau – zwei übereinandergestellte Ordnungen von Pilastern, darüber ein Tympanon – mit barocken Dekorationen. 33 Tage lang packten alle Dorfbewohner mit an und bildeten eine Kette, um die Steine für das Gebäude vom Bach Tinella zur Piazza hinaufzuschaffen. Die rote Backstein-

fassade ist mit drei Heiligenstatuen verziert, die 1773 von dem Bildhauer Unia di Racconigi geschaffen und in drei Nischen aufgestellt wurden. Etwa um die gleiche Zeit brachten die ortsansässigen Rinderhirten aus Turin die Hauptglocke für den Turm, den wohl interessantesten Teil des Bauwerks. Er wurde 1767 von Traversa erbaut, musste jedoch knapp hundert Jahre später in den Kirchenmauern verankert werden,

weil er sich leicht zu neigen begann.
Das Kloster Confraternita dei Battuti, eine nicht sehr gelungene Mischung verschiedener Stile (klassische Fassade mit Säulen und Giebelfeld sowie Spitzbogenfenster), hat eine merkwürdige Entstehungsgeschichte: Da die beiden Ortsteile Cravero und Borgonuovo sich nicht einigen konnten, auf wessen Gebiet es errichtet werden sollte, wurde ein Vermittler entsendet, der die Distanz zwischen den beiden Ortschaften abschritt und genau in der Mitte den Bauplatz auswies.

Der Tanaro bei Barbaresco

Doch der besondere Reiz von Treiso liegt nicht in, sondern zwischen den Bauwerken: in den Ausblicken auf die grandiose Landschaft, die sich zwischen den Langhe (bei klarem Wetter scheint Diano d'Alba nur einen Steinwurf entfernt) und dem Roero erstreckt und nach oben hin mit dem Blau-Weiß des Alpenbogens verschmilzt.

Darüber hinaus kann das Dorf auf eine lange, über 5000-jährige Geschichte zurückblicken. Der Pfarrer von Treiso bewahrt in einer alten Blechdose drei polierte Steine aus der Jung-steinzeit auf und erzählt von den Resten einer alten Römerstraße, die im Ortsteil Pertinace zutage gefördert wurde, einer breiten, gepflasterten Straße mit Rinnstein, die in der einen Richtung nach Alba führte und in der anderen nach Neive, wo sie in die Salzstraße mündete. Eine andere Geschichte berichtet von den aus der ligurischen Hafenstadt Savona kommenden römischen Truppen, die auf dem Weg nach Alba an der Villa Manzola (der ehemaligen *Villa Mansionis*) in Pertinace Halt machten, um die Pferde zu wechseln.

Barbaresco, Turm und Pfarrkirche San Giovanni Battista

Barbaresco

Vecchio Tre Stelle
frazione Tre Stelle
via Rio Sordo, 13
Tel. 0173 638192
Dienstags geschlossen.

Einkaufen

Grappa

**Distilleria
del Barbaresco**
via Bricco Albano, 3
Tel. 0173 635217

Wein

**Enoteca Regionale
del Barbaresco**
via Torino, 8
Tel. 0173 635251
Öffnungszeiten: 9.30–13
und 14.30–18 Uhr;
mittwochs geschlossen.

Weinerzeuger

Carlo Boffa
via Torino, 17
Tel. 0173 635174

Bricco Asili
località Asili
Tel. 0173 635274

La Ca' Nova
via Ovello, 1
Tel. 0173 635123

Ca' Romé
via Rabajà, 36
Tel. 0173 635175
und 0173 635126

Tenute Cisa Asinari
via Rabajà, 43
Tel. 0173 635221
und 0173 635222

Giuseppe Cortese
località Rabajà, 35
Tel. 0173 635131

Gaja
via Torino, 36
Tel. 0173 635158

Carlo Giacosa
via Ovello, 8
Tel. 0173 635116

In späteren Jahrhunderten teilte Treiso das Schicksal des Ortes Barbaresco – beide waren während der Kriege zwischen Alba und Asti Schauplatz blutiger Schlachten – bis es 1958 eine eigenständige Gemeinde wurde.

Fahren Sie weiter bis nach **Tre Stelle**, Mittelpunkt des dreieckigen Barbaresco-Gebiets und Kreuzung dreier Straßen, von denen Ihnen nun noch zwei bleiben: die nach Neive und die nach Barbaresco.

Barbaresco
Wenn Sie Letztere wählen, die horizontal auf einem lang gestreckten Hügelkamm verläuft, werden Sie von den Schildern der Weingüter zum Dorf eskortiert: Ca' Romé, Cortese, Rocca, Moccagatta … Die Straße führt jenseits eines tiefen Tals an der Silhouette des eigentlichen **Barbaresco** vorbei. Rechts die Ca' Nova, ein schönes Weingut aus dem 18. Jahrhundert, und weitere Güter und Weingärten bis zur Destillerie von Barbaresco.

Domizio Cavazza

Der Barbaresco hat ein Geburtsdatum, nämlich das Jahr 1893, und einen Vater: Der aus der Gegend von Modena stammende Cavazza wurde 1881, nachdem er sein Studium der Agronomie und Landvermessung an der Universität Mailand mit Auszeichnung abgeschlossen und sich in Versailles und Montpellier fortgebildet hatte, vom Landwirtschaftsminister nach Alba berufen, um die Weinbauschule Scuola Practica di Viticoltura ed Enologia zu gründen und zu leiten.

Domizio Cavazza besaß außerordentliche Fähigkeiten und Kenntnisse. In Frankreich hatte er die verheerende Zerstörungskraft der Reblaus miterlebt. Kurz nach seiner Ankunft in Alba beantragte er Gelder für die Veröffentlichung der Zeitschrift *Amerikanische Rebstöcke, die Reblaus und andere Krankheiten*; im gleichen Jahr stellte ihm die italienische Regierung zu Forschungszwecken einen Weinberg mit amerikanischen Unterlagsreben zur Verfügung.

Für den Weinbau war dies eine schwierige Zeit. Mitte des 19. Jahrhunderts war Export noch ein Fremdwort, und häufig mussten die Erzeuger ihren Wein selbst trinken, weil sie keine Käufer fanden. Ottavio Ottavi aus Casale Monferrato, der Herausgeber der ersten italienischen Weinbauzeitschrift, schrieb: «Es steht außer Zweifel, dass gegenwärtig wenig Qualitätswein, viel schlechter Wein und sehr viel Essig produziert wird.» 99,5 Prozent der Weinberge in der Gegend von Alba teilten sich die Anbaufläche mit anderen Kulturen, hauptsächlich Weizen: eine «Ehe zwischen Bacchus und Ceres», in der die Rebstöcke in der Regel den Kürzeren zogen. Doch der Hunger war allgegenwärtig und die Bauern weigerten sich, ihr Schicksal von einem einzigen Anbauprodukt abhängig zu machen. Der Erste Weltkrieg, der Faschismus mit seiner Weizenkampagne und der Zweite Weltkrieg hielten den Fortschritt im Weinbau noch viele Jahre lang auf.

Und dennoch läutete Domizio Cavazza eine goldene Ära ein, die den Weinbau in Alba und die Geschichte des Barbaresco nachhaltig prägte. Seine Verbundenheit mit dieser Gegend ließ ihn Weinberge, Güter und die Burg in Barbaresco erwerben, vor allem aber brachte sie ihn dazu, 1893 die Cantina Sociale del Barbaresco, eine der ersten Winzergenossenschaften in Italien, zu gründen und ihr in den Kellern seiner Burg eine Heimstatt zu geben. Der Nebbiolo di Barbaresco, der sich bislang schüchtern hinter dem Namen Barolo versteckt hatte, machte sich zum ersten Mal selbstständig. Die neu gegründete Genossenschaft wählte die Trauben der besten Hänge aus und führte Experimente und Untersuchungen durch, um die Weine zu verbessern. Nicht zuletzt verringerte sie die Risiken für ihre Mitglieder und verhinderte, dass die Erzeuger in den Krisenjahren zugrunde gingen. Die Gründung der Genossenschaft kann daher als die eigentliche Geburt des Barbaresco angesehen werden.

Links geht nun die Straße zum Ortszentrum ab. Das auf einem länglichen Hügel thronende Barbaresco sieht aus wie ein Kriegsschiff, das im Tanaro auf Grund gelaufen ist: Der Fluss umspült den aus seinen Fluten emporragenden Bug; der kerzengerade Mast beherrscht die Hügel des Roero gegenüber und das Monferrato zu seiner Rechten. Die strategisch eminent günstige Lage erklärt die Wuchtigkeit des Turms, der um

Domizio Cavazza

BARBARESCO

I Paglieri
via Rabajà, 8
Tel. 0173 635109

Cascina Luisin
località Rabajà, 23
Tel. 0173 635154

Moccagatta
via Rabajà, 24
Tel. 0173 635152
und 0173 635228

Montaribaldi
località Tre Stelle
via Rio Sordo, 30 a
Tel. 0173 638220

Cascina Morassino
via Ovello, 32
Tel. 0173 635149

Walter Musso
via Domizio Cavazza, 5
Tel. 0173 635129

Produttori del Barbaresco
via Torino, 52
Tel. 0173 635139
und 0173 635119

Albino Rocca
via Rabajà, 15
Tel. 0173 635145

Bruno Rocca
via Rabajà, 29
Tel. 0173 635112

I Ronchi
via Rabajà, 14
Tel. 0173 635156

La Spinona
via Secondine, 22
Tel. 0173 635169

Rino Varaldo
via Secondine, 2
Tel. 0173 635160

das Jahr 1000 errichtet wurde, um den Ort vor den Sarazenen zu schützen. Mit seinen neun Meter breiten Seiten, die nach den vier Himmelsrichtungen ausgerichtet sind, der Höhe von 36 Metern, seinen zwei Schießscharten und der Eingangsöffnung, die nur über eine Leiter auf dem steil zum Fluss hin abfallenden Hang erreichbar war, ist dies der mächtigste Turm des Piemont: nicht einzunehmen und daher jahrhundertelang zwischen Alba und Asti umkämpft. Sein einstiges Dach wurde 1821 abgetragen, als die Gemeinde mit einem großen Feuer auf der Turmspitze den Einzug von König Vittorio Emanuele I. auf der Burg von Govone feierte. Die Begeisterung der Einwohner über die Rückkehr der savoyischen Herrscher kostete den Turm nicht nur seinen Kopf, sondern machte ihn in der Folgezeit auch sehr viel anfälliger für die Witterung. Dies war die Ursache für einige Wetterschäden im Gebäude.

Die im 17. Jahrhundert erbaute und Johannes dem Täufer geweihte barocke Pfarrkirche (im Inneren ein schöner Altar aus vielfarbigem Marmor, 1789, und ein mit Intarsien verziertes Chorgestühl aus Nussbaum, 1796) steht als perfektes Pendant in Farbe und Form genau gegenüber. Ein «stimmiges Ensemble» nennt dies die Kunsthistorikerin Andreina Griseri und fügt hinzu: «Die Langhe sind ein in sich geschlossenes Gebiet, in dem Gotik und Barock mit Türmen und Burgen, Pfarrkirchen und Klöstern gleichberechtigte Hauptrollen spielen.» Einen maßgeblichen Anteil an dieser Geschlossenheit hat auch die ländliche Architektur: Weingüter und Kapellen, deren Formen den Konturen der Hügel folgen und der Landschaft insofern sozusagen «von innen heraus» ihren Stempel aufdrücken, da sie mit kundiger Hand aus deren ureigensten Materialien – Sandstein, Kalk, Kreide und Mergel – erbaut sind.

Barbaresco

DIE GAJA-DYNASTIE

Der Betrieb der Familie Gaja wurde 1859 durch Giovanni, einen wohlhabenden Fuhrunternehmer, Urgroßvater des heutigen Besitzers Angelo, begründet. Giovanni vererbte jedem seiner fünf Söhne einen Gutshof. Drei von ihnen verloren, wie es in den Langhe schon fast Tradition hatte, ihr Erbe beim Glücksspiel. Der Zweitjüngste, Angelo, war jedoch aus einem anderen Holz geschnitzt. Er arbeitete hart und heiratete Clotilde Rey, eine herrische Frau, die in Chambéry den Beruf einer Volksschullehrerin erlernt hatte und in Barbaresco von allen Madame genannt wurde – nur die nächsten Verwandten durften den Kosenamen Tildin verwenden. Sie war streng, aber klug, hatte eine klare Vorstellung von Qualität und guter Arbeit und übernahm in der familieneigenen Osteria und im Weinkeller sofort das Regiment. Die Kinder studierten in Alba; der 1908 geborene Sohn Giovanni wurde Landvermesser.

Giovanni war ein Mensch mit Unternehmergeist und ausgeprägtem Geschäftssinn. Er war nicht nur im Weingeschäft, sondern auch im Baugewerbe und als Vermittler tätig. In jener Zeit fungierte der Landvermesser eines Dorfs auch als Wirtschaftsberater, Schlichter in Erb- und Grenzstreitigkeiten und Mittelsmann bei Geschäften. Eine politische Karriere blieb nicht aus. Während des Faschismus war er Ortsvorsteher in Lequio Berria und Parteisekretär in Barbaresco; von 1958 bis 1983 hatte er das Bürgermeisteramt in Barbaresco inne. Er war so beliebt, dass ihn die Partisanen trotz seines faschistischen Hintergrunds in Ruhe ließen und die Bevölkerung ihn jedes Mal erneut wählte.

Indessen hatte in der Kellerei die seit 1944 verwitwete Tildin allein die Zügel in der Hand. Die Kunden waren wohlhabende Privatleute, die allesamt einen Maitre in der Küche und massenweise französische Grand-Cru-Weine im Keller hatten. Sie bestellten den Barbaresco in großen Korbflaschen und reichten ihn, in Weinflaschen umgefüllt, zum Essen. Obwohl der Wein problemlos zehn Jahre in den Bottichen lagern konnte, bevor er verkauft wurde, legte Großmutter Tildin schon damals großen Wert auf Qualität und ließ ihn abfüllen.

Als Angelo Gaja 1961 in den Betrieb eintrat, standen ihm beneidenswerte finanzielle Ressourcen, ein in ganz Oberitalien bekannter Name und 33 Hektar ausgezeichnete Barbaresco-Lagen zur Verfügung. Als er Mitte der Sechzigerjahre in der Spitzengastronomie Fuß fasste, konnte er bereits eine reichhaltige Palette exzellenter Weine anbieten. Dann kamen die Cru-Weine; der erste 1967 der San Lorenzo. 1970 stieg der Weinbautechniker Rivella in das Unternehmen ein; im gleichen Jahr wurde der Sorì Tildin aus der Taufe gehoben, 1978 dann der Costa Russi. Mittlerweile experimentierte man im Keller mit kleinen französischen Holzfässern – den Barriques –, und der Weinberg bevölkerte sich mit neuen Rebsorten: Cabernet Sauvignon, Chardonnay, Sauvignon. Die Traditionalisten schnappten nach Luft, doch heute sind Weine wie Darmagi, Gaia & Rey oder Rossj-Bass Klassiker, und was damals als kleine Revolution galt, ist heute fast überall gängige Praxis. Angelo Gaja hat Schule gemacht und seine Geschichte geht weiter: Der 1996 von Slow Food herausgegebene «Weinroman» *Sorì San Lorenzo* von Edward Steinberg erzählt sie in allen Einzelheiten. Auch diese Geschichte wird in das Erinnerungsbuch der Gemeinde Barbaresco eingehen: Nach dem Fuhrunternehmer und dem volksnahen Bürgermeister ist nun der weltgewandte *winemaker* an der Reihe.

Angelo Gaja

NEIVE

12 km von Alba
Einwohner 2937
Höhe 308 m ü. d. M.
PLZ 12052–12057

INFORMATIONEN

Municipio
piazza Italia
Tel. 0173 67004
und 0173 67110

ÜBERNACHTUNG

Locanda La Contea
piazza Cocito, 8
Tel. 0173 67126

Locanda Reale
località Borgonuovo
corso Romano
Scagliola, 13
Tel. 0173 67091

La Casa di Sara Versio
località Borgonuovo
via De Revello, 73
Tel. 0173 67220

RESTAURANTS

La cantina del rondò
località Fausoni, 7
Tel. 0173 679808
Montags und dienstags
geschlossen.

La Contea
piazza Cocito, 8
Tel. 0173 67126
Sonntagabends und montags
geschlossen.

La luna nel pozzo
piazza Italia, 23
Tel. 0173 67098
Mittwochs geschlossen.

EINKAUFEN

SÜSSIGKEITEN

Mario Curletti
via Tanaro, 18

GRAPPA

Romano Levi
via Borgo Stazione

Die Häuser bilden einen Halbkreis um die Pfarrkirche und reihen sich ordentlich rechts und links der einzigen Straße bis zu der kleinen Kirche San Donato (1833 errichtet und heute Sitz der Enoteca Regionale). An der Straße liegen die Weinkeller von Gaja und die Burg, ein schönes herrschaftliches Gebäude mit zwei Galerien, weitläufigen Sälen und prachtvollen Gewölbekellern. Sie wurde im 18. Jahrhundert von den Grafen Galleani erbaut, die wenige Jahre zuvor die Lehensgebiete von Canelli und Barbaresco zum Spottpreis von 50.000 Lire erstanden hatten; heute ist die Burg im Besitz der Familie Gaja. Nehmen Sie die Straße, die unterhalb der Kirche San Donato abwärts führt, und biegen Sie ein Stück weiter rechts in die Straße zum Bahnhof ein. Zu Ihren Füßen erstreckt sich eine wunderschöne Senke mit den Weingärten von Asili und der Einzellage Rabajà, an deren einer Seite man das Gut Martinenga erblickt; den Abschluss bildet der Bahnhof, ein rosa Gebäude, das aussieht, als hätte es, müde und zermürbt, seine großen Augen für immer geschlossen. Daneben sprudelt eine kleine Salzwasserquelle; hier stand vor 3000 Jahren ein Eichenwald. Er war dem von der Urbevölkerung, den Ligurern, verehrten Kriegsgott Mars geweiht und diente ihnen beim Einfall der römischen Truppen als Zufluchtsort, als Asyl – daher der Name des Weilers Asili. Barbaresco verdankt seinen Namen den Römern, die das ganze Gebiet als *Barbarica Sylva* bezeichneten. Und wahrscheinlich wurde im Gut Martinenga, der ehemaligen Villa Martis, Publius Elvius Pertinax geboren, der im Jahr 193 n. Chr. ganze 87 Tage lang römischer Kaiser war und dann einer Palastrevolte zum Opfer fiel.

DIE BARBARESCO-WINZERGENOSSENSCHAFT

Das Jahr 1958, in dem die Winzergenossenschaft «Produttori del Barbaresco» gegründet wird, markiert eine Wende in der Geschichte des Barbaresco-Weins: Ein ganzer Landstrich erlebt nach vierzig Jahren Stillstand, zwei Weltkriegen, Faschismus und extremer Armut eine Art Wiedergeburt. Zu verdanken ist dies einem einfachen Landpfarrer, Don Fiorino Marengo, der beschließt, dem Beispiel von Domizio Cavazza und seiner ersten Cantina Sociale zu folgen. Was die beiden verbindet, ist vor allem das ideelle Motiv: der Wunsch, ein bestimmtes Gebiet und sein primäres Erzeugnis zu fördern, die Bauern von den riskanten Schwankungen des Marktes unabhängig zu machen und die Qualität des Barbaresco zu verbessern. Die Anfänge sind bescheiden – Don Fiorino stellt die Keller der Pfarrkirche zur Verfügung –, und die Zahl der Gründungsmitglieder beschränkt sich auf neunzehn, doch die Ergebnisse können sich sehen lassen. Nachdem das anfängliche Misstrauen überwunden ist, verzeichnet die Cantina Sociale einen steten Zuwachs; maßgebliche Initiatoren sind Dottor Maffei und Celestino Vacca, der Enkel von Giuseppe Vacca, welcher als einziger Bauer bei der Gründung von Domizio Cavazzas Winzergenossenschaft mitgewirkt hatte. 1967 werden die ersten Crus gekeltert: Martinenga (heute direkt von den Conti di Gresy erzeugt), Pora, Montestefano, Moccagatta und Rabajà. Heute gibt es neun Crus (hinzu kamen Ovello, Montefico, Asili und Rio Sordo), und die von Duccio Vacca (Geschäftsführung), Gianni Testa (technische Leitung) und Giuseppe Rosselli (Präsident) geleitete Genossenschaft ist mit 65 Mitgliedern und 105 Hektar Rebland der größte Barbaresco-Erzeuger und spielt eine tragende Rolle für die strukturpolitische Entwicklung des Gebiets.

Produttori del Barbaresco
via Torino, 52
Tel. 0173 635139 und 635119

NEIVE

HONIG UND MARMELADE

Cascina Velledoglio
località Valledoglio, 4

WURSTWAREN

Salumeria Nannerini
piazza Italia,17

WEIN UND SPEZIALITÄTEN

Bottega dei Quattro Vini
piazza Italia
Tel. 0173 677014
Öffnungszeiten: Mittwoch,
Donnerstag, Freitag 14–19 Uhr,
Samstag, Sonntag und an
Feiertagen 10.30–13 und
14.30–19 Uhr; Montag und
Dienstag geschlossen.

**Al nido della cinciallegra
Enoteca Contea**
Piazza Cocito

Enoteca L'Aromatario
piazza Negro, 4

WEINERZEUGER

Piero Busso
borgata Albesani, 8
Tel. 0173 67156

Cantina del Glicine
via Giulio Cesare, 1
Tel. 0173 67215
und 0173 677505

Cascina Crosa
borgata Crosa, 56
Tel. 0173 67376

Cascina Vano
via Rivetti, 9
Tel. 0173 677705
und 0173 67263

Castello di Neive
via Castelborgo, 1
Tel. 0173 67171

Fratelli Cigliuti
località Serra Boella, 17
Tel. 0173 677185

Collina Serragrilli
via Serragrilli,
Tel. 0173 67174

Vieles in der Gegend erinnert an ihn: der Monte Elvio, der Bach Seno d'Elvio und **Pertinace**, gemeinsamer Ortsteil von Treiso und Barbaresco.

Neive
Fahren Sie die paar Kilometer zurück bis zur Kreuzung und nehmen Sie die Straße nach Neive. Immer wieder Rebzeilen, parallel oder senkrecht zur Straße und in fernen Fluchtpunkten zusammenlaufend. Lange Reihen mit Dolcetto, Barbera, Nebbiolo – der edelsten, aber auch heikelsten Rebe, die die sonnigsten Lagen beansprucht –, und schließlich die Moscato-Traube, die zum Belbotal hin den Beginn eines neuen Anbaugebiets markiert.
Neive hat zwei Gesichter. Der profane Teil ist **Borgonuovo**, der Geschäftsort, in dem es früher viele Gasthäuser und Ställe für das Wechseln der Pferde gegeben hatte, weil die Wagen auf dem Weg nach Alba hier Station machten. Am Beginn seiner Karriere als Verkehrsknotenpunkt stand der Bahnhof, der Ende des 19. Jahrhunderts zusammen mit der Linie Cantalupo–Alessandria eingeweiht wurde, eine der ersten Eisenbahnlinien des Königreichs Sardinien. Die wilde Bauwut der Sechzigerjahre, während der die neue Siedlung im Tal entstand, hat den historischen Ortskern von Neive indes verschont, dessen Häuser sich oben auf dem Hügel um den Glockenturm scharen: kleine Palazzi aus dem 17. und 18. Jahrhundert, Residenzen alter Adelsfamilien, die, wenn sie

HÄHNE UND BRÄUTE

In Neive findet am 22. Dezember das Kapaunfest statt, einer der ältesten und originellsten Bräuche der Gegend. Traditionellerweise obliegt den Bauersfrauen die komplizierte Operation, mit der die jungen Hähne zu Kapaunen gemacht werden; Genitalien, Kämme und Lappen werden zu einer Sauce für die Bandnudelspezialität *tajarin* verarbeitet.
Am Morgen des 22. Dezember werden die Tiere auf der Piazza San Rocco als Weihnachtsbraten angeboten. Früher durften sie auf keinem gutbürgerlichen Speiseplan fehlen; heute sind Kapaune eine so seltene Spezialität geworden, dass das Fremdenverkehrsamt in Neive im Frühjahr Küken an die Familien verteilt, damit für das Fest eine ausreichende Zahl von Tieren zur Verfügung steht.
Der zweite Teil des Fests ist nur noch Geschichte: Am Nachmittag führten die Familien ihre heiratsfähigen Töchter auf den Platz, wo sie von einer Schar junger Männer und den Heiratsvermittlern erwartet wurden, die richtiggehende Verträge zwischen Familien abschlossen. Beim Ball am Abend konnten sich die jungen Leute kennen lernen. Jeder hatte eine Nummer auf dem Rücken; um ihre zukünftige Braut zum Tanz aufzufordern, mussten die Männer nach der Nummer suchen, die ihnen zugeteilt worden war. Es bedurfte also nur eines Tanzes und vor allem einer ordentlichen Mitgift – und schon war eine neue Familie gegründet.

die Gebäude schon nicht restaurieren ließen, zumindest entstellende Umbauten oder gar Abrisse verhinderten.

Das alte Neive hat sich deshalb unversehrt in unsere Zeit hinübergerettet, ein Schmuckstück, das langsam wieder zu glänzen beginnt, wie etwa der Umbau des Palazzo Cotto neben dem Turm zeigt. Der Verteidigungs- und Wachturm selbst wurde 1224 von Asti zur Vollendung des Festungsrings erbaut. Wie überall in den Langhe hatten auch die Herrscher von Neive um das Jahr 1000 eine Burg und Stadtmauern errichtet, um dem Ort vor den wütenden Sarazenenhorden zu schützen. Von den Mauern sind nur einzelne Reste erhalten und die Burg gibt es nicht mehr, doch die Anlage als Festungsort ist noch deutlich erkennbar: Die Häuser sind dicht zusammengerückt wie die Steine einer mächtigen Verteidigungsmauer, die sich spiralförmig bis zur Hügelspitze hinaufzieht.

Stellen Sie Ihren Wagen außerhalb des alten Festungsrings ab und gehen Sie zu Fuß durch eines der Tore. Jeder der beiden Zugänge wird von einer Kapelle aus dem 16. Jahrhundert überragt, die beide einem Schutzheiligen gegen die Pest geweiht wurden: San Rocco und San Sebastiano (San Rocco wurde im 18. Jahrhundert nach einem Entwurf von Giovanni Antonio Borgese umgestaltet). Bis vor einigen Jahren noch wurden die Toten aus den Häusern im östlichen und südlichen Teil des Dorfes vor San Rocco vom Pfarrer in Empfang genommen, um dann in einer Prozession zur Pfarrkirche geleitet zu werden, während die aus dem westlichen Teil vor San Sebastiano aufgebahrt wurden. Auf der hinter den beiden Toren ansteigenden Straße kann man hier und da noch Pflastersteine erkennen, die aus flachen Kieseln aus dem Bach Tinella hergestellt wurden. An der langen, schmalen Hauptpiazza liegt das

NEIVE

Fontanabianca
frazione Bordini, 15
Tel. 0173 67195

Gastaldi
via Serra Boella, 2
Tel. 0173 677400

Bruno Giacosa
via XX settembre, 52
Tel. 0173 67027

Fratelli Giacosa
via XX settembre, 64
Tel. 0173 67013

Ugo Lequio
via del Molino, 10
Tel. 0173 677224

Paitin Pasquero Elia
via Serra Boella, 20
Tel. 0173 67343

Parroco di Neive
piazza Negro, 7
Tel. 0173 67008

Prinsi
regione Gaia, 6
Tel. 0173 67192

Punset
regione Moretta, 42
Tel. 0173 67072

Sottimano
località Cottà, 21
Tel. 0173 635186

Giuseppe Traversa
via Canova, 16
Tel. 0173 67279

Zu Fuß, mit dem Fahrrad

Zum Bricco di Neive

Ausgangs- und Zielpunkt: frazione Rivetti
Voraussichtliche Dauer:
zu Fuß: 2 Stunden und 15 Minuten
mit dem Fahrrad: 1 Stunde

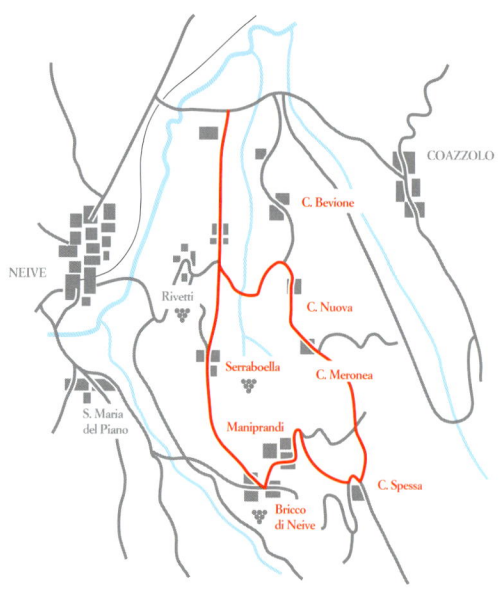

 *Genau gegenüber von Neive gibt es einen Rund-
weg, der entlang zweier Hügelkämme verläuft:
eine Panoramastrecke, die insbesondere an
klaren Tagen spektakuläre Ausblicke auf Langhe,
Roero und Monferrato eröffnet.*
*Nehmen Sie die Straße, die von Neive Borgonuovo nach Casta-
gnole delle Lanze führt, und biegen Sie rechts in Richtung
Coazzolo ab. An der zweiten Kreuzung geht ein Sträßchen zum
Ortsteil Rivetti ab, das durch die Weingüter Toso, Vano und
Rivetti führt. Stellen Sie den Wagen ab und schlagen Sie, zu
Fuß oder mit dem Mountainbike, den Feldweg durch die Weinberge ein; an die ersten Rebzeilen der Einzellage Rivetti schließt
sich der Weinberg Serraboella an. Rechts der historische Ortskern von Neive und dahinter das Roero, von Bra bis Santa Vittoria, von Guarene bis zum Kastell von Govone. In der Ferne*

verschwimmen die Alpen im Dunst. Der Weg mündet auf die
Gemeindestraße von Borgonuovo nach Bricco di Neive. Gehen
oder fahren Sie weiter bis zum Ortseingang, vorbei an den
Gütern Cigliuti und Paitin, und biegen Sie gegenüber des Restaurants La Squola Alimentare links ab.

Am Ende des Aufstiegs nehmen Sie rechts den zweiten Feldweg,
der um die Weingüter des Ortsteils Spessa herum eine kleine
Parabel beschreibt. An der Stelle, an der der Weg wieder auf
die Gemeindestraße trifft, weitet sich der Blick auch nach rechts,
auf das Monferrato: Man sieht Valdivilla, den Turm von Casti-
glion Tinella und das ganze Umland von Asti. Sie befinden sich
an einem einzigartigen Aussichtspunkt. Von hier aus können Sie
das Barbaresco-Gebiet und die Moscato-Anbauflächen, das Roero jenseits des Tanaro und die Kette der Alpengipfel überblicken.
Wenn man der Einzellage Bricco den Rücken gekehrt hat, fällt
die Straße inmitten der Weinberge von Canova sanft ab. Kurz
vor dem Gut Traversa zweigen Sie links ab. Der letzte Teil des
Feldwegs führt steil in ein enges Tal hinunter und durch einen
Pappelwald (mit reichen Trüffelvorkommen), steigt danach
ebenso steil wieder an und bringt Sie zurück in den Ortsteil
Rivetti, den Ausgangspunkt der Strecke.

Romanischer Turm in Neive

erste Gemeindehaus aus dem 16. Jahrhundert. Im oberen Stockwerk wohnte hier der *rector scolae*, der Volksschullehrer (grundsätzlich ein Priester), im dritten Geschoss befanden sich zwei Schulräume. Das Gebäude wird von der Gemeinde restauriert: Der Bogengang wird verglast und soll das zukünftige Touristenbüro beherbergen, in den oberen Stockwerken sollen eine Bibliothek und ein Veranstaltungssaal entstehen. Ein paar Schritte weiter erhebt sich das zweite Gemeindehaus, ein weiteres schlankes Bauwerk mit großen Bögen und einer hoch oben angebrachten Uhr. Gegenüber steht der Palazzo Giovanni Antonio Borgese, Ziel des

letzten und endgültigen Umzugs der Gemeindeverwaltung. In seinem Weinkeller ist die Bottega dei Quattro Vini eingerichtet.

Borgese ist eine Schlüsselfigur der Kunst- und Architekturgeschichte des Ortes. Ihm sind die schönsten Bauwerke des barocken Neive zu verdanken: die Confraternita di San Michele (das Portal ist ein Meisterwerk des Schreiners Giovanni Busso aus Neive, im Oratorium befindet sich eine Orgel aus dem 18. Jahrhundert), der Palazzo Bongioanni, zu erkennen an seinem gewaltigen Portal, und der prunkvolle Eingang zu den Gärten der Conti di Castelborgo. Hinter den drei breiten

Neive

ROMANO LEVI

«Ich weiß nichts. Ich habe keine Ahnung von Grappa, wie er schmeckt, wie er riecht, was er enthält. Wenn ich Grappa blind verkosten sollte, könnte ich nicht einmal meinen eigenen von den anderen unterscheiden. Und so jemanden nennen deutsche und amerikanische Zeitschriften den König des Grappa!»

Das ist Romano Levi: ein kleiner Mann mit feingliedrigen Händen und hellen Augen, die sich verengen, wenn er lacht, unter unglaublich dichten, weißen Brauen. Während er erzählt, läutet es ständig an der Tür, und hinter dem Eisentor suchen spähende Augen einen Blick zu erhaschen, die richtigen Worte zu finden, um wenigstens eine Flasche zu ergattern; nach einer Weile verschwinden sie wieder, sie sind enttäuscht, doch sie werden wiederkommen.

«Die Leute machen Levi Angst. Und am Ende wird Levi die Leute schrecken», schrieb Romano schon 1976. Doch die Leute lassen sich nicht so leicht schrecken.

Ein langer Balkon ohne Geländer, krumme Risse und das knorrige Holz eines alten Rebstocks ziehen sich über die Fassade; die Ziegel des Bogengangs haben die Farbe von Trester und im Hof stehen Kräuter und Katzen aus Stein. Die Brennerei liegt darunter: «Mein Vater, Serafino Levi, hat sie 1925 begründet, aber er ist kurze Zeit später gestorben; zum Glück hat meine Mutter sie nicht verkauft, doch '45 haben wir auch sie verloren, bei einem Bombenangriff. Ich war siebzehn und hatte keine Ahnung von Grappa. Ich kannte die Glut, das Feuer und den Trester, weiter nichts. Durch Fehler habe ich gelernt, mit dem Destillierkolben und mit den Leuten umzugehen. Am Anfang arbeitete ich, um den Körper zu ernähren, jetzt mache ich für den Geist weiter, heute wie damals könnte ich nicht ohne meine Brennerei leben.»

Wenn man zwischen schweren, die Sinne verwirrenden Dämpfen hinabsteigt, sieht man den alten Kupferkolben, in dem ein traditioneller Grappa destilliert wird. «Ist es nicht seltsam», fragt Levi, «dass Abfall aus dem Weinkeller zum Rohstoff für Grappa wird, der letztendlich nie vergeht? Der beim Brennen übrig gebliebene Trester wird gepresst, in Stücke geschnitten und im folgenden Jahr als Brennstoff verwendet; die Asche ist ein hervorragender Dünger.»

Oben ist das Zimmer der Tinte und der feinen Pinsel für die Etiketten, die Levi per Hand beschriftet und (wie auf der Abbildung rechts) etwa mit einer tanzenden «wilden Frau, die die Hügel erklimmt» verziert. Doch das mit den Etiketten ist eine lange Geschichte; keine Zeit mehr, sie zu erzählen: «Es ist schon fast dunkel», schließt Levi, «und ich muss noch einen Strauß Veilchen pflücken …»

Romano Levi

Bögen, den vier Säulenpaaren und dem Eisentor, über dem das Wappen der Conti prangt, möchte man einen ausgedehnten Park vermuten; leider ist jedoch das einsame Bauwerk und das dahinter liegende Fleckchen Erde inzwischen nur noch der traurige Überrest eines vor Zeiten prächtigen herrschaftlichen Guts.

Weiter oben auf dem Hügel erreicht man die Piazza Cocito im Schatten der jahrhundertealten Bäume des Parks der Villa Pina (die auf den Ruinen der Burg erbaute Sommerresidenz des Musikers und Komponisten Ludovico Rocca). Gegenüber thront der Palazzo Cocito, das Herrschaftshaus, in dem die Locanda Contea untergebracht ist. Genau hier befand sich im

16. Jahrhundert der Laden mit Apotheke und Gasthaus des Adeligen Gabriele Cocito. Am höchsten Punkt des gewundenen Aufstiegs trifft man direkt vor dem Turm auf das älteste Haus in Neive: die «Casaforte Cotto» aus dem 12. Jahrhundert (was die Spitzbogenfenster an der Ostseite belegen), im Besitz der Bankiersfamilie Cotto, die bis nach Frankreich und Flandern hinauf Geschäftsniederlassungen hatte. Die Materialien für ihren Bau weisen noch weiter in die Vergangenheit zurück. Einige Ziegel mit dem Stempel einer römischen Brennerei zeugen von dem, was Neive vor 2000 Jahren war, nämlich eine bedeutende Kolonie des römischen Reiches. Der Ortsname leitet sich von *gens*

Naevia ab, und der Historiker Vincenzo Vada aus Neive fand in der Umgebung Überreste zweier Nekropolen, einer alten Marmorbrücke über den Tinella und einer römischen Straße. Wenn man entlang der Via Rocca zurückwandert, rückt der schöne Turm der Pfarrkirche Santi Pietro e Paolo in den Blick, der im Jahr 1731 nach einem Entwurf von Francesco Gallo (dem Architekten der berühmten Kuppel des Heiligtums in Vicoforte) ausgeführt wurde. Die spätbarocke Kirche ist mit Stuckaturen aus dem 18. Jahrhundert opulent verziert; erhalten sind ein Marmoraltar mit der Rosenkranzmadonna aus dem Jahr 1751 und ein schönes, 1812 von dem Tischler Giovan Battista

ITALIENER IN SIAM

Cesare Ferro gehörte zu einer Gruppe italienischer Künstler, die die ersten Jahre des 20. Jahrhunderts im fernen Königreich Siam verbrachten, weil sie von der dortigen Kunst begeistert waren: Persönlichkeiten wie der Bildhauer Carlo Feroci, die Architekten Carlo Allegri und Anniale Rigotti oder der Maler Galileo Chini, die durch die Wirren des Zweiten Weltkriegs in Vergessenheit gerieten. In Bangkok verewigten sich die italienischen Maler, Architekten und Ingenieure in prunkvollen Villen, Königspalästen, Akademien, Brücken, Bahnhöfen, Denkmälern. Die Beziehungen zwischen Italien und Thailand, genauer gesagt zwischen Turin und Bangkok (die meisten der Künstler kamen von der Accademia Albertina) wurden Ende des 19. Jahrhunderts von König Rama V., einem großen Verehrer der italienischen Kunst, geknüpft und unter seinen Nachfolgern bis in die Sechzigerjahre hinein gepflegt.

Cesare Ferro kam 1904 nach Bangkok, um den Königspalast auszugestalten. Siam wurde zu seiner geistigen Heimat, zum Schnittpunkt der Anmut des Jugendstils und der Ausdruckskraft der thailändischen Kunst. Nach der Rückkehr von seinem zweiten Aufenthalt in Südostasien in den Dreißigerjahren wurde er Präsident der Accademia Albertina. Aus dieser Zeit stammen auch die bedeutenden Wandgemälde in der Kapelle der Conti Riccardi Candiani in Neive, die vor kurzem restauriert wurden und ihre ursprüngliche Farbkraft zurückerhielten.

Besichtigung auf Voranmeldung.
Tel. 0173 67004 und 67110

Neive

Zu Fuß

Die Rocche dei Sette Fratelli

Ausgangs- und Zielpunkt: San Rocco Seno d'Elvio
Voraussichtliche Dauer: 4 Stunden

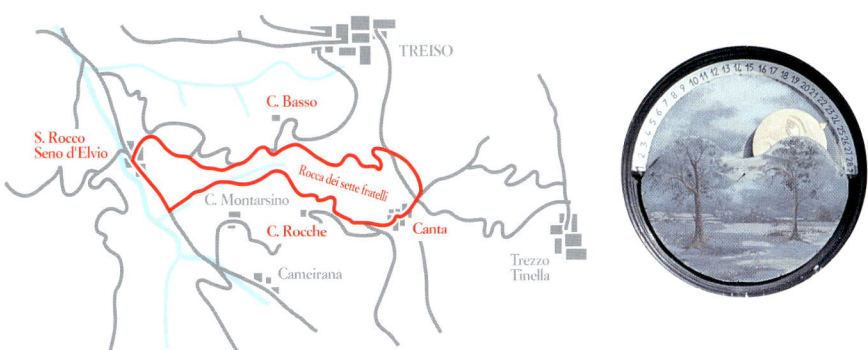

 *Von San Rocco Seno d'Elvio aus kann man nach
Treiso hinaufsteigen, am Rand des Kraters der
Rocche dei Sette Fratelli entlang und auf halber
Höhe durch die Weinberge zurück zum Ausgangs-
punkt gehen. Der kurze – im ersten Teil allerdings recht steile –
Rundgang führt durch sehr verschiedene natürliche Umgebun-
gen: feuchtes Gestrüpp am Ufer des Seno d'Elvio, lichte Gehöl-
ze, Haselnusshaine, Rebland auf halber Höhe.
Gehen Sie vom Dorfplatz in San Rocco noch etwa 200 Meter
weiter. Eine kleine Brücke und eine Eiche sind der erste Orien-*

Testa aus Bra gefertigtes Chorgestühl.

Nach Verlassen des Dorfkerns müssen Sie vor der Weiterfahrt unbedingt noch zwei weitere Bauwerke besichtigen, die trotz ihrer Bedeutung häufig vernachlässigt werden, weil sie so weit außerhalb liegen.

An der Straße, die von Neive Borgonuovo nach Mango führt, ragt inmitten der Weingärten ein romanischer Glockenturm empor, dessen fünf Stockwerke durch Simse mit kleinen Blendbögen voneinander abgehoben sind. Das sich daran anschmiegende winzige Kirchlein war einstmals die Sakristei der Abtei Santa Maria del Piano, die, vermutlich auf den Ruinen eines der römischen Jagdgöttin Diana geweihten Tempels errichtet, um die erste Jahrtausendwende ein großes Kloster mit umfangreicher Landwirtschaft war, in dem sich fast 200 Benediktinermönche der Aufgabe widmeten, das fruchtbarste Land zu roden und urbar zu machen.

Dann springen Sie noch einmal fast 1000 Jahre weiter und besuchen die Friedhofskapelle von Neive, die ebenfalls von den Castelborgo in Auftrag gegeben wurde. Das selten schöne Beispiel neogotischer Baukunst wird zu Unrecht von den Reiseführern mit Nichtachtung gestraft. Die Fassade ist ein Ringelreihen von schlanken Fialen und Intarsien in Terrakotta, das Innere birgt die von fernöstlicher Kunst inspirierten Wandgemälde des Turiner Künstlers Cesare Ferro.

FRANCESCO VACCA
BÄUERLICHER BILDHAUER

Jahrgang 1913, groß, aufrechte Haltung, offener Blick, eine distinguierte Art – Francesco Vacca spricht Dialekt, jedoch mit der Tiefgründigkeit eines gebildeten Menschen. Er geriert sich nicht als Künstler, im Gegenteil: Er erinnert uns sofort daran, dass seine Arbeit als «Bildhauer» lange Jahre darin bestand, Joche für Ochsen anzufertigen und zu verzieren. Eines davon, so erzählt er, sei vor kurzem für die stattliche Summe von 3 Millionen Lire – umgerechnet etwa 1500 Euro – verkauft worden.

Die schönsten seiner Joche hat er noch bei sich zu Hause; eines aus dem Jahr 1950 imponiert besonders. Es ist hart und glatt wie Marmor, verziert mit Reptilien, Vögeln, Fröschen, Weizen, einer Brücke, einem Zug, Autos und einem Haus in der Mitte, alles mit sicherer Hand als Relief oder Vollplastik gearbeitet. Am faszinierendsten ist das Joch, das er in den Dreißigerjahren schnitzte, bevor er als Soldat in den Krieg zog. Das ebenholzfarbene Stück ist das perfekte Abbild der Vorstellungswelt eines jungen Mannes jener Zeit, mit einem Zeppelin, einem Doppeldecker, einem Boxkampf, einem Zug, der aus dem Tunnel rast, einem Bus, der sich die Serpentinen von Barbaresco hochquält. Als seine Freunde dieses Werk zu Gesicht bekamen, rieten sie ihm, damit an die Kunstakademie in Turin zu gehen. Dort führte Vacca einige Arbeiten aus, die heute im Turiner Museo Civico ausgestellt sind. Der Krieg beendete seine Zeit in Turin und brachte ihn zurück aufs Land.

Mit der echten Bildhauerkunst, das heißt der Modellierung menschlicher Büsten, begann er erst vor etwa zwanzig Jahren. Das erste Porträt fertigte er für einen Namensvetter, den Vacca «vom Bahnhof». Es folgten die Büsten seiner Frau, des Pfarrers Don Fiorino, die am Eingang der Winzergenossenschaft Produttori del Barbaresco steht, des Schlagballspielers Felice Bertola: die Figuren seiner Welt, in Gips und Bronze gegossene Augenblicke seines Lebens.

Francesco Vacca

tierungspunkt: Biegen Sie links auf den Feldweg ab. Der Weg
führt am Fluss entlang (rechter Hand), dann in sein Bett hi-
nunter und im Zickzack über die Steine, einmal am einen, ein-
mal am anderen Ufer, zwischen Moos, Efeu und, im Frühling,
gelben Primelteppichen hindurch. Im Hintergrund zeichnen
sich bereits die hellen Felsen ab.

Der Weg klettert rechts bergauf. Dies ist die schwierigste und
steilste Strecke (auf der rechten Seite wurde ein Seil ange-
bracht, um den Aufstieg zu erleichtern), doch keine Sorge, sie
ist schnell geschafft.

Nachdem Sie das Waldstück durchquert haben, erreichen Sie
den ersten Weinberg und danach einen Haselnusshain (es geht
immer noch bergauf, aber sanfter).

Links klafft die Schlucht, rechts erstrecken sich die Langhe.
Dieser Blick allein macht schon jede Mühe wett. Nach der
Wiese zweigen Sie links auf die asphaltierte Straße ab, die zum
Ortsteil Canta führt.

Vor dem Turm der Versorgungswerke verlassen Sie die asphal-
tierte Straße nach rechts, umrunden den Turm und biegen ein
weiteres Mal nach rechts ab; durch einen Weingarten gelangen
Sie auf den Hügelkamm. Der Weg beschreibt eine Parabel
und führt in den Weiler Giacone hinab. Noch einmal Wein-
berge und der Krater der Rocche, diesmal zu Ihrer Linken.
Danach geht es langsam abwärts, die Rebstöcke weichen dem
Schilfrohr und schließlich dem Wald. Das letzte Stück fällt
steil ab; rechts und links wieder Weinberge.

Der Weg endet in San Rocco hinter der alten Schule, in der
bald eine Herberge zur Rast einladen wird.

Wandgemälde von Cesare Ferro

FÜR SIE AUSGEWÄHLT

ALBA

ÜBERNACHTUNG

I Castelli
corso Torino, 14, interno h
Tel. 0173 361978
Vier Sterne, 3 Suiten, 84 Zimmer mit Bad, TV, Klimaanlage.
Restaurant, Bar, Parkplatz, zwei Konferenzsäle, Sportplatzbenutzung inklusive.
Preise: EZ € 69,50–75; DZ € 93–103; Suite € 119–129.
Alle Kreditkarten.
Ein modernes Hotel mit erstklassigem Komfort: Die Zimmer sind schallisoliert, mit Magnetkarte zu öffnen und mit einem Tresor ausgestattet; das sehr gute Frühstück wird auf Wunsch aufs Zimmer gebracht. Große Panoramaterrasse. Behindertengerechte Zimmer.

Leon d'oro
piazza Marconi, 2
Tel. 0173 441901
und 0173 440536
Zwei Sterne, 12 Zimmer mit Bad.
Preise: EZ mit Bad € 38,50; ohne Bad € 23; DZ mit Bad € 54; ohne Bad € 38,50.
Alle gängigen Kreditkarten.
In der Altstadt; ordentliche, zweckmäßig eingerichtete Zimmer. Großer Parkplatz vor dem Haus.

MotelAlba
corso Asti, 5
località Rondò
Tel. 0173 363251
Drei Sterne, 94 Zimmer mit Dusche. Bar, Konferenzsaal, Swimmingpool, Parkplatz.
Preise: EZ € 57; DZ € 88.

Alle gängigen Kreditkarten.
Außerhalb des Zentrums an der Strada Statale nach Asti.
Gemütlich, komfortabel und verkehrsgünstig gelegen.

Savona
via Roma, 1
Tel. 0173 440440
Drei Sterne, 99 Zimmer mit Bad, davon 7 Mini-Suiten mit Whirlpool.
Restaurant, Bar, Konferenzraum, Parkplatz.
Preise: EZ € 49; DZ € 69,50; Suite € 93; Frühstück € 7,75.
Alle Kreditkarten.
Restauriertes Traditionshaus in der Altstadt. Komfortable Zimmer, günstig gelegen.

Paitin
località Rivoli, 17
Tel. 0173 363123
2 Appartements und 3 DZ, alle mit Bad.
Preise: DZ € 62–72,50 inklusive Frühstück.
Alle gängigen Kreditkarten.
Liebhabern der freien Natur bietet der Agriturismo-Betrieb Paitin Zimmer in einem inmitten der Weinberge gelegenen Gutshof aus dem 18. Jahrhundert. Küchenbenutzung möglich. Großer Garten, Mountainbike-Verleih, Besichtigung der Kellerei mit Verkostung.

Reiné-La Meridiana
località Altavilla, 19
Tel. 0173 440112
2 Appartements mit jeweils 2 Zimmern, mit Bad und großer Terrasse, 4 Zimmer mit Bad.
Auf Wunsch Abendessen.
Preise: DZ € 72,50; Appartement € 82,50.

Keine Kreditkarten.
Das ruhige Hotel mitten im Grünen auf dem Hügel von Alba ist ideal für einen kurzen Erholungsurlaub. Der Besucher findet ein geschmackvoll eingerichtetes Herrenhaus, einen freundlichen Empfang und ein großes Freizeitangebot vor: Schwimmbad, Bocciaplatz, Tischtennis, Billard und Bogenschießen. Im September werden Traubenkuren angeboten, die traditionelle Heilbehandlung der Langhe.

SOL
Strutture Ospitalità Locale
Associazione Piccole Strutture Ricettive Langhe Monferrato Roero
piazza San Paolo, 3
Tel. 0173 363236
Diese Institution gibt Auskunft über private Übernachtungsmöglichkeiten in Alba und den Langhe: Zimmer, Appartements, Bauernhöfe – Bed and Breakfast auf italienische Art.

RESTAURANTS

Enoclub
piazza Savona, 2
Tel. 0173 33994
Montags geschlossen, von März bis August auch Sonntagabend geschlossen.
Betriebsurlaub: 3 Wochen im August und von Weihnachten bis zum Dreikönigstag.
Gedecke: 60
Preise: € 26–28,50 ohne Wein.
Alle Kreditkarten.
Stein- und Ziegelmauerwerk zieren den Gastraum dieses komfortablen Restaurants in den alten Kellern unter dem Umber-

to Notte. Die Küche interpretiert die Traditionen der Langhe neu, ohne sie zu verfälschen. Wir empfehlen das mit dem Messerrücken geklopfte rohe Fleisch, die Steinpilzköpfe in Weinblättern, die leckeren *tajarin* (schmale Bandnudeln mit Geflügelleber, Pilzen, Würstchen oder Kürbisblüten), die *agnolotti dal plin* (Teigtaschen) und die schöne Auswahl an Hauptgerichten: Schmorbraten in Barolo, unterschiedlich zubereitete Lende, Lammkoteletts mit Thymian, Hirschschnitzel mit Wacholdersauce, Kalbskeule aus dem Ofen, gefülltes Kaninchen und pochiertes Ei mit Käsecreme und gehobelten Trüffeln. Umfassende Weinkarte.

Il Vicoletto
via Bertero, 6
Tel. 0173 363196
Montags geschlossen.
Betriebsurlaub: Mitte Juli bis Mitte August.
Gedecke: 40
Preise: € 46–50 ohne Wein.
Alle gängigen Kreditkarten.
Das elegante, komfortable Lokal liegt in einem Gässchen der Altstadt. Für die delikaten Speisen werden nur erstklassige Zutaten verwendet: Kabelsalat, mit dem Messerrücken geklopftes rohes Fleisch, winzige *ravioli dal plin*. Als Hauptgericht knusprige, schmackhafte Taube mit Trüffeln. Große Käseauswahl. Gut sortierte Karte italienischer und ausländischer Weine.

La Locanda del Pilone
frazione Madonna di Como, 34
Tel. 0173 366616
Sonntagabends und montags geschlossen.
Gedecke: 25
Preise: € 40–43 ohne Wein.
Alle Kreditkarten.
In dem eleganten Ambiente des fachkundig restaurierten Gutshauses kann man die raffinierte Küche von Maurizio Quaranta genießen. Als Primo gewellte Bandnudeln und hervorragende kleine Gnocchi mit Castelmagno-Käse, eine winterliche Zwiebelsuppe und *mato* (Gemüsekuchen mit Kartoffeln, Kräutern und Kürbis). Danach Rinderragout, gebratene Taube sowie eine ausgezeichnete Käseauswahl. Umfassende, kommentierte Weinkarte; aufmerksamer Service.

Osteria dell'Arco
piazza Savona, 5
Tel. 0173 363974
Sonntags sowie montags zur Mittagszeit geschlossen.
Betriebsurlaub: im August.
Gedecke: 50
Preise: € 23–26 ohne Wein.
Alle Kreditkarten.
Das hinter den Arkaden der zentralen Piazza Savona verborgene Restaurant erfüllt alle Erwartungen. Inhaber ist Firmino Buttignol, der auch für die wirklich sehr ausführliche Weinkarte verantwortlich zeichnet. Der Service ist professionell, aber nicht zu formell. Wenn man à la carte speist, beginnt man zum Beispiel mit mariniertem Aal, Salat aus Toma-Käse und Steinpilzen, eingesalzenem Kalb mit marinierten Tomaten oder dem mit dem Messerrücken geklopften rohen Fleisch. Als Primo *tajarin* mit Würstchensauce, *agnolotti del plin* mit Butter und Salbei, Suppen mit Gemüse oder Hülsenfrüchten, Risotti der Saison. Danach Lammkarree mit Thymian, Kaninchen mit Arneis oder Perlhuhn mit Rosmarin. Zum Abschluss ausgezeichnete Käseplatten und leckere Desserts.

Osteria Lalibera
via Pertinace, 24 a
Tel. 0173 293155

Sonntags sowie montags zur Mittagszeit geschlossen.
Betriebsurlaub: 20 Tage im Februar und 15 Tage nach Mariä Himmelfahrt.
Gedecke: 40
Preise: € 20,50–26 ohne Wein.
Alle gängigen Kreditkarten.
Die von Marco Forneris und Alessia Nastro mit wohldosierter Kreativität zubereiteten Gerichte werden von Franco und Manuele zuvorkommend serviert. Man beginnt zum Beispiel mit *vitello tonnato*, Truthahnsalat mit Oliven-Anchovis-Paste oder gebratenen frischen Sardellen. Die traditionellen Teigwaren der Langhe (Ravioli, Gnocchi und *tajarin*) sind hausgemacht; zu den sommerlichen Saucen aus frischem Gemüse werden dagegen Hartweizennudeln von Latini gereicht. Immer im Angebot sind Cremes und Suppen, die je nach Saison mit Kutteln, Kartoffeln und Lauch, Borlotti-Bohnen, Zucchini oder Mangold und Kichererbsen zubereitet werden. Als Hauptgericht Kaninchen mit Gemüseragout, heimisches Hähnchen, Kabeljau mit Oliven und Kapern oder Fleisch von piemontesischen Zuchttieren. Gute Auswahl an Käse aus der Gegend und an Desserts. Die Weinkarte besticht durch ihre Ausführlichkeit und die Berücksichtigung örtlicher Erzeugnisse.

Porta San Martino
via Luigi Einaudi, 5
Tel. 0173 362335
Montags geschlossen.
Betriebsurlaub: zwischen Juli und August.
Gedecke: 50
Preise: € 36 ohne Wein.
Alle Kreditkarten.
Nüchternes Ambiente und gute traditionelle Küche der Langhe: hauchdünn geschnittenes rohes Fleisch mit Pfeffer und Zitronen-

saft (*carne cruda all'albese*), *agnolotti dal plin*, Gnocchi mit Raschera-Käse, Tagliatelle mit Hühnerleber und, auf Vorbestellung, Fritto misto. Zum Abschluss Mandelpudding (*bonet*) oder Torrone-Halbgefrorenes. Anspruchsvolle Weinkarte.

EINKAUFEN

FLEISCH UND WURSTWAREN

Albacarni
via Vittorio Emanuele, 19
Das Geschäft an der Via Maestra bietet garantiert erstklassiges Kalbfleisch aus Alba, Barolo- und Trüffelsalami, Trüffelwürstchen und, auf Vorbestellung, Fritto misto. Zum Abnachten das traditionelle Carrù-Ochsenfleisch.

Macelleria Asteggiano
strada Cauda, 2 –
Ecke corso Piave
Giuseppe Asteggiano verkauft piemontesisches Rindfleisch aus kleinen örtlichen Zuchtbetrieben und gibt für jedes Tier Name und Adresse des Züchters an.

SÜSSIGKEITEN

Cignetti
via Vittorio Emanuele, 3
Das alte Café an der Via Maestra wurde vor kurzem von der Pasticceria Giovine & Giovine aus Canelli übernommen und renoviert. Das kam der Qualität der örtlichen Spezialitäten zugute: Dessertgebäck, *albesi* mit Schokolade, Trüffelpralinés und Torrone.

La casa del torrone
Io, tu e i dolci
piazza Savona, 12
Beppe Scavino ist ein wahrer Künstler, der ständig neue Spezialitäten kreiert und die traditionellen Süßspeisen und Backwaren neu erfindet. Probieren

Sie den Schokoladen-Torrone und die zarte Mousse.

Pasticceria
Maria Grazia
corso Italia, 6
Ein nettes Lokal und Leckereien, die man sich nicht entgehen lassen sollte: Haselnusskuchen, *albesine*, *torronata*, *torta Napoleone* mit Baisers und leckeres Salzgebäck.

Pettiti
via Vittorio Emanuele, 25
Café-Konditorei mit Einrichtung und Atmosphäre à la Fin de Siècle: Kandierte Kastanien, Dessertgebäck und Trüffelpralinés sind einfach deliziös.

Relanghe
corso Bra, 105
Das von den Fratelli Ceretto gemeinsam mit den Fratelli Vezza (den Olivenöl-Produzenten) gegründete Unternehmen bürgt für erstklassigen Torrone, der nach dem traditionellen Rezept aus Alba ausschließlich aus Haselnüssen der Sorte *Tonda Gentile* und Akazienhonig – beide Zutaten stammen aus den Langhe – hergestellt wird. Das Aushängeschild ist der bröselige, zarte Torrone mit dem Namen «Piemonte». Außerdem gibt es Mandel- und Mandel-Pistazien-Torrone. Alle Sorten sind auch mit Zartbitterschokolade erhältlich. Torrone der Marke Relanghe ist in den besten Pasticcerie, in Weinhandlungen und in Konfiserien erhältlich.

KÄSE

Casa del Formaggio
corso Langhe, 36
Eine gute Auswahl an Käse, Wurst und Feinkost, vor allem aus Süditalien; die besondere Spezialität ist Büffelmozzarella.

Mariangela Prunotto
strada Osteria, 14
Das eingelegte Obst von Mariangela hat Biss und duftet ausgezeichnet. Probieren Sie die Madernassa-Birnen in Zuckersirup, die Aprikosen in Nebbiolo, die Williamsbirnen in Brachetto und die Pfirsiche in Moscato. Leckere Konfitüren. Eine weitere Spezialität ist die *cognà* nach Albeser Art: mit Äpfeln, Birnen, Quitten, Hasel- und Walnüssen gekochter Most aus Dolcetto-Trauben.

GRAPPA

Distilleria Santa Teresa
corso Canale, 105
Mussotto d'Alba
Tel. 0173 33144
Seit 1977 stellt die Familie Marolo Grappa aus dem Trester piemontesischer Trauben her. Im Angebot sind zwölf Sorten; besonders empfehlenswert der Grappa aus Arneis und der aus Moscato. Verkauf im Betrieb; Besichtigung auf Voranmeldung.

BIO-PRODUKTE

La Zuppa di zucca
via Coppa, 4
Im Holzofen gebackenes Weiß- und Vollkornbrot, Gemüse und Obst aus biologischem Anbau, Marmelade, 15 Sorten Reis, offene Hülsenfrüchte, verschiedene Ölsorten und eine große Auswahl an Käse: Caprino aus Seröle, Bettelmat, Castelmagno, Casciotta aus Urbino.

TRÜFFELN UND FEINKOST

Mercato del cortile
della Maddalena
via Vittorio Emanuele
Von Oktober bis Dezember findet jeden Samstagmorgen auf

dem Hof der Kirche Santa Maddalena der Trüffelmarkt statt: Hier bieten die Trüffelsucher den Händlern die Ausbeute ihrer nächtlichen Jagd an. Für den Edelpilz mit dem ganz besonderen Duft muss man große Scheine hinblättern: früher 100.000 Lire, jetzt Euro-Hunderter; der Höhenflug der Preise ist nicht aufzuhalten.

Gastronomia Petiti
corso Coppino, 3
Die nach allen Regeln der Kunst zubereiteten traditionellen frischen Teigwaren der Langhe sind hier vertreten, von *tajarin* bis zu *agnolotti dal plin*. Außerdem typisch piemontesische Vorspeisen (*vitello tonnato*, Paprika mit der würzigen Tunke *bagna caoda*, Salat aus Tuma-Schafskäse) und täglich mehrere warme Gerichte.

Tartufi Ponzio
via Vittorio Emanuele, 26 d
Der älteste Trüffelhändler in Alba (außerhalb der Saison gibt es die Edelpilze in Gläsern und Dosen) bietet außerdem frische Teigwaren wie *agnolotti dal plin* und *tajarin* sowie Murazzano (kleiner Weichkäse aus Kuh- und Schafsmilch mit Herkunftsbezeichnung).

Polleria tartufi Elio Ratti
via Vittorio Emanuele, 18 b
Weiße Trüffeln und dazu gefüllte Keulen vom Zicklein, Hühnerrouladen mit Südtiroler Bauernspeck, Kaninchen mit Kräutern, Perlhuhn mit Pflaumen und viele andere küchenfertig zubereitete Leckereien. Gute Auswahl örtlicher Käsesorten.

WEIN UND SPEZIALITÄTEN

Burdese
via Vittorio Emanuele, 13

Giovanna Burdese bietet eine große Auswahl an piemontesischem Grappa, Essig und Wein. Außerdem Süßigkeiten und Gebäck der Cioccolateria Elisa aus Arguello, eingelegtes Obst von Mariangela Prunotto aus Alba, Honig von den Fratelli Bordone aus Monteu Roero und Maisgebäck von Antonio Trinchero aus Ceresole.

Drogheria Carosso
via Vittorio Emanuele, 23
Das Geschäft mit hundertjähriger Tradition bietet Torrone der besten Marken aus Alba, Schokolade von Peyrano, Maismehl für Polenta aus der Steinmühle von Renzo Sobrino und nicht zuletzt eine riesige Auswahl an Weinen und Spirituosen aus Alba.

Enolibreria I Sapori del Gusto
via Vittorio Emanuele, 23
Haben Sie Lust, beim Duft von Käse, Trüffeln und Pilzen in einem druckfrischen Buch zu blättern? Und vielleicht einen guten Wein dazu zu trinken? Dann sind Sie in der ersten Weinbuchhandlung Italiens genau richtig: Weine (die in einem alten Keller lagern), Spirituosen, Haselnusskuchen, Maisgebäck, Pilze, Trüffeln und inmitten der Gläser und Flaschen die Bücher (mit besonders großem Sortiment aus dem Bereich Wein, Gastronomie und Tourismus).

Enoteca del Centro
via Roma, 8
Ein Kaleidoskop der besten Weine aus den Langhe im neuen Einkaufszentrum. Gute Auswahl an Grappa, Branntweinen und, vor allem im Winter, Delikatessen in Gläsern und Dosen sowie Spezialitäten der Gegend.

Enoteca Fracchia
via Vernazza, 9
Die Enoteca von Rita Fracchia befindet sich in einem restaurierten großen Palazzo ganz in der Nähe des Doms. Im Erdgeschoss sind die Verkaufsräume, im wohltemperierten Keller lagern die großen Flaschen. Die Auswahl ist riesig und beschränkt sich nicht auf Weine aus Alba. Faire Preise und freundliche Bedienung. Verkostung auf Anfrage.

Enoteca I Castelli
corso Torino, 14, interno c
Die vor kurzem in der Passage des gleichnamigen Hotels eröffnete Enoteca bietet Spezialitäten der Langhe und eine große Auswahl an Weinen, vor allem aus dem Piemont.

Enoteca Terra Gentile
via Cavour, 5 a
Die Weinhandlung liegt unter den niedrigen, dunklen Arkaden der Casa Sacco, eines der schönsten mittelalterlichen Gebäude in Alba. Sie bietet örtliche Spezialitäten und vor allem Weine: Erzeugnisse aus der Gegend, aber auch Sassicaia und andere Überraschungen.

Grandi vini
via Vittorio Emanuele, 1 a
Luciano Maccario eröffnete vor einigen Jahren diese stilvolle, elegante Enoteca mit den besten Weinen aus Alba.

'I crotin
via Cuneo, 3
Die Weinhandlung liegt nicht weit von der Via Maestra und der Piazza Savona entfernt; die Flaschen sind in einem schönen Keller ausgestellt. Der kompetente Inhaber Bruno Dellatorre bietet eine gute Auswahl an Weinen aus Alba und ein beachtliches Grappa-Sortiment.

Peccati di gola
via Cavour, 11
Was früher «nur» eine Weinhandlung war (große Auswahl an Weinen aus Alba im Untergeschoss), ist heute ein richtiggehender Gourmettempel geworden: Trüffeln in der Saison, Mehl aus der Steinmühle, Torrone und Käse aus der Gegend, darunter der Caprino von Don Verri aus Seròle (einem kleinen Ort in der Alta Langa), *Escarun* und *crutin* von Occelli aus Farigliano sowie Robiola-Käse aus den Langhe. Sonntags geöffnet.

CAFÉS UND EISDIELEN

Bar Brasilera
via Roma, 2
Winzige Bar an der Piazza Savona, nicht weit von der Via Maestra. Nettes Ambiente für einen Aperitif oder ein Gläschen guten Weins.

Bar Roma
corso Coppino, 3 b
Das *crema-Eis* der Bar Roma ist legendär. Probieren Sie aber auch den Haselnusskuchen, die *cassata*, die Schokolade und die Sorbets. Im Sommer ausgezeichnete Eisbecher mit frischen Früchten.

Bar Savona
piazza Savona, 2
Hier führten sie endlose heiße Diskussionen über Politik, Literatur, Religion, Sport und anderes: der Schriftsteller Beppe Fenoglio, der existenzialistische Philosoph Pietro Chiodi, der Latinist Leonardo Cocito …

Caffè Calissano
piazza Duomo, 3
Das Ende des 19. Jahrhunderts begründete Café ist nach der Familie Calissano benannt, den Inhabern einer berühmten Weinkellerei in Alba. Nach der Res-taurierung erstrahlen die goldenen Stuckaturen, die alten Spiegel und das Messing der großen Theke in neuem Glanz.

Caffè Rossetti
piazza Rossetti, 4
In der kalten Jahreszeit dampfende Tassen mit heißer Schokolade. Im Sommer leckere Eisbecher vor der Kulisse des Doms.

Caffè Tiffany
corso Langhe, 76
Der «weiße Kuss» (*bacio bianco*) ist die Spezialität des Hauses, dessen Eis nur aus erstklassigen Zutaten hergestellt wird.

Casa del Caffè Vergnano
via Cavour, 11 –
Ecke via Macrino
In der Rösterei und Verkaufsstelle für den gleichnamigen Kaffee bekommt man einen der besten Espressi in Alba. Nur an der Theke.

EIN APERITIF,
EINE KLEINIGKEIT ZU ESSEN

Vincafè
via Vittorio Emanuele, 12
Die Kombination aus Café und Weinlokal ist Kult in Alba und der ideale Ort für einen Aperitif. Das Geheimnis des Erfolgs: eine ellenlange Weinkarte, eine wechselnde Auswahl von etwa vierzig offenen Weinen (auch große ausländische Gewächse), dazu viele verschiedene Häppchen mit Käse und Wurst bester Qualität und das alles zu humanen Preisen. Wer will, bekommt außerdem ein Tässchen duftenden Espresso von Ponchione aus Asti.

WEINERZEUGER

Eugenio Bocchino
località Serre, 2
Tel. 0173 364226

Eugenio Bocchino ist erst seit wenigen Jahren im Weinbusiness, aber seine Erzeugnisse bestechen bereits durch erstklassige Qualität. Beachtenswert der Suo di Giacomo, ein Verschnitt aus Barbera und Nebbiolo.

Silvano ed Elena Boroli
frazione Madonna di Como
Tel. 0173 35865
Die Familie Boroli hat sich die Kellerei Bonpè in Madonna di Como gesichert und nennt darüber hinaus auch Brunella, eines der meistgeschätzten Weingüter im Barolo-Gebiet, mit einem schönen Herrenhaus und sechs Hektar der bedeutenden Einzellage Vollero, ihr Eigen. Erzeugt werden unter anderem Dolcetto d'Alba und Moscato d'Asti (ausgezeichnet der Aureum) aus Madonna di Como sowie Barolo und Barbera d'Alba.

Fratelli Ceretto
località San Cassiano, 34
Tenuta la Bernardina
Tel. 0173 282582
Die Kellerei der Fratelli Ceretto gehört zu den bekanntesten Erzeugerbetrieben der Langhe, in den beträchtlich investiert wird und die der sehr auf sein Image bedacht ist. Zu den Klassikern der Gegend, allen voran Barolo und Barbaresco, gesellen sich der moderne Weißwein Blangé und die Neuheiten des Guts Bernardina, wo internationale Rebsorten auf den Flächen um das Herrenhaus angepflanzt wurden. Kein Direktverkauf an Privatkunden.

Pio Cesare
via Cesare Balbo, 6
Tel. 0173 440386
Diese Kellerei schrieb Barolo-Geschichte. Sie besitzt Rebflächen in Treiso und Serralunga und erzeugt Barolo und Barba-

resco sowie moderne Weine wie den Piodilei und in der Barrique ausgebauten Chardonnay.

Prunotto

località San Cassiano, 4 g
Tel. 0173 280017
Eine weitere Traditionskellerei der Langhe, die heute zu Marchesi Antinori gehört und mit den vom Mutterhaus übernommenen Verfahren die typischen Weine der Gegend erzeugt: Barbera d'Alba Pian Romualdo, Barbaresco Montestefano, Nebbiolo d'Alba Occhetti, Barbera d'Asti Costamiole und Barbera d'Asti Fiulòt.

Francesco Rinaldi e figli

via Umberto Sacco, 4
Tel. 0173 440484
Auch diese Kellerei machte in den Langhe Geschichte. Die Einzellagen Brunate und Cannubbio liefern erstklassiges Lesegut für Barolo.

Fratelli Rivetti

località Rivoli, 27 b
Tel. 0173 34181
Eine gute Adresse für die traditionellen Weine aus Alba. Besonders zu empfehlen der Dolcetto Vigneto del Mandorlo.

Mauro Sebaste

via Garibaldi, 222 bis
frazione Gallo
Tel. 0173 262148
Mauro Sebaste erzeugt – teils von eigenen Flächen, teils aus erstklassigen zugekauften Trauben – die Klassiker der Langhe.

Poderi Sinaglio

frazione San Rocco Cherasca
via Sinaglio, 9
Tel. 0173 612209
Die Kellerei der Familie Accomo (die wenige Meter weit auf dem Gemeindegebiet von Alba liegt) erzeugt die traditionellen Weine der Gegend, allen voran Dolcet-

to di Diano d'Alba. Sehr gutes Preis-Leistungs-Verhältnis.

BARBARESCO

ÜBERNACHTUNG

Vecchio Tre Stelle

frazione Tre Stelle
via Rio Sordo, 13
Tel. 0173 638192
www.vecchiotrestelle.it
Drei Sterne, 8 DZ, 1 EZ, alle mit Bad, Minibar, Telefon und TV. Restaurant, Bar, Parkplatz.
Preise: EZ € 57, DZ € 75 mit Frühstück.
Alle Kreditkarten.
Das Hotel in herrlicher Lage mit Panoramablick auf die Langhe und die Weinberge des Barbaresco-Gebiets verfügt über neun individuell eingerichtete, mit jeglichem Komfort ausgestattete gemütliche Zimmer.

Cascina delle rose

località Tre Stelle
via Rio Sordo, 17
Tel. 0173 638292 – 638322
3 DZ mit Bad und Telefon,
4 Appartements. Garten,
Parkplatz.
Preise: DZ € 82,50–103,50 mit Frühstück.
Gemütliche, geräumige Zimmer in sehr schönem Ambiente. Kein Restaurant. Der Agriturismo-Betrieb bietet frisches Obst und Gemüse, die Weine der Kellerei und die Möglichkeit, auf dem Bauernhof mitzuarbeiten.

RESTAURANTS

Antica torre

via Torino, 8
Tel. 0173 635170
Von Sonntag bis Donnerstag am Abend geschlossen.
Betriebsurlaub: zwei Wochen im Januar und zwei im August.
Gedecke: 90

Preise: € 26–31 ohne Wein.
Alle Kreditkarten.
Das Lokal der Familie Albarello bietet alle Klassiker und bisweilen auch etwas ausgefallenere Gerichte. Als Vorspeise Kalbfleisch mit leichter, schmackhafter Thunfischsauce, mit dem Messerrücken geklopftes rohes Fleisch, Schweinekopf in süßsaurer Sauce, russischer Salat und Paprika aus dem Ofen oder mit der Würztunke *bagna caoda*. Danach *tajarin* und je nach Saison wechselnde Hauptgerichte: Kaninchenragout, gebratenes Perlhuhn, im Winter *frisse* und *batsoà*. Traditionelle Desserts (Mandelpudding und Sahnecreme), zahlreiche erlesene Weine, darunter (fast) alle Spielarten des Barbaresco.

Antiné

via Torino, 34 a
Tel. 0173 635294
Mittwochs geschlossen.
Betriebsurlaub: drei Wochen im Januar und eine Woche im August.
Gedecke: 30 plus 8 im Freien.
Preise: € 31–33 ohne Wein.
Alle Kreditkarten.
An diesem Restaurant ist alles modern: das Ambiente, die Einrichtung und die leichte Küche. Zum Repertoire gehören die klassischen hausgemachten *agnolotti dal plin* und *tajarin,* Risotto mit Radicchio, Kaninchen in Barbaresco, Ente mit Honig und entbeinte Wachteln. Gute Auswahl an Käse und exquisite Desserts. Anspruchsvolle Karte mit Schwerpunkt auf den Barbaresco-Weinen.

Rabajà

via Rabajà, 9
Tel. 0173 635223
Donnerstags geschlossen.
Betriebsurlaub: im Februar und im August.
Gedecke: 60

Preise: € 28,50–31 ohne Wein.
Alle Kreditkarten.
Rustikales, aber gepflegtes Ambiente. Von der Köchin fabelhaft zubereitete traditionelle Saisongerichte. Als Vorspeise gefüllte Paprika oder Salat aus Kaninchen und Pilzen. Dann die klassischen *tajarin*, grüne Ravioli mit Butter und Salbei, sommerliches Risotto mit Kürbisblüten. Ausgezeichnetes Kaninchen in Barbaresco. Ehemann Carlo sorgt für die Gäste und die Weinkarte: etwa 300 Weine, vor allem aus den Langhe und dem Roero; gute Auswahl an Barbaresco.

Vecchio Tre Stelle
frazione Tre Stelle
via Rio Sordo, 13
Tel. 0173 638192
Dienstags geschlossen.
Betriebsurlaub: im Januar und vom 10. bis 23. Juli.
Gedecke: 40
Preise: € 24–34 ohne Wein.
Alle Kreditkarten.
In einem der drei eleganten Säle wählt man aus einer je nach Jahreszeit wechselnden Karte traditioneller Gerichte (allen voran *tajarin* und Schmorbraten in Barbaresco). Das 2001 mit dem Michelin-Stern ausgezeichnete Restaurant verfügt über einen gut sortierten Keller mit ausschließlich piemontesischen Weinen, besonders Barolo und Barbaresco. Reservierung unbedingt erforderlich.

EINKAUFEN

GRAPPA

Distilleria del Barbaresco
via Bricco Albano, 3
Tel. 0173 635217
Die Ende der Siebzigerjahre von den Erzeugern in Barbaresco und Umgebung gegründete Brennerei ist für die beispielhafte Qualität ihrer Erzeugnisse

berühmt. Der Betrieb produziert den Grappa einiger der berühmtesten Kellereien in Barbaresco, darunter Gaja, Marchesi de Gresy, Produttori del Barbaresco und I Paglieri.

WEIN

Enoteca Regionale
del Barbaresco
via Torino, 8
Tel. 0173 635251
Mittwochs geschlossen.
Öffnungszeiten: 9.30–13 und 14.30–18 Uhr
Betriebsurlaub: im Januar und 10 Tage im Juli.
Die profanierte kleine Kirche San Donato aus dem 19. Jahrhundert bildet die Kulisse der Enoteca Regionale del Barbaresco, einem Drehkreuz des örtlichen Weinbaus mit über 120 Gewächsen aus 80 Kellereien (was etwa 90 Prozent der Barbaresco-Gesamtproduktion entspricht). Sie wurde am 5. Juli 1986 eröffnet und ist in vier Bereiche aufgeteilt: Im Mittelschiff wird über den Barbaresco informiert (Schaubilder, Fotos und Schriftstücke illustrieren die Geschichte des Weins und die Stationen seiner Entstehung vom Weinberg bis zum Gärkeller); rechts davon sind die Flaschen gelagert; im Stockwerk darüber befindet sich das Büro; auf der linken Seite kann man die Weine an der Theke verkosten, die Barbaresco-Gewächse verschiedener Erzeuger, Jahrgänge und Einzellagen vergleichen, sich beraten lassen und einkaufen.

WEINERZEUGER

Carlo Boffa
via Torino, 17
Tel. 0173 635174
Die klassische kleine Weinkellerei der Langhe wird von der

Familie Boffa geführt. Unbestrittener Protagonist ist der Barbaresco, in seinem Gefolge Dolcetto d'Alba und Nebbiolo Langhe.

Bricco Asili
località Asili
Tel. 0173 635274
Die Kellerei der Fratelli Ceretto verfügt über drei herrliche Weinberge, die ebenso viele Barbaresco-Crus hervorbringen; die durchschnittliche Jahresproduktion von Bricco Asili, Bernardot und Faset beläuft sich auf rund 25.000 Flaschen.

La Ca' Nova
via Ovello, 1
Tel. 0173 635123
Aus den Trauben der Einzellage Montefico erzeugen die drei Brüder Rocca den gleichnamigen Barbaresco und den Bric Mentina, beides hervorragende Weine. Außerdem produziert die Kellerei einen Dolcetto d'Alba.

Ca' Romé
via Rabajà, 36
Tel. 0173 635175 – 635126
Die Kellerei von Romano Marengo erzeugt so interessante Gewächse wie den Barbaresco Maria di Brun und den Barolo Rapet aus Weinbergen in Serralunga. Dazu gesellen sich der Barolo Vigna Rionda, der Barbera d'Alba La Gamberaja und ein Verschnitt aus Barbera und Nebbiolo namens Da Pruvé, was übersetzt so viel heißt wie «sollte man probieren».

Tenute Cisa Asinari
via Rabajà, 43
Tel. 0173 635221 – 635222
Auf den herrlichen, wie in einem Amphitheater angeordneten Lagen Gaiun, Camp Gros und Martinenga baut Alberto de Gresy die Reben für seine

Barbaresco-Weine an. Daneben bewirtschaftet die Kellerei, beraten von dem Weinbautechniker Enrico Bartolucci, fünf Hektar mit Sauvignon, Chardonnay, Barbera und Cabernet. Der Weinberg Palazzina in der Gemeinde Treiso bringt dagegen den Dolcetto d'Alba Monte Aribaldo hervor.

Giuseppe Cortese
località Rabajà, 35
Tel. 0173 635131
Die kleine, aber viel versprechende Kellerei wird von Giuseppe Cortese und seinem Sohn Piercarlo geführt. Auf fünf Hektar in der Lage Rabajà erzeugen sie einen ausgezeichneten Barbaresco; außerdem Dolcetto Trifolera, Barbera d'Alba Morassina, Langhe Nebbiolo und Chardonnay.

Gaja
via Torino, 36
Tel. 0173 635158
Die erstklassige Qualität der Weine von Angelo Gaja ist in der ganzen Welt bekannt. Spitzenreiter sind die Barbaresco-Crus San Lorenzo, Sorì Tildin und Costa Russa, doch auch der Chardonnay kann sich sehen lassen. Weitere Rasseweine sind der Cabernet Sauvignon Darmagi und der Barolo Sperss, über dessen vorzügliche Geruchs- und Geschmackseigenschaften sich Neuerer und Traditionalisten einig sind. Neben dem Barolo aus Serralunga wird seit einigen Jahren der Cru Cerequio aus La Morra erzeugt. Die Kellerei ist nur bei sehr frühzeitiger Anmeldung zu besichtigen. Kein Direktverkauf.

Carlo Giacosa
via Ovello, 8
Tel. 0173 635116
Die traditionelle Kellerei wird von Carlo Giacosa und seinem

jungen Schwiegersohn geführt. Die Produktion umfasst das gesamte Spektrum der örtlichen Weine; besondere Erwähnung verdienen Barbaresco Montefico und Narin, Barbera d'Alba Lina und Mucin sowie der Mary Grace, ein Vino da Tavola aus Nebbiolo-Rebgut.

I Paglieri
via Rabajà, 8
Tel. 0173 635109
Alfredo Roagna ist nicht nur für seinen ausgezeichneten Barbaresco berühmt, sondern auch für den Opera Prima, einen hervorragenden Verschnitt aus Nebbiolo-Weinen verschiedener Jahrgänge. Außerdem Cabernet, Chardonnay Langhe Silea und Barolo der Einzellagen La Rocca und La Pira in Castiglione Falletto.

Cascina Luisin
località Rabajà, 23
Tel. 0173 635154
Roberto Minuto hat die Kellerei von seinem Vater Luigi übernommen und führt dessen Arbeit mit Engagement fort. Stetig steigende Tendenz bei der Qualität der Weine: Barbaresco der Einzellagen Rabajà und Sorì Paolin, Barbera d'Alba Asili und Magiur sowie Dolcetto d'Alba Bric Trifüla.

Moccagatta
via Rabajà, 24
Tel. 0173 635152 – 635228
Die Brüder Franco und Sergio Minuto bauen in der Lage Rabajà Nebbiolo, Dolcetto, Barbera und Chardonnay an. Das Aushängeschild der Kellerei sind Barbaresco Bric Balin und Vigneto Cole sowie der aus Neive stammende Basarin. Ebenso überzeugend Dolcetto d'Alba und Barbera d'Alba sowie Chardonnay mit und ohne Barrique-Ausbau.

Montaribaldi
località Tre Stelle
via Rio Sordo, 30 a
Tel. 0173 638220
Auf 17 Hektar erzeugt die Familie Taliano eine breite Palette moderner Weine: neben Barbaresco und den klassischen Rotweinen der Langhe auch die ausgezeichneten Weißen Roero Arneis und Langhe Chardonnay.

Cascina Morassino
via Ovello, 32
Tel. 0173 635149
Barbaresco (mit dem Cru Ovello), Dolcetto, Barbera und Nebbiolo sind die Klassiker der Langhe im Angebot dieser Kellerei, die der Weinbautechniker Roberto Bianco betreibt.

Walter Musso
via Domizio Cavazza, 5
Tel. 0173 635129
Fünf Hektar Rebfläche unter anderem in zwei der besten Einzellagen der Gegend, Pora und Rio Sordo, die auf den Etiketten der beiden Barbaresco-Weine genannt werden. Die Kellerei wird von dem jungen Walter Musso geführt und erzeugt auch Chardonnay, Freisa und Dolcetto.

Produttori del Barbaresco
via Torino, 52
Tel. 0173 635139 – 635119
Die von Duccio Vacca zusammen mit dem Önologen Giovanni Testa geführte traditionsreiche Genossenschaftskellerei verkeltert die Reben der über 60 Mitglieder zu normalem Barbaresco, zu Barbaresco-Crus (Asili, Rabajà, Rio Sordo, Pajé …) und zu Nebbiolo, alle bester Qualität. Sehr gutes Preis-Leistungs-Verhältnis.

Albino Rocca
via Rabajà, 15
Tel. 0173 635145

Die Kellerei, die seit einigen Jahren zu den Spitzenerzeugern der Langhe zählt, erzeugt neben zwei Barbaresco-Weinen – dem traditionell ausgebauten Loreto und dem in der Barrique gereiften Vigneto Brich Ronchi – auch alle anderen Klassiker der Gegend, wie Nebbiolo, Dolcetto Vignalunga und Barbera Gepin, sowie den weißen La Rocca aus Cortese-Trauben

Bruno Rocca
via Rabajà, 29
Tel. 0173 635112
Der Barbaresco Rabajà von Bruno Rocca ist Kult für die Liebhaber des Genres: ein Spitzenwein, der keinen Zweifel an der Qualität der Ursprungslage und der Kellertechnik lässt. Erzeugt werden außerdem Dolcetto d'Alba Vigna Trifolé, Nebbiolo Langhe, Barbera und Chardonnay.

I Ronchi
via Rabajà, 14
Tel. 0173 635156
Ein aufstrebender Betrieb im Besitz einer der vielen Familien Rocca in Barbaresco. Überzeugend die Klassiker der Langhe, insbesondere der Barbaresco-Cru des Hauses.

La Spinona
via Secondine, 22
Tel. 0173 635169
Neben Ghiga und Albina das dritte Gut der von Pietro Berruti geführten Kellerei mit insgesamt 25 Hektar Rebfläche. Die Produktion umfasst die traditionellen Weine: die Bestseller Barbaresco und Chardonnay sowie Dolcetto d'Alba.

Rino Varaldo
via Secondine, 2
Tel. 0173 635160
Mit der Geschäftsübernahme durch Rino und seinen Bruder

Michele hat die Kellerei sich endgültig vom Verkauf offenen Weins verabschiedet und ist ab dem Jahrgang 1993 auf die Flaschenabfüllung umgeschwenkt. Zu empfehlen sind neben dem Barbaresco (Bricco Libero und Sorì Loreto) der Dolcetto, der Barbera und der Freisa.

BAROLO

ÜBERNACHTUNG

Hotel Barolo
via Lomondo, 2
Tel. 0173 56354
Drei Sterne, 31 DZ mit Bad (einige mit Whirlpool), TV und Telefon. Große Bar, Restaurant, Parkplatz.
Preise: EZ € 51,50;
DZ € 72,50; Frühstück € 5.
Alle gängigen Kreditkarten.
Das ein wenig außerhalb des Ortes inmitten der Weinberge gelegene Hotel ist sehr ruhig und bietet einen schönen Blick auf den Ort und die Hügel. Die Zimmer sind mit einfachen, rustikalen Möbeln vom Ende des 19. Jahrhunderts eingerichtet; auf jeder Tür prangt ein Messingschild mit dem Namen einer der historischen Einzellagen des Barolo-Gebiets. Zuvorkommenheit und Professionalität sind das Markenzeichen der Familie Brezza.

Albergo del Buon Padre
frazione Vergne
via delle Viole, 30
Tel. 0173 56192 – 56329
Zwei Sterne, 6 Zimmer mit Toilette, eine Suite.
Preise: EZ € 41,50; DZ € 51,50.
Alle gängigen Kreditkarten.
Der Ortsteil Vergne liegt wenige Kilometer von Barolo und La Morra entfernt hoch oben, ganz in der Nähe des Castello della Volta und der Kapelle San Pie-

tro delle Viole. Das relativ neue Hotel liegt ruhig in den Feldern. Ein paar hundert Meter weiter ist das Restaurant, in dem Spezialitäten der Gegend serviert werden.

Il gioco dell'oca
via Crosia, 46
Tel. 0173 56206 – 338 599426
7 Zimmer mit Bad,
1 Mini-Appartement.
Preise: DZ € 55–60 mit Frühstück.
Zimmer mit schöner, gepflegter Einrichtung, jedes anders, und rustikale, elegante Gemeinschaftsräume. Die Gäste können auch die Küche und im Sommer auch die Grillstelle im Garten benutzen. Reichhaltiges Frühstück nach echt traditioneller Langa-Art. Privatparkplatz, Kinderspielplatz, Mountainbikes.

RESTAURANTS

Brezza
via Lomondo, 2
Tel. 0173 56191
Dienstags geschlossen.
Betriebsurlaub: 15 Tage im Februar.
Gedecke: 150 plus 30 im kleinen Saal.
Preise: € 25–31 ohne Wein.
Alle gängigen Kreditkarten.
Die Küche von Mariuccia Brezza wird schon so lange geschätzt, wie die Familie das gleichnamige Restaurant in der Ortsmitte betreibt. Ihre Gerichte, seien sie mit Nudeln – *tajarin* und *agnolotti dal plin* – oder mit Fleisch – Schmorbraten, Wild und vieles mehr –, sind alle unverfälscht und mit sicherer Hand von ausgewählten Zutaten zubereitet. Oreste Brezza ist überall gleichzeitig für die Gäste da, während seine Frau Carla und die Tochter Tiziana für aufmerksame, freundliche Bedienung sorgen. Die Einrichtung ist einfach und

geschmackvoll. Im Sommer kann man auf der schönen Terrasse speisen. Große Auswahl örtlicher Weine.

I Cannubi
via Alba, 20
Tel. 0173 566402
Donnerstags geschlossen.
Betriebsurlaub: wechselnd.
Gedecke: 50 plus 30 im Freien.
Preise: € 23,50–26 ohne Wein.
Alle gängigen Kreditkarten.
Das wenige Kilometer außerhalb des Orts an der Straße nach Alba gelegene Lokal ist nach der historischen Einzellage Cannubi auf dem Hügel gegenüber benannt. Von außen macht es nicht viel her, doch die solide Küche bietet traditionelle Gerichte mit kreativem Touch. Im Sommer organisiert das junge Team Konzerte und andere Veranstaltungen.

La Cantinella
via Acquagelata, 4 a
Tel. 0173 56267
Montagabend und dienstags geschlossen.
Betriebsurlaub: im August und im Januar.
Gedecke: 35 plus 20 im Freien.
Preise: € 20,50–28,50 ohne Wein.
Alle gängigen Kreditkarten.
Das Lokal von Nella Cravero ist geschmackvoll eingerichtet, hat ein Tonnengewölbe und im Sommer sehr schöne Plätze im Freien. In der Weinkarte dreht sich alles um das Piemont: interessante Barolo-Gewächse, darunter einige bedeutende Jahrgänge. Die aus erstklassigen Zutaten zubereiteten Gerichte sind der Tradition verpflichtet: Barolo-Würstchen, mit dem Messerrücken geklopftes rohes Fleisch, beachtliche *ravioli dal plin*, *tajarin*, Gnocchi und Risotto mit Barolo. Als Hauptgericht wählt man klassischen Schmor-

braten, Kaninchen mit Kräutern, Pilze, Gardaseeforelle. Leckere Käseauswahl, örtliche Spezialitäten zum Dessert.

La cantinetta
via Roma, 33
Tel. 0173 56198
Mittwochabend und donnerstags geschlossen.
Betriebsurlaub: 15 Tage zwischen Januar und Februar und im Juli.
Gedecke: 50 plus 16 im Freien.
Preise: € 26–31 ohne Wein.
Alle Kreditkarten.
Der Koch wechselt zwischen traditionellen und originellen Gerichten. Wir empfehlen das *vitello tonnato*, die Paprika mit Sardellen, die Gnocchi mit Castelmagno, *cisrà* und Ente im Barolo. Ordentliche Weinauswahl.

Locanda nel Borgo Antico
piazza del Municipio, 2
Tel. 0173 56355
Mittwochs und donnerstags geschlossen (im Oktober und November nur mittwochs geschlossen).
Betriebsurlaub: im März und im August.
Gedecke: 40
Preise: € 38–40 ohne Wein.
Alle gängigen Kreditkarten.
Das kleine, elegante Restaurant liegt im alten Ortskern von Barolo; die Räume kommen nicht recht zur Geltung, sind aber geschmackvoll eingerichtet. Die traditionelle Küche von Massimo Camia bringt je nach Saison wechselnde fantasievolle Gerichte hervor: mit Seirass-Frischkäse gefüllte Zucchiniblüten, rote Rüben mit Kaninchen, Ravioli mit Käsecreme, kleine Gnocchi mit Castelmagno, Kaninchenmedaillons, glacierte Taubenbrust und warmes Haselnusstörtchen. Seine Frau Luciana geht ihm bei der Führung des

Lokals zur Hand. Große Weinauswahl (zwei Karten, eine ausschließlich für Barolo) und stets faire Preise.

EINKAUFEN

CACCIATORINI AL BAROLO (WURST)

Macelleria salumeria Franco Sandrone
via Roma, 41
Franco Sandrone legt wie sein Vorgänger Canonica großen Wert auf erstklassige Qualität seiner Waren. Probieren Sie die Salami, die Landjäger und die Würstchen aus Schweinefleisch oder aus Schweine- und Kalbfleisch. Außerdem gutes Fleisch vom piemontesischen Kalb und heimisches Huhn.

HANDGEMACHTE GRISSINI, MAISGEBÄCK

Panetteria Cravero
via Roma
piazzetta del Castello
Guglielmo Cravero formt seine Grissini kunstfertig von Hand und backt sie im Holzofen: Ohne jegliches Fett werden sie so herrlich knusprig. Unter den Geruch von frischem Brot mischt sich der Duft des Maisgebäcks, das Guglielmos Schwester Daniela nach einem alten Rezept zubereitet: Kringel mit feinem Zitronenaroma. Ebenso empfehlenswert der Haselnusskuchen. In der Lebensmittelabteilung weitere Spezialitäten aus den Langhe und Käse aus Cuneo.

WEIN

Enoteca Regionale del Barolo
piazza Falletti, 2
Tel. 0173 56277
Öffnungszeiten: 10–12.30 und 15–18.30 Uhr.

Donnerstags geschlossen. Betriebsurlaub: im Januar. In den markgräflichen Kellern, genau dort also, wo die Marchesa Giulia einst den ersten Barolo aus der Taufe hob, präsentiert die Enoteca del Barolo die größte und am besten sortierte Auswahl von Erzeugern und Jahrgängen in der Gegend. Für Gruppen ist eine Anmeldung erforderlich.

Enoteca Il Bacco
via Roma, 87
Tel. 0173 56233
Bei Franco Cravero findet man die besten Weine der Gegend und eine reiche Auswahl an Spezialitäten: Haselnusskuchen, Torrone, Maisgebäck. Für den Reis und das erlesene Ölsortiment muss man einen Blick über die Grenze der Langhe riskieren. Außerdem Weingläser, Karten, Wein- und Restaurantführer. Täglich außer mittwochs geöffnet.

WEINERZEUGER

Fratelli Barale
via Roma, 6
Tel. 0173 56127
Das ganze Spektrum der Rotweine aus den Langhe mit einem Blick auf die Tradition, aber auch auf die notwendigen Neuerungen. Barolo- und Barbaresco-Crus, Dolcetto, Barbera sowie ein angenehmer Weißwein aus Pinot- und Chardonnay-Trauben.

Enrico Bergadano
via Alba, 26
Tel. 0173 56177
Der kleine Familienbetrieb wird von Pier Carlo und seinem Vater Enrico geführt. Die Produktion umfasst Barolo aus dem Weinberg La Mandorla bei Sarmassa und Dolcetto aus der Lage Bussia in Monforte.

Giacomo Borgogno e figli
via Gioberti, 1
Tel. 0173 56108 – 56344
Dolcetto, Barbera, Nebbiolo, Barolo, Barbaresco: Borgogno, eine der Traditionskellereien im Albeser Land, folgt dem im 19. Jahrhundert beschrittenen Weg. Besonders interessant ist der große Bestand an alten Barolo-Jahrgängen im Keller.

Giacomo Brezza e figli
via Lomondo, 4
Tel. 0173 56191
und 0173 56354
Die Familie Brezza führt nicht nur das gleichnamige Restaurant in Barolo, sondern verarbeitet auch von jeher das Rebgut der eigenen Weinberge zu Kreszenzen mit ausgeprägten Eigenschaften. Neben Barolo und Dolcetto ist der Barbera aus erstklassigen Einzellagen der wohl größte Stolz des Betriebs. Außerdem Langhe Freisa und Dolcetto d'Alba.

Cascina Adelaide
via Aie Sottane, 14
Tel. 0173 560503
Die vor kurzem von Amabile Drocco übernommene Kellerei setzt voll und ganz auf Qualitätssteigerungen bei ihren Langhe-Klassikern Barbera, Barolo und Dolcetto.

Bric Cenciurio
via Roma, 24
Tel. 0173 56317
Alessandro und Alberto haben den Betrieb von ihrem Vater geerbt, der Flächen an der Grenze zwischen den Gemeinden Castellinaldo und Magliano Alfieri bewirtschaftete. Während die Produktion auf die Weine der Langhe ausgeweitet wird, bleibt der Schwerpunkt daher weiter auf den Roero-Gewächsen Arneis, Birbet und Barbera.

Damilano
via Alba-Barolo, 122
Tel. 0173 509187
Eine der historischen Kellereien in Barolo, deren Erzeugnisse sich auch jetzt noch, da die jüngeren Generationen das Ruder übernehmen, sehen lassen können. Alle Klassiker der Langhe, vor allem Barolo.

Giacomo Grimaldi
via Luigi Einaudi, 8
Tel. 0173 35256
Eine Kellerei im steten Aufwind. Besonders zu erwähnen der Barolo Le Coste, der Barbera Pistin und ein energischer Dolcetto d'Alba.

Marchesi di Barolo
via Alba, 12
Tel. 0173 564400
Die Kellerei mit langer Tradition und beeindruckenden Dimensionen – hier werden praktisch alle piemontesischen Weine abgefüllt – hat in puncto Qualität nie Konzessionen gemacht. Die historischen Keller lohnen einen Besuch, vor allem die Räume, in denen die großen Jahrgangsweine, zum Teil noch aus dem 19. Jahrhundert, lagern. Zur Feier des neuen Jahrtausends hat der Betrieb einen exklusiven Barolo '90, den Millennium, auf den Markt gebracht, doch die Jahrgänge '90, '93 und '96 des Barolo Estate Vineyard sind auch nicht zu verachten.

Bartolo Mascarello
via Roma, 15
Tel. 0173 56125
Bartolo Mascarello ist vielleicht die letzte noch aktive große alte Persönlichkeit des Barolo. Er hält sich noch immer an die klassische Methode, die Trauben verschiedener Weinberge zu vermischen, und jeder Jahrgang gibt ihm erneut Recht: seine Barolo-Weine sind immer voll,

weich und dazu gemacht, der Zeit über Jahrzehnte, Jahrhunderte hinweg zu trotzen. Weitere traditionelle Erzeugnisse des Hauses sind Dolcetto, Freisa Nebbiolata und Grignolino.

Pira e figli
via Vittorio Veneto, 1
Tel. 0173 56247
Chiara Boschis hat keine typische Winzerkarriere hinter sich. Sie hat BWL studiert und hätte nie gedacht, dass ihr Leben durch die Begegnung mit den großen Barolo-Weinen eine so abrupte Wende nehmen würde. Es begann damit, dass sie ihre zweieinhalb Hektar große Parzelle in der Lage Cannubi bebaute; dann erweckte sie die kleine Kellerei Pira zu neuem Leben und nun erzeugt sie einen Barolo, der sich gewaschen hat: warm, kraftvoll, ein moderner Wein, der sich seiner Vergangenheit bewusst ist, mit angenehmem Geruch und Geschmack und großer Alterungsfähigkeit in der Flasche.

Giuseppe Rinaldi
via Monforte, 3
Tel. 0173 56156
Die Kellerei gewinnt ihren kraftvollen, durch die hervorragende Lage und die traditionelle Verarbeitung äußerst nachhaltigen Barolo ausschließlich aus Reben eigener Flächen und vinifiziert auch Barbera, Dolcetto und Freisa. Alle Weine sind lange in Holzfässern gereift, tanninreich, alkoholstark, kompakt, reich an balsamischen Aromen und streng.

Luciano Sandrone
via Alba, 57
Tel. 0173 56239
Die kleine Kellerei von Luciano und Luca Sandrone hat sich mit ihrem Barolo Cannubi Boschis in wenigen Jahren die Gunst der

Kenner gesichert. Sie erzeugt außerdem einen ausgezeichneten Dolcetto, einen angenehmen Nebbiolo d'Alba aus Trauben eines Weinbergs im Roero (Valmaggiore) sowie einen gut strukturierten und artikulierten Barbera d'Alba.

Giorgio Scarzello e figli
via Alba, 29
Tel. 0173 56170
Die aufstrebende kleine Kellerei besitzt nur wenige Hektar Rebfläche, aber das Zeug dazu, um Qualitätsweine zu erzeugen. Hervorragender Dolcetto und Barolo.

Sebaste
località San Pietro delle Viole
Tel. 0173 56266
Dieser Betrieb im Herzen des Barolo-Gebiets setzte seit den Zeiten seiner Gründerin immer sehr auf die Freisa-Rebe. Natürlich werden auch Barolo, in der normalen Variante sowie als Cru Bussia, und die anderen typischen Weine erzeugt.

Tenuta La Volta
località La Volta, 13
Tel. 0173 56168
In der Nachbarschaft des Castello della Volta verkeltert die Familie Cabutto die Trauben ihrer Weinberge zu Kreszenzen von traditionellem Zuschnitt wie dem Barolo Vigna La Volta, der nach herkömmlicher Methode einer langen Maischung unterzogen wird. Beachtenswert außerdem der Barbera Bricco delle Viole und der Langhe Rosso Vendemmiaio.

Aldo Vajra
via delle Viole, 25
Tel. 0173 56257
Aldo und Milena Vajra besitzen Weinberge in den Einzellagen Fossati und Bricco delle Viole. In der Kellerei im Ortsteil Vergne

werden der Barolo Bricco delle Viole, der Dolcetto d'Alba Coste & Fossati sowie Barbera d'Alba, Langhe Chardonnay und Langhe Nebbiolo erzeugt.

CASTIGLIONE FALLETTO

ÜBERNACHTUNG

Albergo Residence Le Torri
via Roma, 29
Tel. 0173 62961
8 Zimmer, 8 Appartements mit einem oder zwei Schlafzimmern, Wohnzimmer, Bad; mit oder ohne Küche. Parkplatz auf der Piazza oder Privatgarage. Preise: DZ € 72–77,50; Appartements € 77,50–88. Alle gängigen Kreditkarten. In einem alten Adelspalast befinden sich ein Hotel und acht Appartements, vier davon mit zwei Schlafzimmern und einem Wohnraum und vier mit einem Schlafzimmer, Wohnzimmer und Küche. Enoteca für die Gäste und Fahrräder zur freien Verfügung.

EINKAUFEN

ESSIG

Gigi Rosso
Strada Alba-Barolo, 20
Der Langarolo ist ein Essig, für den Claudio Rosso Dolcetto-, Barbera- und Nebbiolo-Rebgut nach der Méthode d'Orléans verarbeitet; das Produkt altert in Holzfässern der Kellerei «Sapori di cascina». Zu erwerben ist der Langarolo in der Kellerei von Gigi Rosso.

WEINERZEUGER

Azelia
strada Alba-Barolo, 27
Tel. 0173 62859

Die Kellerei von Luigi und Lorella Scavino ist einer der interessantesten Erzeugerbetriebe im Barolo-Gebiet. Die Weine stammen von den Lagen Bricco del Fiasco (ein großer Barolo), Bricco Oriolo in Montelupo (ein kraftvoller Dolcetto d'Alba) und Bricco Punta (ein Barbera und ein Barolo).

Cascina Bongiovanni
via Alba-Barolo, 4
Tel. 0173 262184
Aus dem Lesegut der drei Hektar Grundbesitz erzeugt das von dem Weinbautechniker Davide Mozzone gemeinsam mit seinem Vater geführte junge Unternehmen einen guten Barolo, den Falletto, einen Rosso Langhe (Verschnitt aus Barbera, Nebbiolo und Cabernet Sauvignon) sowie einen Dolcetto d'Alba.

Bricco Rocche
via Monforte, 63
Tel. 0173 62867
Die neue Kellerei der Cerettos, inzwischen das Aushängeschild des Familienunternehmens, hat durch die futuristische Glaskubuskonstruktion der Turiner Architekten Cerrato und De Abate von sich reden gemacht. Von ihrem Barolo, der ausschließlich aus den Trauben der eigenen Weinberge – insgesamt elf Hektar in den Gemeinden La Morra (Brunate), Serralunga (Prapò) und Castiglione Falletto (Bricco Rocche) – erzeugt wird, werden jährlich rund 45.000 Flaschen abgefüllt. Die besten Jahrgängen werden von Ceretto Azienda Vitivinicole unter dem Namen Zonchera vertrieben.

Fratelli Brovia
strada Alba-Barolo, 54
Tel. 0173 62852
Rund zehn Hektar Rebfläche und eine jährliche Produktion von 40.000 Flaschen. In erster Linie Barolo – Monprivato, Villero und Rocche dei Brovia –, aber auch alle anderen Klassiker der Langhe: der berühmte, nur in bedeutenden Jahrgängen aus überreifen Trauben gekelterte Dolcetto d'Alba Solatìo, Barbera d'Alba und Langhe Freisa.

Fratelli Cavallotto
località Bricco Boschis, 40
Tel. 0173 62814
Die passionierte Winzerfamilie erzeugt mit natürlichen Methoden gut strukturierte, langlebige Weine klassischer Prägung. Barolo, Barbera und Dolcetto stammen aus einer der berühmtesten Einzellagen der Gegend: Bricco Boschis. Vor allem die einzigartige Sammlung alter Jahrgänge, aber auch die anderen Weine und die Gastfreundschaft der Besitzer sind einen Besuch in der Kellerei wert.

Giuseppe Mascarello e figlio
strada del Grosso, 1
via Borgonuovo, 108,
Monchiero (Kellerei)
Tel. 0173 792126
Die Traditionskellerei des Barolo-Gebiets mit Firmensitz in Monchiero erzeugt ausgezeichneten Barolo von ihren Rebflächen in Monprivato, Vollero und Santo Stefano di Perno. Aber auch Barbaresco Marcarino, Dolcetto und Barbera sind sehr gut.

Monchiero Fratelli
strada Alba-Monforte, 58
Tel. 0173 62820
Die Familie Monchiero führt seit 30 Jahren diesen Betrieb, der durch seine vorzüglichen Rotweine – Barolo und Dolcetto – und das gute Preis-Leistungs-Verhältnis besticht.

Gigi Rosso
strada Alba-Barolo, 20
Tel. 0173 262369

Die ganze Palette klassischer Langhe-Weine, von denen besonders der Dolcetto di Diano d'Alba zu erwähnen ist. Der Barolo stammt aus der Einzellage Arione in Serralunga; probieren Sie auch die Riserva Sorì dell'Ulivo. Gutes Preis-Leistungs-Verhältnis.

Paolo Scavino
strada Alba-Barolo, 59
Tel. 0173 62850
Enrico Scavino ist einer der Erzeuger der Langhe, die sich in den letzten Jahren am meisten hervorgetan haben. Er produziert eine ganze Reihe hervorragender Weine: Barolo Cannubi, Bric dël Fiasc und Rocche dell'Annunziata (aus La Morra), dazu einen Dolcetto und einen einzigartigen Barbera mit Barrique-Ausbau. Sehenswert ist der funktional und sehr stilvoll gestaltete Keller.

Cantina Terre del Barolo
strada Alba-Barolo, 5
Tel. 0173 262053
Die 1958 gegründete Genossenschaft vereint heute über 500 Erzeuger mit mehreren hundert Hektar Rebfläche. Die Qualität ihrer Erzeugnisse war und ist beachtlich; das gilt besonders für die Dolcetto-, Barbera- und Barolo-Crus (die Weinberge, aus denen die Trauben stammen, sind mit Schildern gekennzeichnet). Sehr gemäßigte Preise.

Vietti
piazza Vittorio Veneto, 5
Tel. 0173 62825
Eine bewährte Adresse. Barolo (Villero, Rocche di Castiglione, Brunate und Lazzarito), Dolcetto d'Alba, Barbera (Scarrone, Pian Romualdo) und Barbaresco Masseria werden mit großer Sorgfalt aus ausgewähltem Rebgut gekeltert.

CHERASCO

Al Cardinal Mazzarino

via San Pietro, 48
Tel. 0172 488364
www.cardinalmazzarino.com
2 Zimmer mit Bad, Satelliten-
TV, Minibar, Internetanschluss,
Klimaanlage. Großer Saal,
Bibliothek, Garten.
Preise: DZ € 150 (Einzelpersonen € 130).
Alle Kreditkarten.
In einem historischen Gebäude im Ortszentrum von Cherasco haben die Eheleute Russo
zwei traumhaft schöne, gemütliche, mit jeglichem Komfort
ausgestattete Zimmer eingerichtet. Von der eigenen Terrasse
blickt man über die Dächer und
Türme von Cherasco und den
unterhalb liegenden Giardino
del Carmelo. Die antiken Möbel, die kostbaren Stoffe, die
Bilder an den Wänden sowie
die Zuvorkommenheit und die
Professionalität der Besitzer
garantieren für einen Aufenthalt in vollkommener Entspan-
nung. Erwähnung verdient auch
das Frühstück mit erlesenen Erzeugnissen der Gegend.

Hotel Napoleon

via Aldo Moro, 1
Tel. 0172 488238
Drei Sterne, 21 DZ mit TV,
Klimaanlage, Minibar,
1 EZ mit Bad und Toilette.
Preise: EZ € 51,50;
DZ € 82,50.
Alle Kreditkarten.
Neubau außerhalb des alten
Ortskerns an der Straße
nach Narzole mit großem Park-
platz, Café und Restaurant
(Degustationsmenü mit Schne-
cken aus Cherasco zu € 24 bis
26 ohne Wein, oder à la carte;
Weine aus der Gegend um
Alba).

La lumaca

via San Pietro – Ecke via Cavour
Tel. 0172 489421
Montags und dienstags
geschlossen.
Betriebsurlaub: im Juli und eine
Woche im Januar.
Gedecke: 45
Preise: € 23–25 ohne Wein.
Alle gängigen Kreditkarten.
Das Ambiente ist beeindruckend:
Backsteingewölbe, Terrakottaboden, Holztische und endlose
Reihen von Flaschen an den
Wänden. Wir sind in der Heimat der *helix pomatia,* und so
haben die Schnecken auch auf
der Speisekarte das Sagen: ge-
schmort, frittiert mit Zwiebeln
oder lecker auf Spießchen. Man
kann einen Happen mit Käse
oder Wurst essen oder ein
komplettes Mahl zu sich nehmen: Risotto mit Barolo, *agnolotti, tajarin* mit Schnecken, Ente, Geflügelleber oder Würstchen, piemontesisches Rind
oder Geflügel. Karte mit Weinen aus dem Piemont, anderen italienischen Regionen und
dem Ausland.

Osteria della rosa rossa

via San Pietro, 31
Tel. 0172 488133
Mittwochs und donnerstags
geschlossen.
Betriebsurlaub: im August
und eine Woche im Januar.
Gedecke: 45
Preise: € 20,50–24 ohne Wein.
Alle gängigen Kreditkarten.
Ein schönes Lokal mit familiärer
Atmosphäre und tadellosem,
promptem Service. Marco Falco
bereitet perfekt gegarte Saisongerichte, die sich ohne Prinzi-
pienreiterei an der piemontesischen Tradition orientieren:
pochiertes Ei mit Raschera-Käse-
creme, russischer Salat, *vitello
tonnato,* Salat mit Hähnchen

oder Kochwurst, Zunge mit
Gemüse, Gemüsekuchen mit
Kastanien, Kartoffeln und Ziegenkäse und natürlich Schnecken in allen Variationen. Dann
verschiedene Suppen, Gnocchi
mit Raschera- oder Seirass-
Käse, *tajarin* und Ravioli. Als
Hauptgericht empfehlen wir das
agnello sambucano, Wildpfeffer
(Wildschwein oder Hase), im
Sommer Kapern-Tomaten-
taschen. Eine große Auswahl
an Weinen zu gemäßigten Preisen, erlesener Käse und hausgemachte Desserts runden das
ausgezeichnete Angebot ab.

BACI DI CHERASCO

Pasticceria Barbero

via Vittorio Emanuele, 74
Ein Ort literarischer Erinnerun-
gen, ein Mekka für Gourmets,
Fin de Siècle pur. Nachdem sie
lange Zeit streng über die Rezepte, die Möbel und den Haus-
rat des Großvaters gewacht
hatten, gaben die Schwestern
Barbero im Herbst 1997 die
Pasticceria auf. Der neue Besitzer Giancarlo Torta hat die
besondere Atmosphäre des
Lokals bewahrt und die Rezepte
des legendären Marco Barbero
geerbt. Und so verwöhnt er
uns jetzt mit den *baci di Cherasco* (mit feiner Schokolade über-
zogene geröstete Haselnüsse
aus den Langhe), die allein
schon einen Besuch wert sind,
außerdem mit kandierten Kastanien und Gebäck.

Pasticceria Ravera

via Cavour, 17
Walter Ravera ist ein sehr guter
Konditor und Chocolatier: Probieren Sie seine *baci di Cherasco,*
den Schokoladen-Torrone, das
Fein- und Cremegebäck und die
anderen Leckereien.

Gelateria da Renato
via Vittorio Emanuele, 55
Leckeres Eis in der Waffel, ein
idealer Begleiter für einen Spaziergang unter den Arkaden im
Ortszentrum.

SCHNECKEN

Istituto Internazionale
di Elicicoltura di Cherasco
via Vittorio Emanuele, 32
Tel. 0172 488478
Fax 0172 489218
Cherasco, italienische Schne-
ckenhauptstadt – so steht es
auf dem Schild am Ortseingang
geschrieben. Man könnte meinen, es gäbe in dieser Gegend
eine lange Tradition dafür, doch
im Gegenteil: Bis vor 30 Jahren
war die Schneckenzucht hier
wie anderswo auch mehr oder
weniger dem Zufall überlassen.
Erst Anfang der Siebzigerjahre
reifte das Erfolgskonzept heran:
eine natürliche Zucht im Freien,
ohne aufwendige Anlagen, dafür mit geringen Kosten und
einer verbesserten Qualität des
Weichtierfleischs.
Die entscheidenden Schritte
wurden in Cherasco getan:
1972 entstand das «Istituto
Internazionale di Elicicoltura»,
ein Forschungs- und Beratungs-
zentrum für Schneckenzüchter; 1978 wurde die italienische
Schneckenzüchtervereinigung
ins Leben gerufen und die erste
Ausgabe der Fachzeitschrift
«Il giornale dell'Elicicoltura» he-
rausgegeben; 1976 wurde der
erste Betrieb zur Verarbeitung
und Konservierung von Schnecken gegründet; im Geschichts-
zentrum findet an jedem dritten Sonntag im September die
Versammlung der italienischen
Schneckenzüchter statt.

Euro Helix
via Sant'Iffredo, 20 a
Tel. 0172 489382
In dem Betrieb von Gianni Ava-
gnina, dem Leiter des örtlichen
Istituto Internazionale di Elicicoltura, werden Schnecken aus
Cherasco gezüchtet, verarbeitet
und verkauft.

Cherubino Germanetto
frazione Bricco
via Genova, 7
Tel. 0172 495535
Zucht und Verkauf (auch kleiner Mengen) von lebenden
Schnecken zu jeder Jahreszeit:
im Herbst und Winter im verschlossenen Gehäuse, im Sommer ohne.

WEIN UND SPEZIALITÄTEN

Enoteca La Lumaca
via Cavour, 8
Die Enoteca von Lorenzo Vias-
sone im schönen Palazzo Or-
mea mitten im Ortszentrum
verkauft Spezialitäten und Weine aus den Langhe und dem
Roero. Die berühmten Schnecken aus Cherasco gibt es das
ganze Jahr über: frisch, tiefgefro-
ren und sogar aus Schokolade.
Täglich frisches Brot aus dem
Holzofen, eine Auswahl erstklassiger Käsesorten, hausgemachte
Marmeladen und Konfitüren.

ANTIQUITÄTEN

Die Restaurierung alter Möbel,
der Antiquitätenhandel und das
Schreinerhandwerk haben in
Cherasco Tradition. Die Handwerker sind verschwunden, An-
tiquitätenhändler und Restaura-
toren gibt es jedoch nach wie
vor in Mengen. Hier einige empfehlenswerte Adressen für Anti-
quitätenliebhaber:

Fratelli Berardelli
via Isorella, 14

Romano Garino
via Einaudi, 3

Ernesto Genesio
via Monte di Pietà, 19

Silvio e Dario Genesio
via San Pietro, 9

Felice Passone
via Ferraretto, 7

DIE MÄRKTE

Die Tradition der Antiquitä-
tenmärkte ist noch nicht so alt;
sie verdanken ihre Entstehung
und ihren Erfolg nicht zuletzt
dem schönen historischen Ortskern von Cherasco, der eine
beeindruckende Kulisse für die
Stände abgibt. Der massenhafte
Andrang von Ausstellern und
Besuchern hat die Märkte in
ganz Italien berühmt gemacht.
Antiquitäten- und Sammler-
markt: erster Sonntag im April,
zweiter Sonntag im September,
erster Sonntag im Dezember;
Markt für antiquarische Bücher:
zweiter Sonntag im Juli
Markt für altes Spielzeug und
Modellbau: zweiter Sonntag im
Oktober

DIANO D'ALBA

ÜBERNACHTUNG

Ai Tardì
via San Sebastiano, 81
Tel. 0173 69403
Drei Sterne. 4 DZ und 3 EZ,
alle mit Toilette, Telefon, TV,
Kühlschrank.
Restaurant, große Bar, Parkplatz,
Swimmingpool.
Preise: EZ € 34; DZ € 42.
Keine Kreditkarten.
Ein komfortables Hotel am
Ortseingang mit angemessenen
Preisen; besonders empfehlens-
wert im Sommer.

Simone Castella
via Alba, 18, borgata Lopiano
Tel. 0173 69170
3 Zimmer mit Toiletten,
2 mit Gemeinschaftsbad,
3-Bettzimmer.
Preise: DZ € 36–46,50 mit
Frühstück.
Ein Agriturismo-Betrieb mit ge-
mütlichen Zimmern und einer
schönen Terrasse mit Blick auf
die Langhe in einem wenig außerhalb des Ortes gelegenen restaurierten Gutshof.

Marco Savigliano
via Madonnina, 1
borgata Lopiano
Tel. 0173 69196
2 Mini-Appartements mit Toiletten und jeweils 4 Schlaf-
plätzen. Pro Bett: € 20,50 mit
Frühstück.
Zwei Mini-Appartements mit
Küchenmitbenutzung bietet
dieser Agriturismo-Betrieb, der
guten Dolcetto und Barbera
erzeugt. Bauernfrühstück mit
Marmelade, Käse und Wurst.
Von Ende November bis April
geschlossen.

RESTAURANTS

Langhet
località valle Talloria
via Cane, 31
Tel. 0173 231751
Montags geschlossen.
Betriebsurlaub: 2 Wochen
im Januar, 2 Wochen im Juli.
Gedecke: 60 plus 30 im Freien.
Preise: € 20,50–23,50 ohne
Wein.
Alle Kreditkarten.
Am Eingang große Tische, an
denen man sich mit Käse (gute
Auswahl an Ziegenkäse), Wurst,
Sardellen in grüner Sauce, klei-
nen Omeletts und Knoblauch-
röstbrot bis spät in die Nacht
bei Laune halten oder einen
Teller Gnocchi oder *tajarin* be-

stellen kann. Vollständige Mahl-
zeiten und einen weniger
zwanglosen Service bietet die
Trattoria. Hier speist man
aus erstklassigen Zutaten berei-
tete traditionelle Gerichte mit
Pfiff; professionelle Bedienung,
beachtlicher Weinkeller.

EINKAUFEN

FLEISCH UND WURSTWAREN

Salumificio Barile
frazione Ricca
via Cortemilia, 89 b
Die Metzgerei verarbeitet
Schweinefleisch aus eigener
Zucht zu roher und gekochter
Salami, Schlackwurst und
Würstchen.

Italo Portinaio
via Marconi, 17
Piemontesisches Fleisch von
kleinen Züchtern aus den Langhe. Probieren Sie die Spezialitäten: Schweinewürstchen, gekochte und rohe Salami. Auch
sonntags geöffnet.

ANTIKE MÖBEL

Aldo Giordano
frazione Ricca
via Cortemilia, 72
Bei Giordano bekommt man
gebrauchte und manchmal auch
antike Möbel zu vernünftigen
Preisen.

WEIN

Bottega comunale
dei Sorì di Diano
via Umberto I, 11
Tel. 0173 69191
Die Bottega comunale verkauft
die Weine aller örtlichen Erzeuger. Geöffnet vom 1. März
bis zum 30. Dezember (11 bis
19 Uhr) mit Verkostungsmög-
lichkeit. Dienstags geschlossen.

WEINERZEUGER

Abrigo fratelli
via Moglia 1
Tel. 0173 69104
Kleiner Familienbetrieb.

Giovanni Abrigo
via Santa Croce, 9–10
Tel. 0173 69129
Guter Dolcetto di Diano zu
günstigen Preisen.

Claudio Alario
via Santa Croce, 23
Tel. 0173 231808
Matteo Alario erzeugt vorzüg-
lichen Dolcetto di Diano der
Einzellagen Costa Fiore und
Montagrillo sowie ausgezeich-
neten Barbera d'Alba Valletta.

Boffa fratelli
via Cortemilia, 142
Tel. 0173 612055
Der Wein, den Mauro und
Ferruccio Boffa seit einigen Jah-
ren abfüllen, kann sich sehen
lassen. Besonders gut ist ihr Cru
Sorì Parisio.

Brangero
via Provinciale Montelupo, 26
Tel. 0173 69423
Interessante Neugründung eines
kleinen Erzeugers, der Dolcetto zu konkurrenzfähigen Preisen
anbietet.

Bricco Maiolica
frazione Ricca
via Bolangino, 7
Tel. 0173 612049
Angelo Accomo, prämierter
Rinderzüchter, führt diesen Betrieb und erzeugt gute Langhe-
Weine. Zu empfehlen unter
anderem der Diano Sorì Bricco
Maiolica und der Nebbiolo
d'Alba Il Cumot.

Camparo
via Carzello, 22
Tel. 0173 231777

Der junge Betrieb erzeugt einen duftenden Dolcetto aus der Einzellage Sorì Bric Camparo. Eine gute Adresse, um günstig Weine für den täglichen Genuss einzukaufen.

Sergio Casavecchia
via Roma, 2
Tel. 0173 69205
Die Kellerei Casavecchia erzeugt guten Diano d'Alba, allen voran Sorì Bruni, einen der besten Crus des Anbaugebiets.

Produttori Dianesi
via Santa Croce, 1 bis
Tel. 0173 69221
Eine kleine Gruppe von Erzeugern, die auf die Produktion des örtlichen Dolcetto spezialisiert sind. Alle Varianten zeichnen sich durch ihren Duft und wirklich faire Preise aus.

Paolo Monte – Cascina Flino
via Abelloni, 7
Tel. 0173 69231
Der Diano d'Alba, den Paolo Monte aus den Trauben des Weinbergs Vecchia erzeugt, ist ein gut strukturierter Rotwein, der einige Jahre altern kann.

Massimo Oddero
via San Sebastiano, 1
Tel. 0173 69169
Massimo Oddero vertreibt eine Palette erstklassiger Weine. Dazu gehören neben dem klassischen Dolcetto di Diano aus der Einzellage Sorba ein überzeugender Rosso del Notaio (Barbera und Nebbiolo) und ein tanninhaltiger, spröder Nebbiolo d'Alba.

Il Palazzotto
via Alba, 3
Tel. 0173 69234
Der kleine Familienbetrieb rühmt sich eines ganz besonderen Sorì Cristina und eines guten Preis-Leistungs-Verhältnisses.

Cantina della Porta Rossa
piazza Trento e Trieste, 5
Tel. 0173 69210
Die verschiedenen Varianten des Dolcetto di Diano aus den besten Lagen des Ortes bilden mit Barolo, Barbaresco und dem Weißwein Gavi ein ausgewogenes Angebot verlässlicher Qualität.

Giovanni Prandi
via Farinetti, 5
Tel. 0173 69414
Wenige Flaschen vorzüglicher Qualität von einer der besten Einzellagen in Diano, dem Sorì Santa Cristina.

Ricchino – Tiziana Menegaldo
cascina Ricchino
Tel. 0142 488884
Ein interessanter Neuzugang aus den Hügeln von Diano d'Alba: ein Familienbetrieb, der nicht mehr als 7000 Flaschen hervorragenden Dolcetto produziert.

Dario e Giuseppe Savigliano
Valle Talloria
via Guido Cane, 20
Tel. 0173 231758
Die seit dem 19. Jahrhundert bestehende Kellerei verfügt über rund zwölf Hektar Weinberge, aus deren Rebgut vor allem Dolcetto di Diano (besonders beachtenswert der Sorì del Sot) sowie Barbera, Nebbiolo, Grignolino, Chardonnay, Favorita und Moscato erzeugt werden.

Giovanni Veglio e figli
valle Talloria
via Cane, 9
Tel. 0173 231752
Rund 70.000 Flaschen umfasst die Gesamtproduktion der Kellerei, deren ganzer Stolz der robuste Dolcetto di Diano Puncia del Bric ist. Außerdem Barbera, Barolo aus Castiglione Falletto und Moscato aus Serralunga.

Romano e Lorenzo Veglio
valle Talloria
via Cane, 110
Tel. 0173 231757
Ein bäuerlicher Betrieb, der gute Weine zu interessanten Preisen bietet.

GRINZANE CAVOUR

RESTAURANTS

Trattoria dell'Enoteca
Castello di Grinzane
Tel. 0173 262172
Dienstags geschlossen.
Betriebsurlaub: im Januar.
Gedecke: 90
Preise: € 36–42 ohne Wein.
Alle Kreditkarten.
In den eindrucksvollen Räumen der prächtigen Burg bietet dieses Restaurant eine eng der Tradition der Langhe verpflichtete Speiseauswahl: im Sommer Gardaseeforelle und *caponet*, außerdem Eintopf (*finanziera*) und Hasenragout. Dazu die Weine der Enoteca Regionale.

Nonna Genia
località Borzone, 1
Tel. 0173 262410
Mittwochs geschlossen.
Betriebsurlaub: 15 Tage im Januar und 15 Tage im Juli.
Gedecke: 40
Preise: € 20–22 ohne Wein.
Alle Kreditkarten.
Ein stilvoll restauriertes altes Langhe-Landhaus mit herrlichem Blick auf die von dem mächtigen Kastell überragte Landschaft. Die Küche bietet mit Pfiff zubereitete piemontesische Klassiker. Wir empfehlen den Salat aus Toma-Käse und Soncino mit leichtem Pesto, das *vitello tonnato*, die *tajarin* und die *agnolotti dal plin*, das Perlhuhn und das Kaninchen in Wein. Alle Des-

serts sind vorzüglich, die Weinkarte ist perfekt zusammengestellt.

La Salinera
via IV Novembre, 19
Tel. 0173 262915
Dienstags und abends
geschlossen.
Betriebsurlaub: 10 Tage
im August.
Gedecke: 30
Preise: € 16–19.
Alle Kreditkarten.
An der Piazza von Grinzane,
direkt beim Kastell, finden Sie
diese kleine Trattoria mit dem
Flair vergangener Zeiten, die
bei Hochbetrieb auch noch in
dem Lebensmittelgeschäft
nebenan zwei Tische deckt.
Traditionelle Hausmannskost.
Als Vorspeise im Winter Paprika mit der Würztunke *bagna
caoda*, im Sommer kleine Kräuteromeletts. Tagliatelle und
agnolotti col plin gibt es immer;
als Hauptspeise Kaninchenragout und -schmorbraten; zum
Abschluss Pfirsiche mit Amaretto, Torrone-Halbgefrorenes
und hausgemachter Haselnusskuchen. In der Küche Luciana
Manzone, im Saal Pinuccia und
Bruno. Kleine, aber feine Weinkarte. Reservierung empfehlenswert.

EINKAUFEN

GRAPPA

Distilleria Montanaro
via Garibaldi, 6
Tel. 0173 262014
Erzeugt seit 1885 Grappa, vor
allem aus Barolo-, Dolcetto-
und Barbaresco-Trester. Mit
dem traditionellen Dampfkolben
werden jährlich rund 150.000
Liter produziert. Direktverkauf
im Betrieb und Besichtigung auf
Anmeldung.

TORRONE

Sebaste
località Borzone
via Piana Gallo, 48
Tel. 0173 262009
Für ganze Generationen ist der
«Gallo» von Sebaste *der* Torrone überhaupt, der, den es an
Weihnachten und auf dem
Rummelplatz gibt und den die
Tante ihren Nichten und Neffen zusteckt. Ende des 19. Jahrhunderts entwickelte Giuseppe
Sebaste das Geheimrezept, die
ideale Mischung aus Zucker,
Honig, Eiweiß und Haselnüssen
der Sorte *Tonda Gentile* aus
den Langhe. Von da an wuchs
das Familienunternehmen und
der Torrone ging um die ganze
Welt. Sebaste verkauft nicht
direkt an Einzelkunden, aber
man kann die Erzeugnisse in den
Geschäften der Gegend und
natürlich auf den Ständen der
Volksfeste erstehen. Wenn man
sich vorher anmeldet, kann man
den Betrieb besichtigen.
Vor kurzem erwarb die Familie
Sebaste ein weiteres Traditionsunternehmen, die Antica Torroneria Martino in Sinio (località Borgonuovo 1, Tel. 0173
263910. Direktverkauf und
Besichtigung mit Führung). Aus
dieser Fusion entstand die Antica Torroneria Piemontese (verschiedene Arten von Torrone,
aber auch Trüffelpralinen und
albesi mit Rum): eine etwas
edlere Produktreihe, die in Enoteche und Delikatessengeschäften angeboten wird.

Pasticceria confetteria Marengo
via Garibaldi, 30
Hier gibt es den Torrone der
Firma Sebaste, dem Marktführer,
der nur wenige hundert Meter
entfernt an der Straße nach
Alba seinen Sitz hat. Man kann
ihn mit oder ohne Schokoladenüberzug erstehen, immer aber

ist er aus der berühmten Haselnusssorte *Tonda Gentile* aus den
Langhe hergestellt. Außerdem
im Angebot: der vorzügliche
Haselnusskuchen des Hauses.

SPEZIALITÄTEN DER REGION

Al Tartufo d'oro
via Piana Gallo, 16
Große, gut sortierte Auswahl
von Spezialitäten der Langhe;
lauter Köstlichkeiten, von der
Vorspeise bis zur Konfitüre.
Besonders zu empfehlen ist die
trifola bianca, eine Praline aus
Haselnüssen und weißer Schokolade, hergestellt von der
Cioccolateria Elisa aus Arguello,
einem Dorf in der Alta Langa.

Cantina del Conte
via Castello, 13
In dem Geschäft der Familie Pelissero gibt es alles, was für die
Langhe typisch ist: Trüffeln, Pilze,
Toma-Schafskäse, Haselnusskuchen, Torrone der Antica Torroneria Piemontese aus Sinio,
Honig, Marmelade und natürlich Weine aus Alba sowie eine
schöne Auswahl an Grappa.

WURSTWAREN

Salumeria Badellino
via Garibaldi, 124
Eine gute Adresse für Wurstspezialitäten der Langhe und
erstklassiges Schweinefleisch.
Außerdem gibt es Extravergine-
Olivenöl von Raineri, Weine aus
dem Barolo-Gebiet und Essig
von Cesare di Albaretto.

WEIN

Enoteca Regionale
Castello di Grinzane
Tel. 0173 262159
Dienstags geschlossen.
Betriebsurlaub: im Januar.
Öffnungszeiten: im Sommer
9–12 und 14.30–18.30 Uhr;

im Winter 9–12 und 14 bis
18 Uhr.
In den schönen Kellern kann
man die – vom «Ordine dei
Cavalieri del Tartufo e dei Vini
d'Alba» ausgewählten – Weine
einiger berühmter piemontesischer Erzeuger sowie erlesenen Grappa kosten.

WEINERZEUGER

Le Ginestre
via Grinzane, 15
Tel. 0173 262910
Die Kellerei erzeugt Dolcetto
d'Alba, Barbera d'Alba, Nebbio-
lo delle Langhe sowie kleine
Mengen Barolo, Barbaresco und
Chardonnay.

Giovanni Grimaldi
via Parea, 7
Tel. 0173 262094
Die Familie Grimaldi bietet die
klassischen Rotweine der Gegend (Dolcetto, Nebbiolo, Barbera), aber auch einige Weiße
(Chardonnay) zu interessanten
Preisen.

LA MORRA

ÜBERNACHTUNG

Italia
via Roma, 30
Tel. 0173 50609 – 50310
Zwei Sterne, 9 DZ und 2 EZ,
alle mit Bad, TV und Telefon.
Preise: EZ € 46,5; DZ € 67;
Frühstück € 5–8.
Alle gängigen Kreditkarten.
In der Hauptstraße des Ortes;
Speisesaal im Erdgeschoss, Bar,
sommers Tische im Freien.

Ca' Bambin
frazione Santa Maria, 68
Tel. 0173 50785
4 Zimmer (3 DZ und 1 DZ +
2 Schlafplätze), alle mit Bad.
Preise: DZ € 52 mit Frühstück.

Gemütliches Ambiente, mit
alten piemontesischen Möbeln
eingerichtete Zimmer, Frühstück mit Brot, Marmelade, Tor-
te und Kuchen aus eigener Herstellung sowie Wurst und Käse.
Mountainbikes für Ausflüge
in die Umgebung verfügbar.

Cascina Ballarin
frazione Annunziata, 115
Tel. 0173 50365
4 Zimmer mit Bad, Frühstücks-
raum. Eigener Parkplatz, Garten.
Preise: EZ € 41–52,
DZ € 52–62 mit Frühstück.
Am Fuße des Hügels von
La Morra an der Straße Alba–
Barolo gelegen. Reichhaltiges
Frühstück mit Marmelade und
Kuchen aus eigener Herstel-
lung sowie Wurst und Käse.
Für nähere Informationen:
www.cascinaballarin.it

Erbaluna
borgata Pozzo, 42
frazione Annunziata
Tel. 0173 50800
2 DZ mit Bad, 3 Dreibett-
zimmer mit Bad, gemeinsame
Küche und Salon.
2 Mini-Appartements.
Preise: DZ € 52, Dreibettzimmer € 62, Mini-Appartements € 62 mit Frühstück.
Einfache, stilvolle Zimmer und
familiäre Atmosphäre im Betrieb
der jungen Besitzer Severino
und Andrea Oberto. Verkauf
von guten Weinen aus eigenem
biologischem Anbau. Hinweis-
schild in Pozzo, an der Straße
nach Annunziata und Alba.

La Cà d'Olga
Borgata Laminali, 46
Tel. 0173 509763
www.paginegialle.it/lacadolga
5 DZ mit Bad, 2 Mini-Appartements. Swimmingpool.
Preise: EZ € 50, DZ € 77,
Mini-Appartements € 77–103
mit Frühstück.

Der kürzlich eröffnete Agriturismo-Betrieb verfügt über
elegant eingerichtete Zimmer
und Mini-Appartements sowie
mit alten Möbeln ausgestattete
Gemeinschaftsräume. Diver-
se Sportmöglichkeiten: Trekking, Reiten, Mountainbiking,
Schwimmbad nebenan.

La Cascina del Monastero
frazione Annunziata, 112 a
Tel. 0173 509245
5 DZ mit Bad,
2 Mini-Appartements.
Preise: DZ und Mini-
Appartements € 67–7,50 mit
Frühstück.
Der alte Gutshof war früher
im Besitz der Kirche und gehört
heute der Familie Grasso.
Komfortable Zimmer und große
Gemeinschaftsräume (in einem
sind historische landwirtschaftliche Maschinen ausgestellt, ein
anderer ist als Lesesaal mit
einem Kamin aus dem 17. Jahrhundert und einer Kochnische
ausgestattet), gepflegte Einrichtung. Noch fehlt ein Restaurant,
doch die Gäste können zwei gut
ausgerüstete Küchen benutzen.
Drei Plätze für Campingbusse.

Il gelso
borgata Croera, 34
Tel. 0173 50840
3 Einzimmerwohnungen mit
2 Betten, Kochnische und
Toilette; 1 Appartement mit
2 Schlafzimmern, Küche und
Toilette; 1 Zimmer mit 4 Betten
und Bad. Küche und Aufent-
haltsraum stehen den Gästen
zur Verfügung.
Preise: DZ € 36–51;
Frühstück € 4–5.
Zwei Kilometer vom Ort entfernt an der Straße nach Barolo
gelegen. Man hat einen herrlichen Blick auf die Weinberge
der Langhe. Alles, was man
von einem Bauernhof erwartet,
ist hier zu sehen: vom Rad

schlagenden Pfau über scharrende Hühner bis zu den Trüffelhunden, die die Brüder Oberto im nahen Wald ausbilden. Verkauf von Weinen aus eigener Produktion.

Fratelli Revello
frazione Annunziata, 103
Tel. 0173 50276
4 DZ mit Bad.
Preise: DZ € 57 mit Frühstück.
In den schönen Gebäuden in Annunziata, auf der Höhe der ersten Kehren der Straße, die von Alba hinauf nach La Morra führt, erzeugt die Familie Revello ausgezeichnete Weine, züchtet Kaninchen und Hühner und baut Gemüse an. In der kleinen Villa nebenan sind zwei geschmackvolle Zimmer eingerichtet. Von Mitte Dezember bis Februar geschlossen.

Bel Sit
via Alba, 17
Tel. 0173 50350
Montags und dienstags geschlossen.
Betriebsurlaub: 15 Tage im Januar, 15 Tage zwischen Juni und Juli.
Gedecke: 80
Preise: € 24–26 ohne Wein.
Alle Kreditkarten.
Aus den großen Panoramafenstern des Neubaus hat man einen schönen Blick auf die Hügel. Franco Nervo bietet aus erlesenen Zutaten zubereitete Spezialitäten. Zu den Klassikern zählen *agnolotti dal plin*, kleine Gnocchi mit Tomaten und Kräutern, *fritto misto* und in der kalten Jahreszeit Schweineleber mit Wacholder und Barolo (*grive*). Gute Karte örtlicher Weine. Im Sommer kann man auf der Terrasse speisen.

Belvedere
piazza Castello, 5
Tel. 0173 50190
Sonntagabends und montags geschlossen.
Betriebsurlaub: im Januar und Februar sowie in der letzten Juliwoche.
Gedecke: 180
Preise: € 35–37 ohne Wein.
Alle Kreditkarten.
Seit Jahrzehnten ist dieses für die Langhe typische Lokal ein Hort der Geselligkeit mit einem in der Tradition verwurzelten Speisenangebot, in dem es keinen Platz für Experimente gibt. Machen Sie sich also auf perfekt zubereitete und professionell servierte Klassiker gefasst: *tajarin* mit Geflügellebersauce oder Pilzen, Agnolotti mit Bratensauce, Risotto mit Barolo oder Wachteln, Kalbs- und Rinderschmorbraten, Zicklein aus dem Ofen, Hasenragout, Fasan und Rebhuhn in würziger brauner Sauce. In der Saison hat die Weiße Trüffel das Sagen. Üppiger Käsewagen und tolle Enoteca (zu besichtigen!) in den Weinkellern, in denen vor mehr als hundert Jahren die Fässer von Giuseppe Tarditi lagerten, einem der Väter des Barolo. Plätze im Freien mit herrlichem Blick auf die Langhe.

L'osteria del vignaiolo
frazione Santa Maria, 12
Tel. 0173 50335
Mittwochs sowie donnerstags zur Mittagszeit geschlossen.
Betriebsurlaub: im Januar oder Februar und 15 Tage im Juli.
Gedecke: 40 plus 20 im Freien.
Preise: € 24–26 ohne Wein.
Alle Kreditkarten außer DC.
Elegantes Ambiente, gepflegte Küche und reichhaltige, detaillierte Weinkarte mit fast allen Barolo-Gewächsen der Gegend. Die Gerichte huldigen der Tradition der Langhe, nicht ohne

sich einige Abstecher zu erlauben. In der Speisekarte tummeln sich mit dem Messerrücken geklopftes rohes Fleisch, ausgebackene gefüllte Kürbisblüten (*caponet*), Sahne-Käseauflauf (*tartrà*) mit Pilzen, Gnocchi, *tajarin*, *ravioli dal plin* sowie die klassischen Hauptgerichte Rinderschmorbraten, Lammkarree und leckere Kalbslende. Zum Abschluss eine gute Käseauswahl und köstliche Desserts.

Osteria Veglio
frazione Annunziata, 9
Tel. 0173 509341
Dienstags sowie mittwochs zur Mittagszeit geschlossen.
Betriebsurlaub: im Januar, im Sommer wechselnd.
Gedecke: 40 plus 20 im Freien.
Preise: € 28,50–31 ohne Wein.
Alle Kreditkarten außer DC.
In dem einzigen Raum mit seinen in warmen Farben gehaltenen Wänden (im Sommer kann man auf der Terrasse sitzen: Der Blick ist unvergleichlich!) genießt man die Küche von Franco Gioelli und seiner Frau. Zum Auftakt mit dem Messerrücken geklopftes Fleisch, *vitello tonnato* und Pasteten aus hellem Fleisch. Dann *tajarin* mit einer Sauce der Saison, klassische Agnolotti und breite Nudeln (*maltagliati*); als Hauptgericht Lammkoteletts, Lende und Zunge in süßsaurer Sauce. Viele ausgezeichnete Desserts; beeindruckender Keller mit dem Besten, was das Piemont zu bieten hat, und gekonnt ausgewählte Kostproben aus den übrigen Regionen.

Panificio pasticceria
Musso
via Roma, 4

In dieser Bäckerei schuf Giovanni Cogno seine *lamorresi*, weiche Pralinen aus Kakao und Haselnüssen, mit Barolo. Es gibt auch welche mit Grappa, vor allem aus Moscato. Als Giovannis Backstube ein paar Meter weiter zog, wurden die ehemaligen Räume zum Geschäft umfunktioniert. Zu empfehlen auch der Haselnusskuchen sowie das Mais- und Haselnussgebäck.

MEHL AUS DER STEINMÜHLE

Molino Renzo Sobrino
via Roma, 110
Bis vor 25 Jahren noch baute jede Bauernfamilie auf einem kleinen Stück Land Mais an, der in der Mühle gemahlen und für Polenta verwendet wurde. Die besonders süße und stärkehaltige autochthone Maissorte *ottofile* wurde aufgrund ihres geringen Ertrags nach und nach verdrängt. Ihre Wiederentdeckung ist den Mitgliedern der Familie Sobrino zu verdanken, Besitzer einer der letzten Steinmühlen. Vor 15 Jahren machten sie sich in den Langhe auf die Suche nach den übrig gebliebenen nichthybriden Maispflanzen dieser Sorte, förderten ihren Anbau, indem sie die Abnahme der gesamten Produktion garantierten, und retteten so die Spezies vor dem Aussterben. Die gelbe Polenta aus dieser Maissorte (die zur Abrundung des Geschmacks mit anderen Sorten gemischt wird) ist einzigartig, muss allerdings wie in alten Zeiten sehr lange gekocht werden. Verkauft wird auch Kastanien- und Kichererbsenmehl. Wenn die Mühle geschlossen ist, kann man ihre Produkte in den Geschäften in La Morra erwerben.

KÄSE

Clarita Trinchero
via Roma, 6
Clarita verkauft den *toma del venerdì*, einen Robiola-Käse, der – wie sein Name sagt – immer freitags auf den Ladentisch kommt. Er wird in der Alta Langa erzeugt und muss innerhalb von zwei bis drei Tagen verzehrt werden. Da er von kleinen Schafherden stammt, gibt es ihn nur in der Saison. Andernfalls muss man auf abgelagerten Käse ausweichen. Außerdem eine gute Auswahl örtlicher Käsesorten und Wurstspezialitäten.

GRAPPA

Distilleria Ceretto
località Brunate
Tel. 0173 282582
Die 1974 gegründete Distilleria Ceretto stellte als Erste reinsortigen Jahrgangs-Grappa aus dem eigenen, gerade den Gärbottichen entnommenen Trester her. 1985 zog sie nach Brunate in die Nähe der beeindruckenden Kapelle, die vor kurzem restauriert und mit Wandgemälden von Sol Le Witt und David Tremlett ausgestattet wurde.

WEIN

Cantina Comunale
via Carlo Alberto, 2
Tel. 0173 509204
Dienstags geschlossen.
Öffnungszeiten: 10–12.30 und 14.30–18.30 Uhr.
Ganzjährig geöffnet.
Die 1973 im historischen Palazzo der Marchesi di Barolo gegründete Kellerei bietet ein breites Spektrum an Weinen aus La Morra, vor allem Barolo, aber auch Dolcetto, Barbera und Nebbiolo. 44 örtliche Erzeuger sind Mitglied der Genossenschaft.

Bacco e tabacco
via Umberto I, 32
Die besten Weine der Gegend, Spezialitäten sowie Karten, Reiseführer und Bücher für Weinliebhaber und Gourmets. Außerdem drei Doppelzimmer mit Bad zu € 55–60 pro Nacht (Tel. 0173 509231).

L'Enoteca
via Roma, 19
Gute Auswahl an örtlichen Weinen und Leckereien aus den Langhe: Torrone, Haselnusskuchen, Maisgebäck.

Enoteca Gallo
via XX settembre, 3
Eine weitere gute Adresse für Wein und Spezialitäten der Gegend: Süßes, aber auch Toma-Käse, Pilze und in Öl eingelegtes Gemüse.

EIN APERITIF, EINE KLEINIGKEIT ZU ESSEN

Vin Bar
via Roma, 46
Mittwochs geschlossen.
Schöne Auswahl von Barolo aus La Morra. Mit örtlichen Spezialitäten belegte Brötchen und kalte Gerichte mit Wurst und Käse. Abends treffen sich hier Karten- und Billardspieler. In den Sommermonaten häufig Kunstausstellungen.

KUNSTHANDWERK IN HOLZ

Pietro Barbotto
via Ferrero, 17
Pietro Barbotto schnitzt die verschiedensten Gegenstände aus Holz: Zuckerdosen, Kochlöffel, Pfeifen (eine verehrte er dem ehemaligen Staatspräsidenten Pertini), Miniaturmöbel, Wappen und vieles mehr. Er hat kein Geschäft, sondern nur eine kleine Werkstatt in einem Hinterhof der Via Borghetto.

Lorenzo Accomasso
Borgata Pozzo, 34
Tel. 0173 50843
Eine Kellerei und ein Mann, die mit ihren Weinen Charakter beweisen. Die Qualität von Barolo, Dolcetto und Barbera ist stets tadellos.

Crissante Alessandria
borgata Roggeri, 43
frazione Santa Maria
Tel. 0173 50834
Der junge Weinbautechniker Michele Alessandria hat die väterliche Kellerei neu aufgezogen und dabei Tradition und Moderne auf einen Nenner gebracht; erzeugt werden die örtlichen Klassiker.

Elio Altare
borgata Pozzo, 51
frazione Annunziata
Tel. 0173 50835
Sein unermüdlicher Einsatz und seine Experimentierfreudigkeit im Weinkeller haben Elio Altare zum anerkannten Vordenker des neuen Weinstils in den Langhe gemacht. Sein erklärtes Ziel ist es, einen Wein zu schaffen, der Trinkgenuss bietet, ohne seine Herkunft zu verleugnen, der verschlossene Sprödigkeit mit Direktheit zu verbinden weiß. Die Kreszenzen sind Kennern in aller Welt ein fester Begriff, allen voran Barolo Arborina und Brunate, Langhe Arborina und Larigi.

Cascina Ballarin
frazione Annunziata, 115
Tel. 0173 50365
Der Familienbetrieb besitzt Weinberge in La Morra und in der Lage Bussia in Monforte, aus der der Barolo Bussia hervorgeht. Erzeugt werden außerdem die Klassiker, von Dolcetto d'Alba bis Langhe Nebbiolo.

Batasiolo
località Batasiolo
frazione Annunziata, 87
Tel. 0173 50130 – 50131
Die große Kellerei mit knapp 50 Hektar Rebfläche erzeugt ein breites Spektrum an Weinen, nicht nur aus den Langhe. Zu den Großen zählen der Barolo Corda della Briccolina, der Barbera d'Alba Sovrana und der Moscato d'Asti Boscareto.

Enzo Boglietti
via Roma, 37
Tel. 0173 50330
Ein junger Wilder, der erst 1991 in der Weinszene debütierte. Vier Hektar in den besten Lagen von La Morra bringen Dolcetto, Nebbiolo Langhe und Barbera hervor. Beachtenswert sind der sehr ausgewogene und kraftvolle Barbera Vigna dei Romani und der Barolo Vigna Case Nere.

Gianfranco Bovio
borgata Ciotto, 63
frazione Annunziata
Tel. 0173 50190
Gian Bovio, einer der VIPs in La Morra (er führt auch das Restaurant Belvedere), stellt in der Kellerei sein Können unter Beweis und erzeugt Rotweine von Qualität: Barbera Regiaveja sowie Barolo Vigneto Arborina und Vigneto Gattera dell'Annunziata.

Ciabot Berton
via Santa Maria, 1
Tel. 0173 50217
Das an der Straße von La Morra nach Santa Maria gelegene Gut bietet eine Reihe guter Barolo-, Dolcetto-, Nebbiolo- und Barbera-Weine.

Corino
frazione Annunziata, 24
Tel. 0173 50219
Die von Renato und Giuliano geführte Kellerei der Familie Corino hat sich in wenigen Jahren in die Spitzenriege der Erzeuger aus der Gegend um Alba emporgearbeitet. Der Barbera d'Alba Vigna Pozzo sowie der Barolo der Einzellagen Rocche und Giardini genügen höchsten Qualitätsansprüchen.

Dosio
regione Serradenari, 16
Tel. 0173 50677
Nachdem die Anlagen und die Produktionskriterien auf den neuesten Stand gebracht wurden, erweist sich diese Kellerei als neuer Stern am Weinhimmel der Langhe. Die Spitzenerzeugnisse sind Dolcetto Serradenari, Langhe Momenti (aus Nebbiolo und Barbera), Chardonnay Barilà und Barolo Vigna Fossati.

Erbaluna
borgata Pozzo, 43
Tel. 0173 50800
Die Familie Oberto erzeugt in biologischem Anbau guten Barolo (Cru Rocche), Dolcetto und Barbera. Agriturismo.

Fratelli Ferrero
frazione Annunziata, 12
Tel. 0173 50691
Der Landwirtschaftsbetrieb erzeugt auf eigenen Rebflächen die typischen Rotweine der Langhe.

Gianni Gagliardo
borgata Serra dei Turchi, 88
Tel. 0173 50829
Unter der Ägide des rührigen Besitzers erzeugt diese Kellerei eine breite Palette von Weinen: von den örtlichen Klassikern (Barolo, Dolcetto, Barbera) über Weißweine (Favorita) bis zum Spumante brut. In den Betrieb ist eine Weinhandlung integriert, in der man eine ordentliche Auswahl von Weinen, darunter einige ausländische, geboten bekommt.

Silvio Grasso
Cascina Luciani, 112
frazione Annunziata
Tel. 0173 50322
Der traditionelle Familienbetrieb macht zusehends mehr
aus den hervorragenden Lagen
in seinem Besitz. Sehr gut die
Langhe-Rotweine, darunter
Barolo Bricco Lucani und Ciabot Manzoni.

Poderi Marcarini
piazza Martiri, 2
Tel. 0173 50222
Die Kellerei Marcarini ist eine
bekannte und bewährte Adresse für Weine der Langhe: Barolo, Nebbiolo, Barbera und der
Dolcetto Boschi di Berri von
Reben, die noch aus der Zeit
vor der Reblausplage stammen.
Ein echter Geheimtipp.

Mario Marengo
via XX settembre, 18
Tel. 0173 50127
Dolcetto und Barolo der Einzellage Brunate sind die Erzeugnisse dieser Traditionskellerei.
Unter der gleichen Adresse
findet man die ebenfalls von
Mario geführte Eisenwarenhand-
lung, wo es alles gibt, was das
Heimwerkerherz begehrt.

Mauro Molino
borgata Gancia, 111
frazione Annunziata
Tel. 0173 50814
Die Kellerei mit eigenen Rebflächen in der Lage Annunziata
in La Morra und gepachtetem
Land in Monforte und Barolo
hat mit dem großartigen Barbera d'Alba Vigna Gattere 1996
auf sich aufmerksam gemacht.
Doch auch die Barolo-Weine
Vigna Conca und Gancia, der
Acanzio, ein Verschnitt aus Barbera und Nebbiolo, und der
Chardonnay Livrot können sich
sehen lassen.

Monfalletto
Cordero di Montezemolo
frazione Annunziata, 67 bis
Tel. 0173 50344
Über 20 Hektar Rebflächen-
besitz sind die Grundlage für
die Weine dieser Kellerei, vor
allem Barolo und Dolcetto.

Andrea Oberto
via Marconi, 25
Tel. 0173 509262
Die Produktion umfasst nur
einige 10.000 Flaschen, ist jedoch sehr interessant. Zu erwähnen sind neben dem Barolo
Cru Rocche der Dolcetto und
der Barbera Giada, ein äußerst
gut strukturierter, eleganter
Rotwein.

Fratelli Oddero
frazione Santa Maria, 28
Tel. 0173 50618
Vor allem Barolo erzeugt diese große Traditionskellerei, darunter die Crus Vigna Rionda,
Mondoca und Rocche dei Rivera. Außerdem jedoch auch alle
anderen Langhe-Weine inklusive Chardonnay und Cabernet.
Langlebige Tropfen klassischer
Prägung.

Renato Ratti
Antiche Cantine
dell'Abbazia dell'Annunziata
frazione Annunziata, 7
Tel. 0173 50185
Renato Ratti hat sehr viel für
den Wein getan, nicht nur
für den aus den Langhe. Seine
Kellerei, die jetzt von seinem
Sohn Pietro und Massimo
Martinelli geführt wird, ist bei
Kennern nach wie vor hoch
geschätzt, und die Weine be-
haupten sich auf hohem Qua-
litätsniveau. Probieren sollte
man insbesondere die Barolo-
Gewächse Marcenasco, Con-
ca und Rocche sowie den
Nebbiolo Ochetti di Monteu
Roero und den Barbera d'Alba.

Fratelli Revello
frazione Annunziata
Tel. 0173 50276 – 50139
Mit ein bisschen gutem Willen
und Ausdauer haben Enzo und
Carlo Revello es geschafft, den
Olymp des italienischen Weinbaus zu ersteigen. Ihre Rebflächen in den besten Lagen von
La Morra bringen Barolo-, Dol-
cetto- und Barbera-Gewächse
hervor, die zu den Spitzener-
zeugnissen Italiens zählen.

Rocche Costamagna
via Vittorio Emanuele, 12
Tel. 0173 50230 – 509225
Barolo, Dolcetto und Nebbiolo
Roccardo sind die Erzeugnisse
des Betriebs der Familie Ferra-
resi Locatelli: moderne Weine,
die sich besonders durch Frische und Süffigkeit auszeichnen.

San Biagio
Borgata San Biagio, 98
frazione Santa Maria
Tel. 0173 50214
Gian Luca und Davide Roggero
haben die Weine des Betriebs
etwas aufgepeppt und sie angenehmer und frischer gemacht.
Die Produktion umfasst neben
den Klassikern der Gegend auch
Verduno Pelaverga.

Aurelio Settimo
frazione Annunziata, 30
Tel. 0173 50803
Der Familienbetrieb erzeugt auf
rund sieben Hektar Rebfläche
Dolcetto und Barolo bewährter
Qualität mit gutem Preis-Leis-
tungs-Verhältnis.

Oreste Stroppiana
frazione Rivalta
regione San Giacomo, 6
Tel. 0173 50169 – 509419
Auf einem unter Weinlieb-
habern weitgehend unbekann-
ten Hang von La Morra erzeugt
diese kleine Kellerei (etwa 8000
Flaschen im Jahr) einen außer-

gewöhnlichen Dolcetto und einen vorzüglichen Barolo.

Mauro Veglio
località Cascina Nuova, 50
Tel. 0173 509212
Die von dem jungen Mauro Veglio professionell geführte Kellerei verkeltert die Trauben von neun Hektar Rebland in den Gemeinden La Morra und Monforte zu Dolcetto d'Alba, Barbera d'Alba und Barolo (besonders beachtenswert die Crus Rocche dell'Annunziata und Arborina).

Eraldo Viberti
borgata Tetti, 53
frazione Santa Maria
Tel. 0173 50308
Eraldo Viberti ist einer der jungen Erzeuger, die im Weinbaugebiet Langhe neue Saiten aufziehen. Aus den Trauben seiner Weinberge im Ortsteil Santa Maria produziert er Dolcetto, Barolo und einen sehr guten in der Barrique ausgebauten Barbera: Vigna Clara.

Osvaldo Viberti
frazione Santa Maria
borgata Serra dei Turchi, 95
Tel. 0173 50374
Neue Betriebe erobern die Weinbauszene der Langhe. In Erwartung des ersten Barolo füllt Osvaldo Viberti seit einigen Jahren wenige tausend Flaschen eines ausgezeichneten Dolcetto d'Alba ab.

Gianni Voerzio
regione Loreto, 1 bis
Tel. 0173 509194
Barbera d'Alba Ciabot della Luna, Barolo La Serra und Langhe Rosso Serra sind die Spitzenprodukte des Betriebes von Gianni Voerzio, der außerdem Langhe Nebbiolo, Langhe Freisa und Dolcetto d'Alba erzeugt.

Roberto Voerzio
regione Ceretto, 1
Tel. 0173 509196 – 50123
In der neuen Kellerei von Roberto Voerzio werden die Trauben der eigenen Rebflächen zu Weinen verkeltert, die jedes Jahr durch Kraft und Eleganz die Kenner begeistern. Man denke nur an die Barolo-Crus (La Serra, Brunate, Cerequio), den Barbera Le Vignasse und den Vignaserra (aus Barbera und Nebbiolo, in der Barrique gereift). Einer der ganz großen Erzeuger der Langhe.

MONFORTE D'ALBA

ÜBERNACHTUNG

Grappolo d'oro
piazza Umberto I, 4
Tel. 0173 78293
www.grappolodoro.net
Zwei Sterne, 10 DZ, 2 EZ, 5 Mini-Appartements, Restaurant und Bar.
Preise: EZ € 41; DZ € 62;
Mini-Appartements € 516 pro Woche.
Alle Kreditkarten.
Rustikales Hotel mit ordentlichen Zimmern. In der Bar spielen sonntags die Alten aus dem Dorf Tarock. Das von Pierpaolo und Anna geführte Restaurant bietet Spezialitäten der Langhe und eine gute Auswahl örtlicher Weine.

Villa Beccaris
via Bava Beccaris, 1
Tel. 0173 78158
Drei Sterne, 13 DZ, 9 DZ deluxe, 1 Suite, mit TV, Fax. Bar, Enoteca mit Degustation von Weinen und gastronomischen Spezialitäten, Konferenzsaal, bedachter Parkplatz, Swimmingpool mit Whirlpool, Solarium.

Preise: DZ € 135–165, deluxe € 161–196, Suite € 220–266 mit Frühstück.
Alle gängigen Kreditkarten.
Das im oberen Teil des Dorfs am Rand des alten Ortskerns gelegene Hotel nutzt die Räume des Adelspalastes, der einst Bava Beccarsi gehört hatte – dem berühmt-berüchtigten General, der sich, nachdem er mit Kanonen gegen einen Volksaufstand in Mailand vorgegangen war, in Monforte niederließ. Die Zimmer sind elegant mit alten Möbeln und kostbaren Stoffen eingerichtet, die Suiten mit Terrakottaboden oder Parkett, bemalten Decken und Kamin ausgestattet. Ein jahrhundertealter Park bietet im Sommer Kühle; im Winter steht eine geheizte Laube zur Verfügung. In den schön restaurierten Weinkellern befinden sich eine Bibliothek, eine Bar und eine kleine Enoteca.

RESTAURANTS

Giardino da Felicin
via Vallada, 18
Tel. 0173 78225
Sonntagabends und montags geschlossen.
Betriebsurlaub: im Januar und Februar sowie 10 Tage im Juli.
Gedecke: 65
Preise: € 33,50–44 ohne Wein.
Alle gängigen Kreditkarten.
Die Familie Rocca führt heute das von Felicin gegründete Lokal, das in den Sechzigerjahren die Kochkunst der Langhe symbolhaft verkörperte und noch immer eines der beliebtesten Ziele für Feinschmecker ist. Die traditionellen Gerichte werden mit neuer Leichtigkeit und einem Schuss Fantasie variiert; der Weinkeller ist sehr gut bestückt. Für Übernachtungsgäste stehen elf komfortable, ruhige Zimmer mit Panoramablick auf

die Hügel zur Verfügung (Doppelzimmer mit Halbpension € 93).

La salita
via Marconi, 2 a
Tel. 0173 787196
Montags und dienstags geschlossen.
Betriebsurlaub: vom 7. Januar bis Ende Februar.
Gedecke: 40
Preise: € 20,50–23,50 ohne Wein.
Kreditkarten: Visa.
Im Erdgeschoss einige kleine Tische und die große Theke, an der man ein Gläschen aus der ellenlangen Weinkarte probieren kann. Im ersten Stock genießt man, von Mariangela und Ornella umsorgt, in gemütlichem, zwanglosem Ambiente traditionelle Gerichte der Langhe. Aus der Speisekarte: russischer Salat, rohes Fleisch mit Kräutern, Agnolotti mit Butter und Salbei, *maltagliati* mit Würstchensauce, gebratenes Kaninchen mit Kartoffeln, Barolo-Schmorbraten, eine Platte mit piemontesischem Käse und Sahnecreme mit Kaffeegeschmack.

Trattoria della posta
località Sant'Anna, 87
Tel. 0173 78120
Donnerstags sowie freitags zur Mittagszeit geschlossen.
Betriebsurlaub: 10 Tage im Februar, 1 Woche im Juli.
Gedecke: 40 plus 30 im Freien.
Preise: € 26–34 ohne Wein.
Alle Kreditkarten außer DC.
Die Trattoria della posta, bereits seit jeher eine Legende, liegt einige Kilometer von Monforte entfernt in einem sehr sorgfältig restaurierten Landhaus. In elegantem Ambiente genießt man erstklassig angerichtete typische Gerichte der Langhe: pochiertes Ei mit Käsecreme, marinierte

Aalfilets, Hähnchensalat, Ricotta-Ravioli mit Würstchen und Lauch, *tajarin* mit Ragout, *agnolotti dal plin*. Als Hauptgericht entbeinte und gefüllte Wachtel, Kalbshaxe mit Barolo und Lamm aus dem Ofen. Zum Abschluss ein reich beladener Käsewagen und eine schöne Auswahl örtlicher Dessertspezialitäten. Herrliche Karte mit den besten Weinen aus der Langhe, anderen italienischen Regionen und dem Ausland.

Trattoria 'r Osto 'd Pern
frazione Perno
via Cavour, 5
Tel. 0173 78484
Mittwochs geschlossen.
Betriebsurlaub: wechselnd.
Gedecke: 40
Preise: € 23–25 ohne Wein.
Wir befinden uns in Perno, einer kleinen Siedlung auf dem Hügel gegenüber von Monforte. In der Ortsmitte liegt dieses rustikale Lokal im Stil einer traditionellen Osteria, aber mit schöner Einrichtung und Ausstattung. Der freundliche Wirt berät bei der Auswahl aus einer Karte mit den bodenständigen Spezialitäten der örtlichen Küche: Artischocken-Sardellen-Auflauf mit grüner Sauce, *tajarin* mit Würstchensauce, Gnocchi mit Kürbis, Pfefferfilet und Kaninchenragout. Karte mit den besten Weinen der Gegend.

EINKAUFEN

FEINKOST

Antica Dispensa
via Bava Beccaris, 3
Bricco Bastia
Ein gutes Dutzend kulinarischer Spezialitäten der Langhe aus der Küche von Ferruccio Ribezzo: getrüffelte Entenpastete und in Öl eingelegter Robiola-Käse, getrüffelte kleine Würste und

bagna caoda, Tagliatelle mit Trüffeln und Moscato-Most *(cognà)*, Pflaumen mit Rharbarber und Kirschen in Barolo; alles in hübsche Tontöpfe abgefüllt. Um zur Dispensa zu gelangen, muss man sich (auch mit dem Auto) in den alten Ortskern auf dem Hügel von Monforte hinaufbemühen. Vom Hof aus hat man einen schönen Blick auf das alte Monforte.

HASELNUSSKUCHEN

Panetteria Viberti
via Palestro, 16
piazza Umberto
Der Haselnusskuchen dieser Bäckerei ist noch genau so, wie er früher in den Öfen des Dorfs gebacken wurde.

WEIN UND SPEZIALITÄTEN

Enoteca bar Rocca
piazza Umberto I
Eine gute Adresse für einen kleinen Happen Käse, Wurst oder Süßes zu einer erlesenen Auswahl von Langhe-Weinen.

Enoteca di Monforte
via Palestro, 2 –
Ecke piazza Umberto
Maria Teresa Sammorì bietet eine Auswahl von Langhe-Weinen erstklassiger Qualität, Grappa aus Alba, Caprino-Käse aus Seròle und Roccaverano sowie Murazzano, ein Käse aus Schafs- und Kuhmilch. Verkauft werden auch Erzeugnisse der Antica Dispensa.

WEINERZEUGER

Gianfranco Alessandria
località Manzoni, 13
Tel. 0173 78576 – 787222
Vier Hektar Rebfläche: zwei für Barolo (und was für einer!), eineinhalb für Barbera (einen der besten der Gegend) und

gerade mal ein halber für Dolcetto. Kleine Mengen für einen Erzeuger mit großer Berufung.

Bussia Soprana
località Bussia Soprana, 87
Tel. 039 305182
In der Kellerei von Silvano Casiraghi und Guido Rossi werden die Trauben von zwölf Hektar eigenem und sechs Hektar gepachtetem Rebland zu so hervorragenden Weinen wie dem Barbera d'Alba Vin del Ross oder den Barolo-Gewächsen Bussia und Vigna Colonnello verkeltert.

Domenico Clerico
località Manzoni Cucchi, 67
Tel. 0173 78171
Domenico Clerico ist ein bedeutender Erzeuger nicht nur piemontesischer Weine. Sowohl der angenehme Freisa Ginestrina als auch die Barolo-Crus (Ciabot, Mentin, Ginestra und Pajana) und der elegante Langhe Rosso Arte aus Nebbiolo- und Barbera-Trauben bewegen sich auf höchstem Qualitätsniveau. Probieren sollten Sie auch den Barbera Trevigne.

Aldo Conterno
località Bussia, 48
Tel. 0173 78150
Aldo Conterno ist ohne Zweifel einer der größten Barolo-Erzeuger. Der gemeinsam mit den Söhnen geführte Betrieb erzeugt eine Reihe erstklassiger Tropfen: Barbera Conca Tre Pile, Nebbiolo Favot, Chardonnay Bussiador, Langhe Rosso Quartetto und die hervorragenden Barolo-Crus Bussia Soprana, Colonnello und Cicala. Nur in bedeutenden Jahrgängen wird der Barolo Gran Bussia gekeltert, eine Auslese der besten Trauben der gleichnamigen Spitzenlage.

Giacomo Conterno
località Ornati, 2
Tel. 0173 78221
Giovanni Conterno, Besitzer der Kellerei, die den legendären Monfortino erzeugt, eine nur in großen Jahrgängen erzeugte und lange gereifte Barolo-Auslese, ist unbestritten einer der bedeutendsten Erzeuger der Langhe. Wer Zweifel hat, braucht nur den Dolcetto und den Barbera zu probieren, zwei sehr angenehme, außergewöhnlich duftige und süffige Rotweine.

Paolo Conterno
frazione Ginestra, 103
Tel. 0173 78415
Paolo Conterno verkeltert die Trauben der eigenen Weinberge zu erstklassigem körperreichem Barbera, Barolo und Dolcetto.

Conterno Fantino
via Ginestra, 1
località Bricco Bastia
Tel. 0173 78204
Die Kellerei macht seit einigen Jahren mit einer Reihe von Spitzenprodukten auf sich aufmerksam. Zu nennen sind der Barolo der beiden Einzellagen Sorì Ginestra und Vigna del Gris, der Barbera Vignota und nicht zuletzt der Monprà, ein erlesener Vino da Tavola aus Barbera und Nebbiolo, einer der besten Weine der Langhe.

Alessandro e Gian Natale Fantino
via Silvano, 18
Tel. 0173 78253
Alessandro und Gian Natale Fantino verkeltern in ihrer schönen Kellerei im alten Ortskern von Monforte das Rebgut aus dem Weinberg Dardi in der Nähe von Bussia. Neben Barolo und Barbera werden auch geringe Mengen Nebbiolo Passito erzeugt.

Giacomo Fenocchio
località Bussia Sottana, 66
Tel. 0173 78311
Die in Bussia Sottana, auf dem Barolo zugewandten Hang von Monforte gelegene Kellerei der Familie Fenocchio bietet die Klassiker der Langhe (Barolo, Barbera und Dolcetto) zu günstigen Preisen.

Pianpolvere Soprano
località Bussia, 32
strada Alba-Monforte
Tel. 0173 78335
Die Traditionskellerei der Familie Finocchio wurde von Valentino Migliorini (Podere Rocche dei Manzoni) übernommen, der seinem Sohn Alfonso die Geschäftsführung übertragen hat. Der vor kurzem auf den Markt gebrachte Barolo, das Aushängeschild des Betriebs, lässt einiges erwarten.

Attilio Ghisolfi
regione Bussia
cascina Visette, 27
Tel. 0173 78345
Den jungen Betrieb sollte man im Auge behalten: Er hat in den letzten Jahren mit Barbera, Dolcetto und Barolo beachtlicher Qualität auf sich aufmerksam gemacht. Der Barolo stammt aus der Einzellage Visette. Sehr gut auch die Weine des DOC-Bereichs Langhe: Alta Bussia und Carlin.

Elio Grasso
località Ginestra, 40
Tel. 0173 78491
Die schöne Kellerei in Gavarini, ganz in der Nähe von Ginestra, erzeugt erstklassige Weine: Barolo – Ginestra Vigna Casa Matè, Gavarini Vigna Criniera und Runcot – Barbera d'Alba Vigna Martina und Langhe Chardonnay Educato.

Giovanni Manzone
via Castelletto, 9
Tel. 0173 78114
Die Kellerei bezieht ihr Rebgut aus Gramolere, eine der besten Einzellagen des Ortes. Daraus werden zwei Barolo-Weine – Gramolare und Bricat – erzeugt; gleichermaßen beachtlich sind der Barbera d'Alba La Serra, der Dolcetto d'Alba und der zu gleichen Teilen aus Nebbiolo, Barbera und Dolcetto gekelterte Langhe Rosso Tris.

Monti
frazione Càmia
località San Sebastiano, 39
Tel. 0173 78391
Pier Paolo Monti, ein junger Unternehmer aus Turin, erwarb 1996 diese schöne Kellerei und schwor sie sofort auf Qualität ein. Momentan werden Barbera d'Alba und Langhe Bianco l'Aura (aus Chardonnay und Riesling) erzeugt; 2003 kommt der Barolo auf den Markt.

Pajana – Renzo Seghesio
via Circonvallazione, 2
Tel. 0173 78269
Seitdem Renzo Seghesio Weinberge in Pajana besitzt, ist seine Kellerei nach dieser Einzellage benannt. Überzeugende Neuheiten sind Barolo, Dolcetto und ein in der Barrique ausgebauter Barbera.

Armando Parusso
località Bussia, 55
Tel. 0173 78257
Der Betrieb, der vor zehn Jahren noch als klein galt, hat sich zu einer festen Größe in der Erzeugerszene der Langhe gemausert. Die kürzlich umgebaute und erweiterte Kellerei produziert den ausgezeichneten Rosso Bricco Rovella (Verschnitt aus Nebbiolo, Barbera und Cabernet) und die Barolo-Crus Bussia Vigna Munie und Vigna

Rocche, die bereits mehrere Male mit den drei Weingläsern des «Gambero Rosso» ausgezeichnet wurden, sowie Mariondino. Beachtung verdienen auch der Barbera d'Alba Ornati und der Langhe Bianco Bricco Rovella.

Gianmatteo Pira
località San Sebastiano, 59
Tel. 0173 78538 – 78340
Die an der Grenze zwischen den Gemeinden Dogliani und Monforte gelegene Kellerei hat sich zu einem bedeutenden Erzeuger entwickelt. Ein Beweis dafür sind der Dolcetto d'Alba, der Dolcetto di Dogliani und der Barbera (vor allem die Spätlese), allesamt elegante Gewächse mit ausgeprägtem Charakter.

Giorgio Pira
località Perno
via Cavour, 37
Tel. 0173 78413
Erzeugt werden die Klassiker der Langhe, allen voran Barolo, aus den besten Einzellagen in Monforte: Der Ortsteil Perno ist eines der wichtigsten Anbaugebiete für große Barolo-Weine.

Poderi Rocche dei Manzoni
località Manzoni Soprani, 3
Tel. 0173 78421
Valentino Migliorini hat einen modernen Betrieb aufgezogen, der neben den Klassikern der Langhe (verschiedenen Barolo-Crus) Weine internationaler Prägung erzeugt: Bricco Manzoni (aus Nebbiolo und Barbera), Angelica (aus Chardonnay) und Pinonero (aus Pinot nero). Die Neuheiten der letzten Jahre sind der erstklassige Spumante Valentino Brut Zero, der Barolo Cappella di Santo Stefano und der Rosso Quatr Nas.

Podere Ruggeri Corsini
località Bussia Corsini, 106
Tel. 0173 78625
Ein neuer Name in Monforte d'Alba. Loredana Addari und Nicola Argamante erzeugen mit beachtlichem Erfolg die Klassiker der Langhe. Probieren sie den Barolo Corsini und den Barbera d'Alba Armujan.

Ferdinando Principiano
via Alba, 19
Tel. 0173 787158
Ferdinando Principiano, dem seit neuestem der Experte Beppe Caviola zur Seite steht, ist dabei, mit Zukäufen von Land und Neuanpflanzungen seine Rebflächen komplett umzustrukturieren, was beträchtliche Änderungen im Weingut zur Folge haben wird. Der Barolo Boscareto und der aus den betriebseigenen Traditionsweinbergen stammende Barbera La Romualda erfreuen jedoch weiterhin mit erstklassiger Qualität; erwähnenswert ist auch der angenehme Dolcetto d'Alba Sant'Anna.

Flavio Roddolo
località Sant'Anna, 5
bricco Appiani
Tel. 0173 78535
Die an der Straße von Monforte nach Roddino gelegene Kellerei ist für die außerordentliche Qualität ihrer Weine berühmt. Der Beste ist natürlich der Barolo Ravera (der Jahrgang 1997 wurde im «Gambero Rosso» mit drei Weingläsern ausgezeichnet), doch auch der Bricco Appiani (reinsortig aus Cabernet Sauvignon), der Nebbiolo und der Dolcetto d'Alba Superiore können sich sehen lassen.

Fratelli Seghesio
frazione Castelletto, 20
Tel. 0173 78108
Ein typischer Familienbetrieb der Langhe, der mit robusten

Rotweinen aufwartet: Barolo Vigneto La Villa, Barbera d'Alba Vigneto della Chiesa, Bouquet (aus Merlot, Cabernet Sauvignon und Nebbiolo) sowie Dolcetto d'Alba.

NEIVE

ÜBERNACHTUNG

Locanda La Contea
piazza Cocito, 8
Tel. 0173 67126
9 Bungalows, 7 DZ, alle mit TV und Minibar. Restaurant, Parkplatz.
Preise: DZ und Bungalows € 78 mit Halbpension.
Alle Kreditkarten.
In einem alten Adelspalast befinden sich neben dem bekannten Restaurant auch die ruhigen, komfortablen Zimmer dieses Hotels.

Locanda Reale
località Borgonuovo
corso Romano Scagliola, 13
Tel. 0173 67091
Zwei Sterne, 8 DZ mit Bad. Restaurant, Bar.
Preise: DZ € 39.
Alle gängigen Kreditkarten.
Einfache, gemütliche Räume.

La Casa di Sara Versio
località Borgonuovo
via De Revello, 73
Tel. 0173 67220
Preise: € 26 pro Person.
Keine Kreditkarten.
Ein Haus mit Panoramaterrasse, voll eingerichteter Küche, Bad, einem Doppel- und einem Einzelzimmer. Ideal für Familien und Gruppen.

RESTAURANTS

La cantina del rondò
località Fausoni, 7
Tel. 0173 679808

Montags und dienstags geschlossen.
Betriebsurlaub: im Januar und 15 Tage im Juli.
Gedecke: 45 plus 30 im Freien.
Preise: € 24–34 ohne Wein.
In einem Keller mit Tonnengewölbe, Backsteinmauern und von der Decke hängenden Würsten wird man während des ganzen Essens von Francarlo Negro beraten und umsorgt. Die sorgfältige Auswahl der Zutaten, die Berücksichtigung der Jahreszeit und der örtlichen Traditionen sind die Maximen der Küche und keinesfalls leere Versprechungen. Probieren Sie die Sardellen in grüner Sauce mit Almbutter, die Entenleberpastete, die klassischen Agnolotti und die *tajarin* aus steingemahlenem Mehl. Als Hauptgericht Barbaresco-Schmorbraten, Schweinshaxe und Hähnchen in Wein. Durchweg empfehlenswerte Desserts und ausgezeichnete Weine im Glas. Nur die Rechnung überrascht: Trotz des zwanglosen Ambientes hat die Qualität hier einen hohen Preis.

La Contea
piazza Cocito, 8
Tel. 0173 67126
Sonntagabends und montags geschlossen.
Betriebsurlaub: zwischen Januar und März.
Gedecke: 60
Preise: € 29–59 ohne Wein.
Alle Kreditkarten.
Claudia und Tonino Verro sind die engagierten Wirtsleute dieses eindrucksvollen Lokals, dessen kleine Räume aus dem 19. Jahrhundert mit alten Möbeln und bemalten Decken ausgestattet sind. Die an traditionelle Rezepte anknüpfende Küche von Claudia lässt Gerüche und Aromen vergangener Zeiten aufleben: vorzügliche Ravioli und *tajarin*, Rindshaxe,

Lamm aus dem Ofen, Kaninchen in herber Sauce; in der Saison Pilze und Trüffeln. Reichhaltige Auswahl an Käse und umfassende Weinkarte mit einem fantastischen Sortiment von Barolo und Barbaresco.

La luna nel pozzo
piazza Italia, 23
Tel. 0173 67098
Mittwochs geschlossen.
Betriebsurlaub: einen Monat zwischen Juni und Juli sowie zwischen Weihnachten und Dreikönigstag.
Gedecke: 27
Preise: € 40–42 ohne Wein.
Alle Kreditkarten.
Gemütliches Lokal und sorgfältig zubereitete klassische piemontesische Küche. Rohes Fleisch, *vitello tonnato*, *ravioli dal plin* und *tajarin*, Barolo-Schmorbraten, aber auch Auberginentörtchen, kleiner Kabeljau-Auflauf und gewellte Bandnudeln aus Buchweizen. Beachtliche Weinauswahl.

EINKAUFEN

SÜSSIGKEITEN

Mario Curletti
via Tanaro, 18
Eine gute Adresse für süße Spezialitäten und Backwaren.

GRAPPA

Romano Levi
via Borgo Stazione
Romano ist eine Institution am Ort; deshalb hat man sein kleines altes Haus schnell gefunden. Er macht alles selbst: vom Destillieren des Grappa bis zum handgeschriebenen Etikett. Unter dem Vordach stapeln sich blass lila Blöcke aus gepresstem Trester, die Romano Levi verbrennt, um die Destillierkolben aus Kupfer zu erhitzen. Es ist

nicht ganz einfach, an die begehrten Flaschen heranzukommen: Romano trennt sich ungern von seinen Schöpfungen.

HONIG UND MARMELADE

Cascina Velledoglio
località Valledoglio, 4
Honig in jeder Art – aus Lindenblüten, Akazien, Löwenzahn, einer Blütenmischung – ist das Hauptprodukt des Betriebs von Franco Rossello, doch auch die Marmelade, der Traubenmost und die Würztunke *bagna caoda* im Glas sind zu empfehlen.

WURSTWAREN

Salumeria Nannerini
piazza Italia,17
Das in einem Palazzo aus dem 16. Jahrhundert an der Haupt-Piazza gelegene Geschäft von Federico Nannerini und Mariella Pola bietet Wurstwaren aus eigener Herstellung. Von der Decke hängen gekochte und rohe Würste, Landjäger, Bauchspeck, Schlackwurst und Würstchen.

WEIN UND SPEZIALITÄTEN

Bottega dei Quattro Vini
piazza Italia
Tel. 0173 677014
Öffnungszeiten: Mittwoch, Donnerstag und Freitag 14 bis 19 Uhr; Samstag, Sonntag und Feiertage 10.30–13 und 14.30–19 Uhr; montags und dienstags geschlossen. Betriebsurlaub: im Februar.
In den ehemaligen Weinkellern der Casa Borgese ist jetzt die Bottega Comunale del Vino untergebracht, ein Präsentierteller für die vier klassischen DOC-Weine aus Neive: Barbaresco, Barbera, Dolcetto und Moscato. Dort sind die Flaschen der rund

30 Genossenschaftsmitglieder ausgestellt, man kann Weine verkosten, zu Vorzugspreisen kaufen und sich mit Informationsmaterial – Karten und Faltblätter – über den Ort eindecken. Außerdem finden in der Bottega Foto- und Kunstausstellungen statt.

Al nido della cinciallegra Enoteca Contea
Piazza Cocito
Eine bewährte Adresse für den Kauf von Qualitätsprodukten der Gegend. Tonino bietet ein vortreffliches Sortiment von Weinen (inklusive historischer Jahrgänge und einer einmaligen Auswahl an Gaja-Gewächsen), Grappa, Robiola aus Alba, Torrone, Schokolade und in der Saison Trüffeln. Contea ist auch ein Landwirtschaftsbetrieb, deshalb gibt es außerdem Wurstwaren, Wein und Grappa aus eigener Herstellung. Und – ein nicht ganz uninteressantes Detail – die Verkostung (von Wein, Wurst und Robiola) ist gratis!

Enoteca L'Aromatario
piazza Negro, 4
Rita Pastura bietet eine Auswahl örtlicher Weine, Haselnusskuchen, Torrone, Maisgebäck, Konfitüren und Gewürze. Im Obergeschoss zwei Doppelzimmer mit Bad.

WEINERZEUGER

Piero Busso
borgata Albesani, 8
Tel. 0173 67156
Piero Busso erzeugt eine Palette von Weinen bewährter Qualität mit ausgeprägtem Charakter: Dolcetto, Nebbiolo, Barbera Vigna Majano, Barbaresco Vigna Borgese und einen ansprechenden Weißwein aus Chardonnay und Sauvignon.

Cantina del Glicine
via Giulio Cesare, 1
Tel. 0173 67215 – 677505
Dieser Betrieb erzeugt zwei gute Barbaresco-Crus: den in der Barrique und in wenigen tausend Flaschen ausgebauten Marcorino und den Curà. Außerdem einen duftenden Dolcetto d'Alba. Die Kellerei ist in einem herrlichen Gebäude aus dem 17. Jahrhundert untergebracht.

Cascina Crosa
borgata Crosa, 56
Tel. 0173 67376
Pasquale Pelissero erzeugt einen guten Barbaresco und einen äußerst süffigen Dolcetto zu günstigen Preisen.

Cascina Vano
via Rivetti, 9
Tel. 0173 677705 – 67263
Bruno Rivetti, Cousin des berühmten Giorgio, bewirtschaftet fünf Hektar, deren Reben nach einer sorgfältigen Weinbereitung etwa 15.000 Flaschen Barbaresco, Barbera, Dolcetto und Moscato vortrefflicher Qualität ergeben.

Castello di Neive
via Castelborgo, 1
Tel. 0173 67171
Die Brüder Stupino erreichen höchste Qualität mit dem Barbaresco Riserva Santo Stefano. Sehr empfehlenswert, auch wegen des guten Preis-Leistungs-Verhältnisses, sind die Dolcetto-Crus.

Fratelli Cigliuti
località Serra Boella, 17
Tel. 0173 677185
Nur vier Hektar und äußerst anspruchsvolle Erzeugnisse. Renato Cigliuti, ein VIP des DOC-Bereichs, führt den Betrieb mit großem Einsatz im

Weinberg und im Gärkeller. Barbaresco Serraboella und Langhe Rosso Bricco Serra sind die beiden Spitzenweine, im Gefolge Dolcetto und Barbera d'Alba.

Collina Serragrilli
via Serragrilli, 30
Tel. 0173 67174
Frauen stehen an der Spitze des Betriebs der Familie Lequio, der mit dem Lesegut des Weinbergs Serragrilli etwa 50.000 Flaschen im Jahr abfüllt. Moscato Passito Il Grillo, Barbaresco, Dolcetto und Grillo Rosso (aus Nebbiolo und Barbera mit Barrique-Ausbau) sind die Bestseller der Kellerei.

Fontanabianca
frazione Bordini, 15
Tel. 0173 67195
Die Kellerei der Familien Pola und Ferro verkeltert die Trauben von zwölf Hektar Rebfläche zu einem herausragenden Barbaresco, dem Sorì Burdin. Die Qualität der Weine wächst beständig; auch Barbera, Dolcetto und Arneis sind beachtlich.

Gastaldi
via Serra Boella, 2
Tel. 0173 677400
Nach dem verdienten Erfolg mit dem Dolcetto d'Alba Moriolo (absolute Spitze die Riserva 1990!) stellte Bernardino Gastaldi sein Können erneut unter Beweis: mit dem großen Rosso Gastaldi aus Nebbiolo, der vor der Flaschenabfüllung lange in Stahltanks reift, und dem in französischer Eiche ausgebauten Rosso Castlè. Beachtlich auch der Bianco aus Sauvignon und Chardonnay.

Bruno Giacosa
via XX settembre, 52
Tel. 0173 67027

Bruno Giacosa ist ein international anerkannter Erzeuger gut strukturierter, langlebiger Weine. Hut ab vor den Barbaresco-Crus Santo Stefano und Gallina sowie den Barolo-Gewächsen Collina Rionda, Rocche di Castiglione und Falletto. Ebenfalls verlockend der Arneis und der Giacosa Brut.

Fratelli Giacosa
via XX settembre, 64
Tel. 0173 67013
Einer der größten Erzeuger der Langhe: 600.000 Flaschen im Jahr; 15 Hektar Landbesitz, zum Teil in Spitzenlagen von Monforte und Castiglione. Die Produktion umfasst die ganze Palette von Rotweinen der Gegend (Barbaresco, Barolo, Barbera Mariagioana, Dolcetto) und den weißen Ca' Lunga, einen Verschnitt von Trauben aus in der Alta Langa angebauten Reben der Sorten Pinot nero, Riesling und Chardonnay.

Ugo Lequio
via del Molino, 10
Tel. 0173 677224
Ugo Lequio erzeugt die klassischen Weine der Gegend, alle in guter Qualität. Besonders zu empfehlen sind Barbaresco Gallina und Barbera d'Alba.

Paitin Pasquero Elia
via Serra Boella, 20
Tel. 0173 67343
Das Glück der Familie Pasquero liegt vor allem im Weinberg: jener sonnigen Einzellage Paitin, in der fantastische Nebbiolo- und Dolcetto-Trauben reifen. Aus diesen werden ein umwerfender Barbaresco und ein nicht weniger herrlicher Dolcetto d'Alba gekeltert. Und natürlich der Paitin selbst, das Aushängeschild der Kellerei.

Parroco di Neive
piazza Negro, 7
Tel. 0173 67008
Ein reichhaltiges Angebot aller DOC-Weine aus Neive: Barbaresco Vigneto Gallina, Dolcetto Basarin, Barbera d'Alba und Moscato d'Asti. Allesamt in guter Qualität und bezahlbar.

Prinsi
regione Gaia, 6
Tel. 0173 67192
Franco und Ottavio Lequio bewirtschaften 20 Hektar mit Reben der Sorten Nebbiolo, Dolcetto, Barbera, Chardonnay, Sauvignon und Cabernet Sauvignon.

Punset
regione Moretta, 42
Tel. 0173 67072
Marina Marcarino führt seit einigen Jahren mit Erfolg den Betrieb der Familie. Unter ihren Weinen tut sich besonders der ausgezeichnete Barbaresco Campo Quadro hervor.

Sottimano
località Cottà, 21
Tel. 0173 635186
Rino Sottimano hat aus dem Familienbetrieb einiges gemacht. Die Barbaresco-Crus Currà Vigna Masué, Fausoni Vigna del Salto und Cottà Vigna Brichet zählen zu den Besten ihrer Art. Beachtlich sind auch der Barbera d'Alba Pairolero und der trockene Bracchetto Maté.

Giuseppe Traversa
via Canova, 16
Tel. 0173 67279
Diese Kellerei erzeugt alle vier Weine aus Neive in guter Qualität.

NOVELLO

ÜBERNACHTUNG

Barbabuc
via Giordano, 35
Tel. 0173 731298
Drei Sterne, 10 Zimmer mit
Bad und Toilette. Garten, Bar,
Konferenzraum, Parkplatz in
der Nähe.
Preise: EZ € 77,50; DZ € 88;
ländliches Frühstück € 8.
Alle Kreditkarten.
In einem Palazzo aus dem
19. Jahrhundert hat Maria Beccaria ein wunderschönes kleines
Hotel eingerichtet, in dem Stil
und Zuvorkommenheit mit professionellem Management einhergehen. Mit alten Möbeln und
Designer-Objekten eingerichtete Zimmer sind etwa das Präsidentenzimmer, das gelbe Zimmer oder das Tulpenzimmer.
Ruhiger Garten und Terrasse
mit Aussicht. Reichhaltiges Frühstück mit Marmelade, knusprigem Brot, Wurst, Käse und
Omeletts. Verkostung und Verkauf örtlicher Weine in der Enoteca Barbabuc.

Abbazia Il Roseto
via Roma, 38
Tel. 0173 744016
Preise: DZ € 57–70 mit
Frühstück.
Der von Anna Demichelis geführte Agriturismo-Betrieb verfügt über sechs geräumige, geschmackvoll eingerichtete und
teilweise mit Malereien verzierte Zimmer mit Bad in einem
renovierten Gebäudekomplex,
einem ehemaligen Kloster, am
Ortseingang.

EINKAUFEN

MAISGEBÄCK

Panetteria Manzone
via Giordano, 7

Das knusprige Gebäck aus Maismehl passt hervorragend zu Tee
oder Kaffee.

WEIN

Bottega comunale del vino
via Roma, 1
Öffnungszeiten: an Samstagen
und Vorfeiertagen 15–18 Uhr;
an Sonn- und Feiertagen 10 bis
12 und 15–18 Uhr.
(An den anderen Tagen sollte
man bei der Gemeinde anrufen:
Tel. 0173 731147).
In dem großen Raum, einst
Kapelle und Krypta einer Pfarrkirche aus dem 18. Jahrhundert, sind die Erzeugnisse von
rund 20 Erzeugerbetrieben aus
Novello ausgestellt. Ein breites
Spektrum: Barolo, Dolcetto,
Freisa, Barbera, Nebbiolo, Bianco di Novello. Verkostung und
Verkauf zu attraktiven Preisen.

WEINERZEUGER

Elvio Cogno
località Ravera, 2
Tel. 0173 744006
Aus dem Rebgut ihrer den Hof
umgebenden Weinberge erzeugen Walter Fissore und seine
Frau Nadia Qualitätsweine: Barolo Ravera, Barbera Bricco dei
Merli, Dolcetto d'Alba Vigna
del Mandorlo, Langhe Rosso
Montegrilli und etwas ganz Besonderes, den Nas-Cetta, einen
einzigartigen Weißwein aus
einer autochthonen Rebsorte
aus Novello, die ebendiese Kellerei wiederentdeckt hat.

Le Strette
via le Strette, 2
Tel. 0173 744002
Ein kleiner, gut ausgestatteter
Landwirtschaftsbetrieb, der zurzeit Barbera d'Alba Puzzole und
Dolcetto Rocca dei Bergera
erzeugt; auf den Barolo Bergeisa
muss man noch einige Jahre

warten. Daneben wird eine geringe Menge des für Novello
typischen Weißweins Nas-Cetta
produziert.

Giovanni e Roberto Stra
regione Ciocchini, 5
Tel. 0173 731214
Der Familienbetrieb erzeugt
vortreffliche Langhe-Weine. Zu
empfehlen der preislich korrekte
Dolcetto, der Barolo und der
Barbera. Außerdem Brajas aus
Nebbiolo- und Barbera-Trauben
mit Barrique-Ausbau.

RODDI

ÜBERNACHTUNG

Enomotel Il Convento
via Cavallotto, 1
Tel. 0173 615286
Drei Sterne, 27 DZ, alle mit Bad.
Enoteca, Restaurant, Bar,
Parkplatz.
Preise: EZ € 67, DZ € 93
mit Frühstück.
Alle Kreditkarten.
Il Convento liegt zwei Kilometer
von Roddi entfernt an der im
Tal verlaufenden Straße zwischen Barolo und Alba. Ein guter Ausgangspunkt für Ausflüge
ins Barolo-Gebiet.

Cascina Barin
borgata Toetto, 21
Tel. 0173 615159
16 Schläfplätze.
Preise: € 22–24 pro Person.
Die vorsichtige Restaurierung
hat das alte Gut nicht verschandelt, im Gegenteil: Die Zimmer
sind durch die Kassettendecken,
die Eisenbetten und die vornehmen alten Möbel noch schöner
geworden. Reichhaltiges Frühstück mit Teigfladen, Wurst und
Käsespezialitäten.

Cascina Toetto
borgata Toetto, 2
Tel. 0173 615622
www.cascinatoetto.it
5 Zimmer mit Bad, Satelliten-TV
und Telefon.
Preise: EZ € 50, DZ € 62–72
mit Frühstück.
Die Cascina Toetto verfügt über
komfortable, mit alten Möbeln
elegant eingerichtete Zimmer.
Freundlicher Empfang und viele
Sportmöglichkeiten: Mountainbike-Verleih, Bogenschießen und
Sonderkonditionen im nahen
Reitstall.

RESTAURANTS

La Crota
piazza principe Amedeo, 1
Tel. 0173 615187
Montagabends und dienstags
geschlossen.
Betriebsurlaub: Ende Juli.
Gedecke: 60
Preise: € 30–32 ohne Wein.
Alle gängigen Kreditkarten.
Das Restaurant befindet sich in
einem alten Weinkeller mit
Backsteinmauern und ist mit
Bauernmöbeln eingerichtet. Die
Küche bietet schön präsentierte,
kreativ variierte traditionelle
Gerichte der Langhe. Ordent-
licher Service. Auf der Karte
eine erlesene Auswahl örtlicher
Weine. Im Sommer speist man
auf der Terrasse mit Blick auf
die Hügel.

SAN ROCCO SENO D'ELVIO

WEINERZEUGER

Poderi Colla
località San Rocco
Seno d'Elvio, 82
Tel. 0173 290148
Die Brüder Colla, die lange die
Traditionskellerei Prunotto in
Alba führten, haben vor einigen

Jahren diesen Betrieb gegründet. Aus Rebgut von Spitzenlagen (unter anderem Bussia für
Barolo und Roncaglia für Barbaresco) werden Barbaresco,
Barolo, Barbera, Dolcetto und
Freisa erzeugt.

Gianluigi Lano
Strada Basso, 38 bis
Tel. 0173 286958
Dolcetto, Barbaresco und Barbera erzeugt diese Kellerei, die
ihre Pforten Anfang der Neun-
zigerjahre öffnete. Zu empfehlen
der in der Barrique ausgebaute
Barbera.

Luigi Penna e figli
località San Rocco
Seno d'Elvio, 96
Tel. 0173 286948
Ein Familienbetrieb, der sich
durch vorteilhafte Preise aus-
zeichnet. Hervorragend der
Dolcetto d'Alba Bricco Galante.

Armando Piazzo
località San Rocco
Seno d'Elvio, 31
Tel. 0173 35689
Einer der größten Agrarbetriebe
der Gegend, der die gesamte
Palette der Langhe-Weine an-
bietet: geradeheraus und voll im
Geschmack, preislich korrekt.

SERRALUNGA D'ALBA

ÜBERNACHTUNG

Italia
piazza Cappellano
Tel. 0173 613124
Zwei Sterne, 8 Zimmer mit Bad.
Preise: EZ € 42; DZ € 62.
Alle Kreditkarten außer AE.
Giaculin Anselma, nicht nur
Besitzer des Hauses, sondern
auch Trauben- und Weinhänd-
ler, ist eine Institution in den
Langhe. Es gibt nichts, was er

über die Weinberge und Kellereien der Gegend nicht wüss-
te. Sein Hotel – in dem Anfang
des 20. Jahrhunderts die berühmten Traubenkuren angeboten wurden – ist einfach, aber
ordentlich. Angeschlossenes
Restaurant mit unverfälschter
traditioneller Küche der Langhe; Verkostung der Weine des
Hauses.

L'antico asilo
via Mazzini, 13
Tel. 0173 613016
www.anticoasilo.com
4 Zimmer mit Bad.
Preise: EZ € 62, DZ € 93,
Dreibettzimmer € 124 inklusive
Frühstücksbüfett.
Ein unterhalb des Kastells gele-
genes, sorgfältig restauriertes
Jugendstilgebäude. Die vier
nüchtern-elegant eingerichteten
Zimmer garantieren einen rund-
um erholsamen Aufenthalt.

RESTAURANTS

Antica Trattoria del Castello
frazione Baudana, 63
Tel. 0173 613375
Mittwochs geschlossen.
Betriebsurlaub: im August und
nach Weihnachten.
Gedecke: 70
Preise: € 26–29 ohne Wein.
Alle gängigen Kreditkarten.
Das an der Straße nach Serralunga gelegene Lokal mit rus-
tikalem Ambiente bietet traditionelle Hausmannskost: in
feine Scheiben geschnittenes
rohes Fleisch, *vitello tonnato*,
Zunge mit Sauce oder Paprika
mit der Würztunke *bagna caoda* als Vorspeise; Agnolotti mit
Rosmarin, *tajarin* oder Risotto als Primo; Kaninchenragout
oder Braten als Hauptgericht;
Mandelpudding, Haselnuss-
kuchen und Sahnecreme zum
Dessert. Dazu die guten Weine
des Hauses.

Cascina Schiavenza
via Mazzini, 4
Tel. 0173 613115
Montags geschlossen sowie
an Festtagen am Abend.
Betriebsurlaub: im Juli und
im Januar.
Gedecke: 40 plus 20 im Freien.
Preise: € 23 – 25 ohne Wein.
Alle gängigen Kreditkarten.
Ein einfaches, unverfälschtes
Lokal mit traditionellen Gerichten der Gegend aus den erfahrenen Händen von Luciana, die
ihr Wissen an die Töchter Maura und Enrica weitergibt. In dem
großen, weiß getünchten Raum
werden die Vorspeisen serviert:
kleiner Hähnchensalat mit *sarset* und Parmesan, *vitello tonnato* und ausgebackene gefüllte
Kürbisblüten. Nach den typisch
piemontesischen Primi (*agnolotti
dal plin* und *tajarin*) gibt es Barolo-Schmorbraten, Kaninchen,
Perlhuhnrollbraten, eine Platte
mit verlockenden Käsespezialitäten und leckere Desserts.
Die Weinkarte ist auf Erzeuger
aus Serralunga spezialisiert.

Wein und kleine Speisen

Bar Centro Storico
via Roma, 6
Ein kleiner Raum mit wenigen
Tischen und einer Holztheke
unterhalb des Kastells. Am besten, man bestellt einen Teller
mit piemontesischem Käse und
erstklassigen Wurstspezialitäten;
alternativ ein leckeres belegtes
Brötchen oder eine Pizza. Gute
Auswahl an Weinen, auch offen
im Glas ausgeschenkt.

Einkaufen

Wein und Spezialitäten

Bottega del vino
via Foglio, 1
In der von den Erzeugern aus
Serralunga betriebenen Wein-

handlung kann man die Gewächse der örtlichen Weinberge verkosten (die zu den besten
Lagen des Barolo-Gebiets zählen). Die Bottega del vino organisiert «Degustare per vigne»,
ein Wein- und Spezialitätenspaziergang durch die Einzellagen von Serralunga, der jedes
Jahr am dritten Sonntag im
Juni stattfindet. Die Bottega ist
dienstags bis sonntags geöffnet;
von Dezember bis März ist sie
geschlossen.

La Contrada
via Roma, 48
Die Suche nach diesem winzigen Geschäft in einem der Gässchen lohnt sich. Franco Giaccone fotografiert die Langhe und
verkauft die schönsten Bilder. In
seinem Laden gibt es den Essig,
den sein Onkel, der berühmte
Koch Cesare di Albaretto, herstellt, sowie Haselnusskuchen
von Viberti aus Monforte und
die Produkte der Antica Dispensa. Außerdem Grappa von
Marolo aus Alba, Barolo Chinato, Torrone und Langhe-Weine.

L'infernòt del castel
via Roma, 2
Tel. 0173 613447
Außer dem berühmten Barolo
Chinato von Giuseppe Cappellano eine große Auswahl an
örtlichen Weinen, Grappa und
Delikatessen.

Weinerzeuger

Luigi e Fiorina Baudana
borgata Baudana, 33
Tel. 0173 613354
Der kleine Betrieb erzeugt Dolcetto und Barbera d'Alba, Langhe Chardonnay und natürlich
Barolo, und zwar aus den Einzellagen Baudana und Cerretta.

Gabutti di Franco Boasso
borgata Gabutti, 3 a
Tel. 0173 613165
In dem kleinen Familienbetrieb
erzeugen Franco und sein Sohn
Ezio von vier Hektar Rebfläche
Barolo (Cru Gabutti), Dolcetto,
Barbera sowie Moscato d'Asti.

Giuseppe Cappellano
via Alba, 13
Tel. 0173 613103
Giuseppe Cappellano, ein profunder Kenner der Barolo-Spitzenlagen, der vor allem für seinen Barolo Chinato berühmt
war, hat das Gut gegründet;
heute führt es Teobaldo Cappellano. Außer dem legendären
Barolo Chinato werden Barolo
Otin Fiorin Collina Gabutti, Barbera Gabutti, Langhe Rosso
Augusto und Nebbiolo erzeugt.

Cascina Cucco
via Mazzini, 10
Tel. 0173 613102
Schöne Neuigkeiten aus der
Cascina Cucco der Brüder
Stroppiana, einem Erzeugerbetrieb mit großen Rebflächen
in den besten Lagen von Serralunga. Mit Spannung erwartet
werden die Weine des Jahrgangs 2000.

Fontanafredda
via Alba, 15
Tel. 0173 613161
Der vollständig mit Reben bedeckte Hügel Fontanafredda,
der sich über den Kellereigebäuden aus dem 19. Jahrhundert
und dem Landhaus der Bela
Rosin erhebt, bietet einen unvergleichlichen Blick über das
Barolo-Gebiet. Hohe Quantität
(Millionen von Flaschen im Jahr)
führt hier nicht zu Einbußen bei
der Qualität: Der Betrieb setzt
von jeher auf die Erstklassigkeit
der Produktion, die alle piemontesischen Weine umfasst. Eine
schöne Serie von Barolo-Wei-

nen aus Serralunga: Lazzarito, La Villa, La Rosa und La Delizia. Besichtigung der Kellerei auf Anmeldung.

Ettore Germano
borgata Cerretta, 1
Tel. 0173 613528 – 613112
Sergio Germano führt seit einigen Jahren den väterlichen Betrieb, der inmitten zweier berühmter Einzellagen von Serralunga, Cerretta und Pra di Po, liegt. Der Barolo Cerretta ist sehr gut; der Dolcetto Pra di Po zeichnet sich durch außerordentliche Finesse und einen beachtlichen Körper aus; der Barbera d'Alba Vigna della Madre ist ein gut strukturierter, moderner Wein. Als innovativ und sehr ansprechend erweist sich der Balau aus Dolcetto und geringen Mengen Barbera, in kleinen Holzfässern ausgebaut.

Valter Palladino
Piazza Cappellano, 9
Tel. 0173 613108
Eine Traditionskellerei, die gemeinsam mit den Familien Cappellano, Anselma und Massolino das Fundament zur Weinerzeugung in Serralunga legte. Seit einigen Jahren produziert der Betrieb für Valsangiacomo, einen Erzeuger aus dem italienischen Teil der Schweiz, der ausgezeichnete Weinberge in den Spitzenlagen von Serralunga erworben hat.

Luigi Pira
via XX settembre, 9 bis
Tel. 0173 613106
Die Wahrung der Balance zwischen Modernität und Tradition des Nebbiolo – das ist es, was Giampaolo Piras drei Barolo-Crus, Marenca, Margheria und Vigna Rionda, auszeichnet.

Vigna Rionda di Massolino
piazza Cappellano, 6
Tel. 0173 613138
Vigna Rionda in Serralunga ist eine der besten Einzellagen in den Langhe. Sie liefert die Reben, aus denen die Kellerei Massolino außerordentlich dichten Barolo erzeugt. Dem klassischen, erhabenen Vigna Rionda, dem Aushängeschild des Betriebs, stehen die moderneren Crus Parafada und Vigneto Margherita gegenüber. Zu empfehlen auch der vortreffliche Barbera d'Alba Gisep und die beiden Chardonnay-Gewächse.

TREISO

Il ciliegio
via Meruzzano, 21
Tel. 0173 630126 – 638267
3 Zimmer mit 4 Betten und Bad, 4 Appartements mit 4 Betten, Bad, kleine Wohnküche. Preise: DZ € 46,50; Appartement € 450 pro Woche. Verkauf von Wein, Obst, Gemüse, Hühnern und Kaninchen des Bauernhofs. Auf den umliegenden Hügeln Wanderwege und Routen für Radtouren.

Ada Nada
via Ausario, 12
Tel. 0173 638127
7 DZ, alle mit Bad, in einigen Zimmern ein drittes Bett oder Kinderbett. Preise: DZ € 57; Frühstück € 5,50. E-Mail: info@adanada.it
Ein schönes restauriertes Gut aus dem 18. Jahrhundert inmitten der Weinberge von Treiso. Man kann die Kellerei besichtigen und die Weine verkosten. Zum Frühstück Brot und Marmelade, Kuchen, Wurst, Käse und Gemüse mit Würzdip.

Villa Ile
Strada Rizzi, 18
Tel. 0173 362333
3 Zimmer mit Bad.
Preise: € 26 pro Person; Frühstück € 8.
Der Betrieb von Ileana Corradini produziert Qualitätsweine, Obst und Gemüse.

RESTAURANTS

La Ciau del Tornavento
piazza Baracco, 7
Tel. 0173 638333
Mittwochs geschlossen sowie donnerstags zur Mittagszeit. Betriebsurlaub: wechselnd. Gedecke: 60
Preise: € 42 – 52 ohne Wein. Alle Kreditkarten außer AE. Seine Liebe zu den Langhe und seine Leidenschaft für Wein haben Maurilio dazu bewegt, das Tornavento neu aufzuziehen; sein Kapital waren die bereits eingeheimsten Lorbeeren, der Name seiner Restaurants «La Ciau» und ein Michelin-Stern. In dem Lokal in Treiso fügt er der traditionellen Küche der Gegend die persönlichen Noten des Meisterkochs hinzu. So bietet sein «Menü der Langhe» mit Thunfisch-Mousse gefüllt und mit Lavendelblüten garnierte Paprika, mit Kartoffeln und Lauch gefüllte Agnolotti, Risotto mit Barolo und Wachteln. Die Gerichte wechseln wöchentlich. Alternativ dazu ein etwas ausgefalleneres Menü. Reichhaltige Käseauswahl und umfassende Karte mit Weinen aus den Langhe und anderen italienischen Regionen sowie interessante ausländische Gewächse.

Osteria dell'unione
via Alba, 1
Tel. 0173 638303
Sonntagabends und montags
geschlossen.
Betriebsurlaub: im August.
Gedecke: 50
Preise: € 25–27 ohne Wein.
Keine Kreditkarten.
Die Osteria dell'unione, eine
feste Burg in der Restaurant-
szene der Langhe, ist genau das
Richtige, wenn man in gemütlichem, familiärem Ambiente
traditionelle Hausmannskost genießen möchte. Das feste Speisenangebot variiert nur leicht
zwischen Winter und Sommer.
Es werden mindestens drei
Vorspeisen serviert (Wurst und
Speck mit kleinen Omeletts,
Toma-Käse aus den Langhe mit
pikanter Cremesauce, *vitello tonnato*, marinierte Hühnerbrust)
und umwerfende Primi: zarte
agnolotti dal plin und *tajarin* mit
Fleischsauce. Als Hauptgericht
sollte man sich das Kaninchen
nicht entgehen lassen, es ist mit
Paprika, Barbaresco oder Kräutern im Angebot. Viele schöne
Weine aus den Langhe im Keller.

Risorgimento
viale Rimembranza, 1
Tel. 0173 638195
Montags geschlossen.
Betriebsurlaub: wechselnd.
Gedecke: 60
Preise: € 20,50–21.
Keine Kreditkarten.
Das an der Hauptstraße gelege-
ne Lokal mit dem schönen alten
Namen erinnert im Stil ein biss-
chen an die Siebzigerjahre: ein
Speisesaal, ein Raum für den
Ausschank und gleich nebenan
die *censa*, was im Dialekt soviel
heißt wie Gemischtwarenladen.
Die Inhaber sehen sich momen-
tan nach anderen Räumen um
und planen einen Umzug inner-
halb des Orts. Die neue Adres-

se erfahren Sie gegebenenfalls
telefonisch. Herrliche Primi von
Maria Settima: *agnolotti dal plin*
mit Butter und Salbei, *tajarin*
mit Sauce, kleine Gnocchi mit
Tomaten, Risotto mit Käsecreme. Als Hauptgericht Lamm
aus dem Ofen, Kaninchen im
Topf und Kalbsfilet an Barbaresco. Die Weinkarte bietet eine
ordentliche Auswahl örtlicher
Gewächse.

EINKAUFEN

BROT

Panetteria forno a legna
Fabrizio Fenocchio
località Altavilla
via Rio Sordo, 52
Diese Backstube – eine der letzten in der Gegend – gehört
streng genommen zur Gemeinde Alba, doch Pertinace, Ortsteil von Treiso, beginnt zwanzig
Meter weiter (jenseits der Brücke über den Seno d'Elvio),
während das Zentrum von Alba
fünf Kilometer entfernt ist. Fabrizio Fenocchio backt handge-
formte Grissini, knuspriges Bau-
ern- und Landbrot sowie *biove*,
ein Brot ohne Fett und Zusät-
ze, mit dem unvergleichlichen
Duft eines Brotes, das langsam
im Holzofen gebacken wurde.

WEINERZEUGER

Orlando Abrigo
frazione Cappelletto
Tel. 0173 630232
Dank Giovanni, dem Sohn von
Orlando Abrigo, hat die Kellerei
einen ordentlichen Sprung nach
vorne gemacht. Das Spektrum
der Weine, allesamt guter Qualität, umfasst Barbaresco, Dolcetto d'Alba, Barbera d'Alba
Mervisano, Freisa, Chardonnay
und Moscato Passito.

Ca' del Baio
via Ferrere, 33
cascina Valle Granda
Tel. 0173 638219
Giulio Grasso erzeugt Dolcetto, Moscato, Barbera und Chardonnay zu attraktiven Preisen.
Sehr interessant ist der Barbaresco aus Asili, einer der besten
Einzellagen des Gebiets.

Fratelli Grasso
località Valgrande
via Giacosa, 1 b
Tel. 0173 638194
Die Brüder Grasso erzeugen
schon seit mehreren Jahrzehnten Wein in Valgrande, doch
erst seit wenigen Jahren füllen
sie auch den größten Teil davon
selbst ab. Barbaresco und Barbera können sich sehen lassen.

Eredi Lodali
viale Rimembranza, 5
Tel. 0173 638109
Rita Lodali ist eine tatkräftige
Winzerin. Sie hat den Betrieb
umstrukturiert und auf die Verarbeitung des Rebguts aus den
eigenen Weinbergen in Treiso
und Roddi spezialisiert. Erzeugt
werden Barbaresco Rocche dei
Sette Fratelli, Barolo Bric San-
t'Ambrogio, Dolcetto d'Alba,
Barbera d'Alba und Chardonnay.

Fratelli Molino
via Ausario, 5
Tel. 0173 638384
Kellerei mit traditioneller Pro-
duktpalette; der Dolcetto und
der Barbaresco von der Lage
Ausario sind die Aushängeschil-
der.

Ada Nada
via Ausario, 12
Tel. 0173 638127
Giancarlo Nada erzeugt einen
Dolcetto, einen Barbera, einen
Langhe Rosso La Bisbetica (Ver-
schnitt aus Nebbiolo und Bar-
bera) und vor allem zwei Barba-

resco-Crus, alle in hervorragender Qualität.

Fiorenzo Nada
località Rombone
Tel. 0173 638254
Eine der interessantesten Kellereien in Treiso. Vater Fiorenzo und Sohn Bruno erzeugen wenige Weine von außerordentlicher Qualität: Barbaresco, Seifile (Verschnitt aus Barbera und Nebbiolo, in der Barrique gereift) und Dolcetto d'Alba.

Pelissero
via Ferrere, 19
Tel. 0173 638136 – 638430
Giorgio Pelissero verfügt über Spitzenlagen und eine moderne Kellerei und seine Weine sind entsprechend gut. Probieren Sie den intensiven Barbaresco Vanotu – doch auch der normale Barbaresco ist nicht zu verachten. Außerdem Dolcetto d'Alba Augenta und Manfrina, Barbera d'Alba I Piani sowie Nebbiolo.

Rizzi
località Rizzi, 13
Tel. 0173 638161
Die Kellerei von Ernesto Dellapiana erzeugt alle Weine des Gebiets. Zu empfehlen der Barbaresco und der Dolcetto d'Alba aus den Lagen Fondeta und Sorì del Noce sowie der Chardonnay aus dem Weinberg Speranza.

Vignaioli Elvio Pertinace
località Pertinace, 2
Tel. 0173 442238
In dem Betrieb haben sich einige Erzeuger der Gegend zusammengeschlossen. Aus ihren Trauben werden eine Reihe guter Weine erzeugt, allen voran der Dolcetto d'Alba der Crus Nervo und Castellizzano sowie der Barbaresco aus den gleichen Lagen.

Villa Ile
località Rizzi, 15
Tel. 0173 362333
Dolcetto, Barbaresco und vor allem Garassino, ein in der Barrique ausgebauter Verschnitt, sind die Spitzenprodukte dieser Kellerei. Gut sind auch der Moscadile und der Moscato di Treiso Passito.

Verduno

Übernachtung

Real Castello di Verduno
via Umberto I, 9
Tel. 0172 470125,
Fax 0172 470298
Zwei Sterne, 20 Zimmer
(8 im Schloss, 5 in der «Castalderia» und 7 in der «Foresteria») mit Toiletten, 2 Suiten.
Parkplatz, Restaurant, Garten.
Im Dezember geschlossen.
Preise: DZ € 100–135,
Suite € 180 mit Frühstück.
Alle Kreditkarten.
Das Hotel ist in einem Flügel der Burg untergebracht, in der einst König Carlo Alberto residierte. In den mit alten Möbeln ausgestatteten Zimmern und Appartements scheint die Zeit stehen geblieben zu sein, und das seit dem 19. Jahrhundert unveränderte Ambiente zieht Stammkunden aus aller Welt an. In zwei Sälen des Kastells ist zeitgenössische Kunst ausgestellt. Lisetta Burlotto hat in der Vogtei («Castalderia») im angrenzenden Park fünf Zimmer mit alten Wandgemälden eingerichtet, die durchaus mit denen des Kastells konkurrieren können. Eine weitere Neuheit ist die Foresteria Nando in der Via Beato Valfré: sieben gemütliche Zimmer sowie ein der Kunst und dem Essen gewidmeter Mehrzweckraum; die Räume können außerdem für private

Diners gemietet werden. Ein schattiger Park und der Blick auf den Alpenbogen bilden die herrliche Kulisse dieser grandiosen Residenz, die so perfekt in ihre Umgebung eingepasst ist.

Agriturismo Ca' del Re
via Umberto, 14
Tel. 0172 470281
5 Zimmer mit Bad.
Preise: DZ € 60 mit Frühstück (Einzelpersonen € 45–50).
Eine weitere Schöpfung der Schwestern Burlotto: Graziella führt diesen einladenden Agriturismo-Betrieb, der über fünf schöne, schlicht und geschmackvoll im Jugendstil eingerichtete Zimmer mit Blick auf den unterhalb liegenden Park verfügt. Man kann die Weine der Kellerei verkosten und (auf Anmeldung) erstklassige traditionelle Gerichte genießen: Menü zu € 20–22 ohne Wein.

Restaurants

Real Castello di Verduno
via Umberto I, 9
Tel. 0172 470125
Kein Ruhetag.
Betriebsurlaub: im Dezember, Januar und Februar.
Gedecke: 40
Preise: € 45–47 ohne Wein.
Alle Kreditkarten.
Die Küche der Schwestern Burlotto – Lisetta, Gabriella und Lilli – hält sich streng an die Tradition und basiert auf örtlichen Erzeugnissen; und das tat sie auch schon, als man in den Langhe andere Wege beschritt und vielerorts Modernität um jeden Preis das Gebot der Stunde war. Hier gibt es Zunge in Sauce, *tajarin*, «Dreschsuppe», Rinderschmorbraten *(giura)* und zum Abschluss Haselnusskuchen nach einem Rezept des Hauses (der ebenso wie die hausgemachte Marmelade auch

verkauft wird). Gute Karte piemontesischer Weine. Reservierung unbedingt erforderlich.

John Falstaff
via Commendatore
Schiavino, 1
Tel. 0172 470244
Montags geschlossen.
Betriebsurlaub: im Januar und
vom 20. Juli bis 20. August.
Gedecke: 30
Preise: € 31–41 ohne Wein.
Alle Kreditkarten außer DC.
Ein Restaurant mit Charakter:
ausgesuchte Zutaten aus den
Langhe und dem Piemont,
sorgfältig ausgewählte – in der
darunter liegenden Enoteca
ausgestellte – Weine. Kreative Küche mit Respekt vor örtlichen Traditionen: Sahne-Käseauflauf mit Trüffeln, Hase in
Barbera, Taube mit Rüben,
Torrone-Mousse. Auch Fischgerichte.

La Cascata
zona Gurei
Tel. 0172 470126
Montagabends und dienstags
geschlossen.
Betriebsurlaub: 26. Dezember
bis Mitte Januar.
Gedecke: 600
Preise: € 20–22 ohne Wein.
Alle Kreditkarten.
Ein Restaurant für Gesellschaften, an den Wochenenden
immer sehr voll. Doch es gibt
auch verschwiegenere Räume,
in denen man in Ruhe die gute
regionale Küche und dazu einen
Wein aus der umfassenden
Karte genießen kann. Im Freien
zwei kleine Seen in der Nähe
des Tanaro und viel Platz für
Spaziergänge und zum Spielen.

EINKAUFEN

WURSTWAREN

Macelleria salumeria Fava
via Umberto I, 34
Pelaverga-Salami, Kochsalami,
Schlackwurst und Kalbfleisch
(von piemontesischen Rassetieren kleiner Zuchtbetriebe)
sind die Spezialitäten dieser
Metzgerei ganz in der Nähe der
Burg, die jede Menge Stammkunden – Privatleute und Restaurantbesitzer – beliefert.

WEINERZEUGER

Fratelli Alessandria
via Beato Valfré, 59
Tel. 0172 470113
Pelaverga und Barolo Monvigliero sind die beiden Spitzenprodukte dieser Kellerei, die
am Ortsrand in einem schönen
Gebäude aus dem 18. Jahrhundert residiert. Zu empfehlen
auch der Barbera, der Dolcetto
und der weiße Favorita.

Bel Colle
frazione Castagni, 56
Tel. 0172 470196
Unter der Ägide des Weinbautechnikers Torchio erzeugt
diese Kellerei eine Reihe angenehmer, kundig bereiteter Weine: Barolo, Pelaverga, Arneis,
Favorita sowie natürlich Dolcetto und Barbera.

Antonio Brero
via Vittorio Emanuele II, 17
Tel. 0172 470216
Ein kleiner Erzeuger, der vor
allem durch seinen Pelaverga
besticht.

Andrea Burlotto
via Laneri, 6
Tel. 0172 470152
Erzeugt werden die örtlichen
Klassiker: Barolo, Dolcetto,
Barbera und natürlich Pelaverga.

Commendator G. B. Burlotto
via Vittorio Emanuele, 28
Tel. 0172 470122
In den schönen alten Weinkellern, die einst dem berühmten
barolista gehörten, pflegen seine
Nachkommen die Tradition,
ohne dass man der Vergangenheit nachweinen müsste. Dolcetto, Barbera, Barolo (Monvigliero, Neirane und Cannubi)
und Pelaverga können sich allesamt sehen lassen.

Castello di Verduno
via Umberto I, 9
Tel. 0172 470125
0172 470284
Lisetta und Gabriella Burlotto
machen gemeinsame Sache mit
Franco Bianco, Erzeuger in Barbaresco. Das Ergebnis ist eine
Palette interessanter Weine
(Barolo, Barbera, Pelaverga,
Dolcetto, Barbaresco), sämtlich
aus eigenen Weinbergen.

La Cantina
regione Olmo
Tel. 0172 77278
Der von Aldo Della Torre
geführte junge Betrieb erzeugt
Dolcetto d'Alba, Pelaverga und
Barolo von acht Hektar Rebfläche in den Einzellagen Ripa
und Castagni.

Verzeichnis der Orte